数据要素丛书

A COMPREHENSIVE GUIDE TO DATA ASSET ACCOUNTING

一本书讲透数据资产入表

王琰 孟庆国 刘晗 朱越 鲁四海 魏丽丽 毛大群 孙友友 王欢 蔡春久 刘霞
毛立明 武婕 刘宏 艾红 王莹 董梦馨 王博 马千里 吴志伟 陈志刚 唐玲梅
杨鑫 刘嘉成 刘迪 李明 黄平 韩星 毛序

著

机械工业出版社
CHINA MACHINE PRESS

图书在版编目（CIP）数据

一本书讲透数据资产入表 / 王琰等著 . —北京：机械工业出版社，2024.7（2024.12 重印）
（数据要素丛书）
ISBN 978-7-111-75895-2

I.①一… II.①王… III.①企业管理 – 数据管理 IV.① F272.7

中国国家版本馆 CIP 数据核字（2024）第 106244 号

机械工业出版社（北京市百万庄大街 22 号　邮政编码 100037）
策划编辑：杨福川　　　　　　　责任编辑：杨福川　罗词亮
责任校对：龚思文　梁　静　　　责任印制：郜　敏
三河市宏达印刷有限公司印刷
2024 年 12 月第 1 版第 4 次印刷
170mm×230mm・25 印张・4 插页・375 千字
标准书号：ISBN 978-7-111-75895-2
定价：129.00 元

电话服务	网络服务
客服电话：010-88361066	机 工 官 网：www.cmpbook.com
010-88379833	机 工 官 博：weibo.com/cmp1952
010-68326294	金 书 网：www.golden-book.com
封底无防伪标均为盗版	机工教育服务网：www.cmpedu.com

赞誉

（按推荐人的姓氏拼音排序）

在数字化转型中，数据资产已成为企业竞争力的关键。本书为企业提供了一份权威指南，深入解析了数据资产的重要性、管理要求及入表流程。它不仅关注技术实施，还从战略角度探讨了数据资产与企业战略的融合，为企业家、高管及专业人士提供了宝贵见解，助力企业数字化转型与长期发展。

——陈士刚　桑达股份总裁、中国电子云董事长兼总裁

对于企业的决策者和管理者来说，本书将帮助他们深入理解数据资产的价值基础，指导他们如何通过数据资产入表实现企业数据资源的资产化与价值化转型。企业应该借助数据资产入表这个契机，深入挖掘企业潜藏的数据资源价值，对内实现产业赋能增效，对外打造数据资产应用的标杆。

——范树奎　第十四届全国政协经济委员会委员、全联并购公会常务会长、中国资产评估协会副会长、中联资产评估集团有限公司董事长

本书是一部全面解析数据资产价值挖掘的重要指南。它立足于企业发展战略，系统阐述了数据资产的有效管理与优化利用策略，旨在助力企业实现创新驱动和长期发展。本书内容系统而全面，不仅为企业家、数据分析师等专业人士提供了深入的数据资产管理见解，也为所有对数据资产价值挖掘感兴趣的读者提供了丰富的理论指导和实践方法。通过阅读本书，读者将能够获得在激烈的市场竞争中保持竞争优势的关键思路和实用工具。

——李兵　中国科学院自动化研究所研究员、博士生导师，国家优秀青年，北京市杰出青年，人民中科研究院院长

数据资产入表并不是中国独有的概念，而是全球范围内讨论和实践的话题，但中国在这方面的实践和探索是独特的、创新的、领先的。数据资产入表，看似会计领域的议题和操作，实则远超此范畴，它涉及一个生态体系的构建。它标志着我们对于数据这一新型生产要素的重新认识和价值挖掘。本书不仅为我们详细解读了数据资产入表的前因后果和实际操作，更深刻地揭示了其背后所蕴含的企业价值创新和数据要素发展的核心问题。

——莽琦　辽宁省沈阳市数据局党组书记、局长

2024年是数据资产入表元年。本书系统化地讲解了"是什么""为什么""怎么做""难点及破解"等问题，在知识体系、方法论、实践运用等方面都具备较高的完整度，语言生动，案例丰富，无论对于企业决策者还是知识领域的专家或爱好者，都有很强的指导和借鉴意义。另外，数据资产入表是让企业焕发活力的利器，在企业建设论证初期，本书可帮助企业明确数字资产入表的底层逻辑和价值判断，让企业少走弯路，助力企业在数字化道路上换羽新生。

——孙晓鸥　某数据集团总监

本书从企业发展的角度出发，系统阐述了企业应当如何有效管理和利用数据资产以实现持续创新和发展。无论你是企业家、数据分析师还是想要深入了解数据资产管理的人士，本书都将为你提供宝贵的思路和实用的方法。

——汪广盛　国际数据管理协会（DAMA）大中华区主席

在数字化浪潮汹涌的今天，数据资产已成为科研、生产、生活中不可或缺的重要资源。科学地管理和利用数据资产对于推动科技进步、促进社会发展具有重要意义。本书从多个维度对数据资产入表进行了深入探讨，不仅揭示了数据资产入表的内在逻辑和价值，还提供了切实可行的操作方法和策略。

——王昀　中移系统集成有限公司董事、总经理、党委副书记

本书是数字经济时代的必读之作！它紧扣政策脉搏，深入剖析了数据资产入表的核心要义，全面解读了入表的重要性、挑战、流程及后续应用。无论你是企业家、财务

专家还是数据从业者，本书都能为你提供实用的指导，助你轻松应对数据资产入表的挑战，把握数字经济的新机遇。

——魏镇胜　盈科律师事务所全国 ESG 与企业合规专业委员会主任

本书深入剖析了数据资产入表的关键要点，从理论和实践两个层面为读者提供了全面指导，不仅适合法律、财务和会计专业人士，更是企业决策者和数据管理者的必读之作。通过阅读本书，你将能够更清晰地理解数据资产的价值，以及如何将数据资产合理、合规地纳入企业资产负债表并建立可持续的数据资产管理路径。

——修强　福建省数易科技有限公司常务副总经理、
福建大数据交易所运营负责人

在数字时代，数据已成为企业最宝贵的资产之一。本书以深入浅出的方式讲解数据资产入表，通过丰富的案例和实用的指导，帮助读者更好地管理和利用数据资产，从而提升企业的价值和竞争力。无论你是数据分析师、财务人员还是企业决策者，这本书都将是你不可或缺的参考资料。

——翟洪文　盐城市大数据集团有限公司总会计师

本书是企业数据资产入表的"领航灯塔"，由浅入深地为读者建立起数据资产入表的系统性认知，包括理论方法与知识框架，以及实操步骤与注意事项。本书也是数据资产价值挖掘的"指引航图"，以入表为起点，指引企业挖掘数据资产蕴藏的商机与价值。本书还给出了数据资产收益创新和资本价值转化的实施建议与路径，赋能数据资产增值与价值释放。本书将带领读者在数字经济新时代的大潮中"扬帆起航"。

——朱利平　中国人民大学"杰出学者"特聘教授、
博士生导师，中国人民大学统计与大数据研究院院长，
国家杰出青年科学基金获得者，国家重大人才工程入选者

序

随着信息时代与智能时代的到来，国家对数字中国建设进行了整体布局和规划，数字经济蓬勃发展，而数据作为核心与起点，在社会和经济活动中发挥着越来越重要的作用。尤其是"数据作为生产要素"的提出以及数据要素市场化的推进，加速了数据参与经济活动的进程。

2020年4月，中共中央、国务院在《关于构建更加完善的要素市场化配置体制机制的意见》中，将数据列为土地、劳动力、资本、技术之外的第五大生产要素，此后数据资产的重要性日益凸显。2022年12月，《关于构建数据基础制度更好发挥数据要素作用的意见》(简称"数据二十条")正式发布，更是为数据基础制度体系搭建起坚实的框架。2023年，财政部先后发布《企业数据资源相关会计处理暂行规定》与《关于加强数据资产管理的指导意见》。2024年2月，财政部又针对行政事业单位发布《关于加强行政事业单位数据资产管理的通知》。2023年10月，国家数据局正式挂牌成立，这标志着国家层面开始全面加强统筹数据资源整合共享和开发利用，统筹数字中国、数字经济、数字社会的规划和建设，对于有效引导数字化进程具有里程碑意义。

"数据"这个词之前更多使用在技术、资源等方面，而随着行业及产业数智化的逐渐深入，数据的价值尤其是数据的经济属性愈发凸显。在技术、产业等跨领域融合的新时代，数据资产的提出以及数据要素理论、制度的出现，尤其是财政部下发的数据资产入表的相关文件，为数据资产参与企业、社会经济活动提供了指引方针和行动方向。

对于企业经营者和战略决策者而言，借助数据资产入表深挖数据资产价值，能够有效释放数据价值，助推企业经营模式的变革，提高企业的价值创造能力。

数据资产入表不仅能够帮助企业推进数据合规、数据治理等工作，也能够让企业更直观地了解自身的数据资产状况，并建立数据驱动的决策机制，进而实现优化资源配置、提高经营效率和质量的目标。对于整个社会而言，数据资产入表能够有效推动行业、产业的快速迭代和转型，促进数字经济的发展。

当然，数据资产入表作为数据要素及数据价值释放的一个重要环节，是一项相对复杂的系统工程，需要企业、政府以及社会各界的共同努力。它不仅需要遵从国家相关的法规和制度，也需要从业者和参与者具备一定的知识。同时，由于这个概念的提出时间不长，如何实际操作、如何基于入表释放数字价值，都是目前业界共同关注的问题。在此背景下，我们组织撰写了本书，旨在帮助企业和从业者掌握数据资产入表的相关知识。相信无论你是企业高管、数据管理人员，还是对数据资产感兴趣的研究者，都能从本书中获得启示和帮助。

让我们一同努力，探索数据资产入表的新世界，创造数据资产的无限可能，迎接数字化时代的美好明天！

郭颖

华宇软件董事长

前言

为何写作本书

在数字经济飞速发展的今天，数据已成为至关重要的基础生产要素，是构建企业核心竞争力的关键所在。数据资产入表是凸显数据资源价值的重大举措，受到各类组织的广泛关注，尤其是各级政府和数据应用密集型企业。2023 年 8 月，财政部《企业数据资源相关会计处理暂行规定》正式发布，并于 2024 年 1 月 1 日正式实施，这为企业数据资产入表提供了明确的指导。该规定的颁布标志着数据资源的会计处理和信息披露迈入了一个新的发展阶段，对促进数字经济的健康发展具有重要意义。

从国家政策指引和市场趋势演变来看，数据资产入表能准确反映企业在数据要素上的投入成本，是推动数据要素市场繁荣、探索数据财政创新路径的关键。对企业而言，这意味着其资产边界的进一步扩展，数据成为资产负债表中一种新的、重要的资产类型。这不仅有助于企业做大资产规模、提高盈利水平，还有助于企业提升整体估值。

数据资产入表不仅是企业财务管理的重要组成部分，而且在战略决策和市场竞争力等多个方面发挥着至关重要的作用。然而，正确认识和评估数据资产，并将其恰当地纳入企业财务报表，对许多企业和财务专业人士而言仍是一大挑战。事实上，这是一个跨法律、会计和大数据技术等多领域的系统工程，企业需要专业机构的指导和支持才能有效地实现数据资产入表，为业务的发展注入新的动力。

鉴于市场上关于数据资产入表的书籍和资料相对缺乏，且内容分散、缺乏系统性，我们写作了这本书。本书旨在为读者提供全面的数据资产入表知识体系，帮助企业更有效地管理和利用数据资产，推动企业的持续发展。

我们希望通过本书回答以下问题：
- 什么是数据资产入表？
- 为什么要做数据资产入表？
- 做数据资产入表时会遇到哪些挑战？
- 数据资产入表涉及哪些知识点？
- 数据资产如何入表？有哪些流程？
- 数据资产入表有哪些常见的误区？
- 数据资产入表需要哪些工具？
- 数据资产入表后还有哪些事情可以做？

在本书中，我们结合最新政策和团队多年的数据项目经验，总结出了企业数据资产入表规划和落地的方法论，希望能够为企业的数据资产化工作提供一些思路和启发。

本书读者对象

本书主要面向企业财务人员、IT（信息技术）人员、法律人员、企业管理人员以及对数据资产入表感兴趣的读者，特别适合 CEO（首席执行官）、CFO（首席财务官）、CIO（首席信息官）、IT 总监、IT 经理、财务经理、数据管理员等阅读。无论你是刚开始接触数据资产入表的新手，还是在这一领域已有一定经验的专业人士，本书都能为你提供宝贵的思路和深刻的启示。

本书旨在达到以下目的：
- 帮助那些想学习数据资产入表的新手建立对数据资产入表的整体认识；
- 帮助那些已了解数据资产入表零散知识的人建立起数据资产入表知识体系；
- 为那些正在或计划进行数据资产入表的相关人员提供方法论和指南。

本书内容特色

本书覆盖了数据资产入表所需的全部必备知识，并详细探讨了在实际操作层面的执行方法，既是数据资产入表的初学者指南，也是企业实施数据资产入表操作的实用手册。本书具有以下三大特色：

- 系统性：从数据资产的基础概念开始讲起，逐步深入探讨入表方法、会计处理等各个环节，构建一个完整的数据资产入表知识体系。
- 实用性：详细说明数据资产入表的具体操作步骤和方法，为读者提供丰富的实战经验和操作参考。
- 前沿性：关注数据资产入表的最新进展和趋势，介绍最新的理论研究成果和实践经验，帮助读者掌握数据资产入表的发展动向。

如何阅读本书

本书分为四部分，共 13 章，全面讲述数据资产入表的定义、入表的必要性，以及实现数据资产入表的方法。建议读者遵循书中的章节顺序阅读，从掌握基础概念开始，逐步深入各个细节。之后，读者可根据自身的实际需求和兴趣，有选择性地深入学习。同时，我们鼓励读者在阅读过程中积极思考与探索，努力将数据资产入表的理论与实践结合起来，以不断提升自己在数据资产管理方面的能力。

第一部分　全景概览（第 1 和 2 章）

深入分析数据资产入表的宏观背景、核心目标及其对企业乃至社会的价值，为读者描绘数据资产入表的时代意义和发展蓝图。

第二部分　核心知识体系（第 3～5 章）

详解数据资产入表所需的会计原理、法律框架和大数据技术基础，建立全面而深入的知识体系，为实操打下坚实的基础。

第三部分　实操指南（第 6～9 章）

系统阐述实施策略与具体步骤，涵盖数据原始资源入表与数据产品入表的关键环节，提供详尽的实操指南。

第四部分　价值挖掘（第 10～13 章）

指导企业探索金融创新工具的应用，实现数据的资产化和资本化，释放数据资源的巨大潜在价值。

附录包含《企业数据资源相关会计处理暂行规定》正文，总结了数据资产入表过程中的常见问题，汇编了与数据要素相关的国家、行业和地方标准，为深入研究提供丰富资源。此外，本书还附有一个插页，为数据资产入表知识地图。

资源和勘误

鉴于作者水平有限，加之数据资产领域知识更新迅速，本书难免存在疏漏或不够准确之处，对此我们深表歉意，并恳请广大读者不吝赐教，指正书中的错误或不足，以便我们不断完善和提升。

如果读者对本书有任何看法或建议，请通过电子邮件 yixin@esensoft.com 与我们联系，期待得到读者的宝贵反馈。

致谢

本书是亿信华辰团队共同努力的成果，在本书的撰写过程中，我们得到了众多业内人士的大力支持与帮助，对此表示衷心的感谢。

特别感谢公司领导和同事对本书提出宝贵意见，帮助我们提高了内容质量。同时，感谢那些在数据资产入表领域做出杰出贡献的专家学者，他们的研究成果和理论观点为本书提供了坚实的理论基础和丰富的实践案例。此外，向亿信华辰数据资产入表服务链合体的伙伴们表达诚挚的谢意，感谢他们的经验分享。

同时，向所有支持和关注本书的朋友表达感激之情，他们的期待和鼓励给了我们前行的动力。我们深知，一本书的出版仅是一个开始，它真正的价值在于为读者提供帮助和启示。因此，我们衷心希望本书能成为读者在数据资产入表道路上的良师益友，为大家的职业发展提供支持。

最后，再次感谢所有给予我们支持和帮助的人，期待在未来的旅程中继续与大家携手前行，共创更加美好的未来。

目录

赞誉

序

前言

第一部分　全景概览

第 1 章 | 数据要素的政策脉络

1.1 整体背景和宏观环境　3
 1.1.1 数据要素的定义和特性　4
 1.1.2 我国发展数据要素的意义　5
1.2 政策指引　6
 1.2.1 我国数据要素中央政策　7
 1.2.2 我国数据要素发展规划　13
 1.2.3 我国数据要素专项政策指引　14
 1.2.4 数据资产入表的政策依据　18
 1.2.5 地方政策　20
1.3 本章小结　30

第 2 章 | 《企业数据资源相关会计处理暂行规定》的深度解读

2.1 《暂行规定》简介　32
 2.1.1 数据资源入表与数据资产入表　32
 2.1.2 为何出台《暂行规定》　33

2.1.3 《暂行规定》的主要内容　38
　　2.1.4 《暂行规定》正式发布稿与征求意见稿的比较　40
2.2 《暂行规定》中数据资产入表的关注点　43
　　2.2.1 《暂行规定》中相关概念的介绍　43
　　2.2.2 数据资产入表需要关注的难点　46
2.3 本章小结　47

第二部分　核心知识体系

|第3章| 入表所需的财务知识

3.1 会计入表重要知识汇总　51
　　3.1.1 会计基础知识　51
　　3.1.2 会计规范体系　64
3.2 数据资产入表的基本流程　66
　　3.2.1 数据资源识别　68
　　3.2.2 确认资产类别　72
　　3.2.3 成本归集与分摊　74
　　3.2.4 列报与披露　78
3.3 以成本入表　79
　　3.3.1 成本法和以成本入表的区别　79
　　3.3.2 数据以成本入表的关注点　86
3.4 本章小结　90

|第4章| 入表所需的法律知识

4.1 数据合规　93
　　4.1.1 数据合规的意义与必要性　93
　　4.1.2 我国数据合规相关法律体系简介　94
　　4.1.3 解读《数据安全法》　100
　　4.1.4 解读《个人信息保护法》　104
　　4.1.5 数据合规的监管现状　107

4.2　数据权益　　　　　　　　　　　　　　　109
　　　　4.2.1　数据权益概述　　　　　　　　　109
　　　　4.2.2　数据资产入表与数据权益　　　　116
　　　　4.2.3　关于数据权益的几类探索　　　　117
　　4.3　本章小结　　　　　　　　　　　　　　125

第 5 章 入表所需的大数据技术知识

　　5.1　入表技术框架　　　　　　　　　　　　126
　　5.2　技术支撑　　　　　　　　　　　　　　128
　　　　5.2.1　湖仓一体　　　　　　　　　　　128
　　　　5.2.2　DataOps　　　　　　　　　　　130
　　　　5.2.3　区块链数据资产存证　　　　　　133
　　5.3　数据管理　　　　　　　　　　　　　　136
　　　　5.3.1　数据管理概述　　　　　　　　　136
　　　　5.3.2　数据治理　　　　　　　　　　　136
　　　　5.3.3　数据标准管理　　　　　　　　　137
　　　　5.3.4　数据质量管理　　　　　　　　　141
　　　　5.3.5　数据资产目录　　　　　　　　　143
　　　　5.3.6　元数据管理　　　　　　　　　　146
　　5.4　数据流通　　　　　　　　　　　　　　149
　　5.5　数据运营　　　　　　　　　　　　　　151
　　　　5.5.1　数据质量评估　　　　　　　　　151
　　　　5.5.2　数据资产登记核验　　　　　　　155
　　　　5.5.3　数据资产入表会计工具　　　　　157
　　5.6　本章小结　　　　　　　　　　　　　　160

第三部分　实操指南

第 6 章 入表实施方法论

　　6.1　入表实施方法论总纲　　　　　　　　　163

6.2 制定战略——打造"一把手"工程 　　164
　　6.2.1 入表需提到战略层高度 　　164
　　6.2.2 入表战略的制定 　　165
6.3 制定具体的入表实施路线 　　169
6.4 确认起点和目标，制定各部门实施时间表 　　174
　　6.4.1 现状调研 　　174
　　6.4.2 目标确定 　　184
6.5 为入表实施提供资源保障 　　185
　　6.5.1 组织结构保障 　　185
　　6.5.2 技术资源保障 　　190
6.6 本章小结 　　194

第 7 章 入表的准备工作

7.1 明确入表的目的
　　7.1.1 入表是数据资产化的核心 　　197
　　7.1.2 入表的业务目标 　　201
　　7.1.3 入表的财务目标 　　210
7.2 入表的条件 　　212
　　7.2.1 会计条件和我们的建议 　　212
　　7.2.2 时间条件 　　216
　　7.2.3 其他条件 　　217
7.3 入表前的准备工作 　　219
　　7.3.1 可行性评估阶段 　　219
　　7.3.2 入表准备阶段 　　222
7.4 本章小结 　　225

第 8 章 数据原始资源入表

8.1 数据原始资源单独入表简介 　　228
　　8.1.1 数据原始资源单独入表解决的问题 　　228
　　8.1.2 设置数据原始资源三级会计科目的优势 　　228
8.2 数据原始资源 　　229

8.2.1　数据原始资源的相关概念　　　　　　229
　　　8.2.2　数据原始资源的初始计量成本构成　　232
　　　8.2.3　数据原始资源开发阶段的支出构成　　236
　　　8.2.4　外部采购的数据原始资源　　　　　　239
　8.3　数据原始资源入表的方法　　　　　　　　　239
　　　8.3.1　数据原始资源入表的基本步骤　　　　239
　　　8.3.2　数据原始资源入表的方法论　　　　　240
　8.4　数据原始资源入表的关注点　　　　　　　　246
　8.5　本章小结　　　　　　　　　　　　　　　　247

第 9 章　数据产品入表

　9.1　数据产品单独入表简介　　　　　　　　　　248
　　　9.1.1　数据产品单独入表解决的问题　　　　248
　　　9.1.2　数据产品是对传统无形资产的扩展和细分　249
　　　9.1.3　数据产品不仅仅是软件产品　　　　　249
　　　9.1.4　增设数据产品三级科目的优势　　　　250
　9.2　数据产品　　　　　　　　　　　　　　　　251
　　　9.2.1　数据产品的基础概念　　　　　　　　251
　　　9.2.2　数据产品的分类　　　　　　　　　　251
　9.3　数据产品入表的方法　　　　　　　　　　　254
　　　9.3.1　数据产品入表的基本步骤　　　　　　254
　　　9.3.2　数据产品入表的方法论　　　　　　　255
　9.4　数据产品入表的四大关注点　　　　　　　　260
　9.5　本章小结　　　　　　　　　　　　　　　　261

第四部分　价值挖掘

第 10 章　入表仅仅是开始

　10.1　以成本入表的意义与局限　　　　　　　　265

  10.1.1 以成本入表的意义 265
  10.1.2 以成本入表的局限 266
 10.2 数据价值实现路径 267
  10.2.1 内部流通是前提 267
  10.2.2 外部现金流是关键 268
 10.3 深度挖掘数据价值的方法 269
  10.3.1 资产评估实现数据价值 269
  10.3.2 数据交易平台 270
 10.4 以数据资产为支点，撬动资本价值 272
 10.5 数据资产保护基础知识 274
  10.5.1 数据资产保护的重要性 274
  10.5.2 数据资产保护策略 274
  10.5.3 数据资产保护措施 277
  10.5.4 数据资产保护实践 280
 10.6 本章小结 283

第 11 章 数据资产评估

 11.1 数据资产评估简介 284
 11.2 收益法评估路径 286
  11.2.1 确定预期收益 286
  11.2.2 确定收益期限 287
  11.2.3 确定折现率 288
 11.3 成本法评估路径 289
  11.3.1 确定待估数据资产的重置成本 289
  11.3.2 确定待估数据资产的价值调整系数 291
 11.4 市场法评估路径 291
  11.4.1 筛选可比案例 291
  11.4.2 确定调整系数 292
 11.5 案例实践 293
  11.5.1 ××公交集团基本情况 293

XVII

  11.5.2 评估目的 294

  11.5.3 价值类型及其定义 295

  11.5.4 评估基准日 295

  11.5.5 评估方法 295

11.6 本章小结 299

第 12 章 | 数据金融的创新应用

12.1 数据信贷 302

  12.1.1 数据信贷的基础解读 302

  12.1.2 数据信贷的现状 316

  12.1.3 数据信贷的意义 319

  12.1.4 数据信贷面临的挑战 320

12.2 数据资产出资入股 322

  12.2.1 数据资产出资入股的基础解读 322

  12.2.2 数据资产出资入股的现状 327

  12.2.3 数据资产出资入股的意义 328

  12.2.4 数据资产出资入股面临的挑战 329

12.3 数据资产证券化 330

  12.3.1 数据资产证券化的基础解读 330

  12.3.2 数据资产证券化的现状 336

  12.3.3 数据资产证券化的意义 338

  12.3.4 数据资产证券化面临的挑战 340

12.4 本章小结 342

第 13 章 | 总结和展望

13.1 实施路径总结 344

  13.1.1 明确目的 344

  13.1.2 做好规划 345

  13.1.3 确保落地 347

13.2 数据资产入表的六大误区 347
13.3 数据资产入表的三大关键点 349
　　13.3.1 数据资产确认 351
　　13.3.2 数据资产计量 351
　　13.3.3 数据资产披露 352
13.4 展望 352

附录

附录 A 《企业数据资源相关会计处理暂行规定》 356
附录 B 数据资产入表 36 问 363
附录 C 数据要素相关标准清单 376

第一部分
全景概览

作为生产要素,数据在数字经济中具有重要地位。数据的流动和应用在推动数字经济发展中起到关键作用,被列为第五大生产要素。数据资产管理是当今数字化时代的重要议题,对于企业和组织而言,有效管理和利用数据资产至关重要。国家高度重视对数据要素市场的培育,通过政策指引和规范数据要素市场,推动数据要素在经济中的应用与价值释放。

本部分包含第 1 和 2 章。第 1 章从政策层面深度剖析数据要素所蕴含的顶层战略价值,并系统性地梳理国家推出的各项旨在促进数据要素市场化演进的核心政策与举措。

第 2 章围绕财务部发布的《企业数据资源相关会计处理暂行规定》展开,包括其出台背景、出台过程等,深度剖析该规定对企业战略发展及经营管理的深远影响,并详尽分析数据资产入表过程中需要关注的难点。

通过本部分的学习,读者将能够深入了解数据资产入表的全貌,包括政策脉络与规定解读、数据要素的重要性,以及《企业数据资源相关会计处理暂行规定》的意义和关键内容。

第1章 CHAPTER

数据要素的政策脉络

在当今中国,数据要素已经超越其技术层面的定义,成为推动国家经济发展和社会进步的重要力量。作为数字经济时代的核心资源,数据要素不仅见证了信息技术的迅猛发展,还承担着优化经济结构、提升国家治理能力的历史使命。

我国高度重视数据要素的发展,从国家到地方各级政府,政策体系不断完善,为数据要素的广泛应用与快速发展提供了坚实的保障。中央政策高瞻远瞩,为数据要素的发展定下了明确的方向,勾画出宏伟的发展蓝图。多个部门联合发布文件,对政策措施进行了细化,推动了数据要素在各个领域的深度融合和应用。

随着一系列专项政策的推出,数据要素的安全性与合规性获得了更加具体的指引。数据安全政策的制定,为数据要素的健康成长提供了坚固的保护;数据贸易规则的完善,为数据要素跨境流动创造了条件;尤其是数据资产入表的政策文件的发布,标志着我国在实现数据要素价值化方面迈出了重要的一步,为数据要素在资本市场的流通与交易奠定了坚实的基础。

地方政府紧随中央，结合本地的实际情况，出台了许多具有针对性的政策措施。这些措施不仅促进了地方数据要素产业的发展，还为全国数据要素市场的形成与发展提供了强有力的支持。

通过本章的学习，你将了解以下内容：
- 数据要素的定义。
- 数据要素的中央政策。
- 数据要素的发展规划。
- 数据要素专项政策指引。

1.1 整体背景和宏观环境

近年来，我国的数字经济和数字政府取得了显著的发展，成果丰硕。随着数字化和数据化的深入推进，数据资产化、要素化不仅成为推动经济增长的重要力量，还在多个领域展现了其独特的价值和潜力。数字经济以数据为核心，依托数字技术的广泛应用和创新驱动，实现了经济活动的数字化、网络化和智能化。从 2015 年至 2022 年，我国数字经济的年均增长率超过了 15%，这一成就突显了数字经济在国民经济中的重要地位。

2022 年，我国数字经济的增加值首次突破 50 万亿元人民币大关，占 GDP 比重首次超过 40%，这标志着数字经济已经成为我国经济增长的新引擎。在这一过程中，数据资源起到了至关重要的作用。作为数字经济的核心要素，数据不仅推动着各种创新应用的发展，还为政府决策、企业运营和社会服务提供了有力的支撑。

《数字中国发展报告（2022 年）》的数据显示，我国数据产量高达 8.1ZB，同比增长 22.7%，数字资源的存储量达到惊人的 724.5EB，同比增长 21.1%。这些庞大的数字反映出我国数据资源的丰富程度和快速增长的态势，更预示着数据在推动数字经济发展中的巨大潜力。我国已深刻认识到数据在数字经济乃至整个宏观经济发展中的不可或缺性，并正式将其认定为新的生产要素。

1.1.1 数据要素的定义和特性

新古典主义经济学将生产要素定义为生产活动中不可或缺的资源，这些资源包括但不限于土地、劳动力、资本和技术，它们在经济活动中发挥基础性和决定性的作用。随着信息化和智能化技术的革命，数据作为一个全新的生产要素应运而生，其特性与土地、劳动力、资本和技术等传统生产要素相似。

1. 数据要素的定义

数据要素是商品或服务生产过程中用于获取利益的必要数据资源，主要包括基于特定生产需求而进行的信息收集、整理、加工所形成的信息、数据集和数据产品。这一概念的发展与大数据技术的迭代和进化紧密相连。1970年，IBM公司的Edgar Codd发表的论文《大型共享数据库的数据关系模型》为关系数据库技术奠定了理论基础。1991年，万维网提出之后，数据的规模和复杂度快速增长，推动了数据库技术的发展和进化。数据仓库技术的出现，应对了大规模复杂数据关系处理的需求。

进入21世纪，信息化革命促使传统数据技术向大数据技术转型升级。Hadoop、Spark等数据处理和分析框架的完善，以及数据湖、数据中台等新兴概念的快速发展，为数据要素在实体经济中的应用提供了更多可能。此外，机器学习等领域的进步，使得数据成为推动经济社会发展的重要力量。

2019年，《中共中央关于坚持和完善中国特色社会主义制度 推进国家治理体系和治理能力现代化若干重大问题的决定》首次明确将数据定义为生产要素。2020年，《关于构建更加完善的要素市场化配置体制机制的意见》将数据定位为继土地、劳动力、资本、技术之后的第五大生产要素。数据资源成为数字经济时代极其重要的生产要素，其战略地位和重要性不断上升。

数据要素的交易和流通是将数据要素从非市场配置引入市场配置轨道的动态过程，目的是在数据流动和交易中实现其价值的最大化。这一过程包括数据采集、存储、加工、流通、分析、应用及生态保障等环节，形成了数据要素市场的完整生态链。在数据要素市场中，数据既是劳动对象也是工具，其价值的深入挖掘和有效利用能为数据所有者带来显著的经济效益。随着数据的广泛挖据和应用，资源配置和使用效率得到显著提高，深刻改变了生产、生活和消费模式。数据已经成为各行各业不可或缺的部分，对社会进步和发展起到了至关重要的推动作用。

2. 数据要素的特性

数据作为一种全新的生产要素，具有以下特性：

- 技术角度。数据要素具备主体多元化的特点。在数据生产流程中，涉及数据提供者、收集者、存储者和应用者等多种角色，数据的供应方则包括政府、企业和个人等不同实体，其中涉及国家安全、企业利益以及个人隐私等多方面的考虑。
- 数据交易角度。数据要素具备非标准化、无形性的特点。数据交易的一个显著特征是非标准化，即数据的收集和产品的开发通常是根据买方的特定需求进行的，这使得数据的公平定价和交易流动性面临挑战。同时，数据的无形性意味着数据并非如土地或资本那样以实体形式存在，而是存在于网络空间中，这一特性使得数据易于被复制和传播。
- 经济学角度。数据要素显示出确权难、非竞争性、排他性难以实现和异质性等特点。确权难主要是由数据的主体多元化和无形性造成的；非竞争性指的是同一份数据可供多个实体同时使用，而不会减少其价值；排他性难以实现是因为数据的无形性和易传播性；此外，对于不同的使用者、不同的应用场景，数据价值的显著差异体现了其异质性。

1.1.2 我国发展数据要素的意义

数据要素，作为现代社会发展基石之一，与劳动力、技术、资本和土地一起构成了五大生产要素，足见其在战略上的关键地位。

自 2022 年起，我国对数据要素的重视显著提升。财政部声明数据资源可作为资产进行确权，这一举措为数据要素的权属明晰奠定了基础。紧接着，2022 年末，《关于构建数据基础制度更好发挥数据要素作用的意见》（简称"数据二十条"）正式发布，该政策文件对数据产权、流通交易、收益分配及安全治理等关键方面进行了顶层设计和规划。

这一切都是数字产业化与产业数字化深入发展的成果。作为基础要素，数据在推动数字经济发展中取得了显著成绩，其在稳定和加速国民经济方面的作用日益显著。2022 年，我国数字经济蓬勃发展，规模达到 50.2 万亿元，稳居全球第二，增速保持在 10% 以上，GDP 占比提高至 41.5%。研究显示，数字化水平每提升 10%，人均 GDP 可增长 0.5%~0.62%，充分证明了数字化对经济发展的积极推动作用。

因此，业界将数据比作数字经济时代的"石油"，数据的流动促进了技术创新、物质流通、人才聚集和资金流动，为经济发展提供了持续动力和价值。随着数据要素正式成为生产要素，其市场潜力被极大地挖掘，预计在"十四五"期间，我国数据要素市场将迎来爆炸性增长，市场规模有望超过 1700 亿元。

在数字文明新纪元，生产活动主要围绕数据的开发和利用展开，数据资源成为核心资源。在技术不变的情况下，数字文明的发展更多受到数据数量和质量，而非传统生产要素的影响。数据的多维属性使其应用场景丰富，价值得以充分发挥，因此在数字文明新纪元，数据是关键的生产要素。

数据不仅是数字文明新纪元的核心资源和关键生产要素，还能通过数量积累和质量提升提高生产力，利用大数据技术优化和升级数据模型来推动数字技术进步，为其他生产要素赋能，因此称数据为数字文明新纪元的首要要素是完全合理的。

1.2 政策指引

中共中央、国务院对数据要素市场的培育高度重视，通过国家政策指引、引导、规范数据要素市场的建立，为数据要素市场铺路搭桥。近年来，国家通过不断出台政策，从理念的萌生到规划的制定，从体系的构建到行业的广泛运用，逐步将数据要素这一抽象概念转化为实实在在的行动与成效，持之以恒地推进，构建我国数据要素规划与发展的完整蓝图，并一以贯之。面对数据要素这一新时代的重要发展引擎，企业和个人都应勇于站在时代前沿，对数据要素给予高度重视，积极参与数据要素的基础建设与行业应用实践，共同推动国家数字经济的蓬勃发展。

我国数字经济的快速发展，数据要素市场规模的不断延伸，离不开国家对数据要素产业的精准指引与宏观布局。国家通过中央政策指引、制度制定、职能机构组建、法律法规体系完善等一系列重要举措，逐步完成我国数据要素产业的全国布局与整体规划，指引和规范全国各地方、各行业产业数据要素、数据资产、数据交易、数据流转等方方面面的发展。同时，国家层面制定了多项数据产业扶持、激励与试点行动，为数据要素市场与产业发展提供了全方位的支撑，地方在中央的指引下各有侧重，不断探索，形成全国数据要素产业发展"百家齐放、百家争鸣"的"一盘棋"格局，为我国数据经济发展、数字政府建设奠定了坚实的基础。我国数据要素政策指引如图1-1所示。

1.2.1 我国数据要素中央政策

近年来，我国高度重视数据要素市场的发展。中共中央和国务院出台多项政策以推动数据要素市场的发展（见表1-1）。这些政策推动了数字经济和数字中国的发展，明确了数据要素建设规划的蓝图，确立了中国数据制度体系和机制的顶层设计与详细行动规划，规范了中国数据资产循环机制，促进了数据要素在经济中的应用与价值释放。

表1-1 我国数据要素的中央政策

序号	政策名称	发布机构	发布时间
1	《关于构建更加完善的要素市场化配置体制机制的意见》	中共中央、国务院	2020年4月
2	《中华人民共和国国民经济和社会发展第十四个五年规划和2035年远景目标纲要》	—	2021年3月
3	《"十四五"数字经济发展规划》（国发〔2021〕29号）	国务院	2022年1月
4	《关于构建数据基础制度更好发挥数据要素作用的意见》（"数据二十条"）	中共中央、国务院	2022年12月
5	《数字中国建设整体布局规划》	中共中央、国务院	2023年2月
6	《企业数据资源相关会计处理暂行规定》	财政部	2023年8月
7	《"数据要素×"三年行动计划（2024—2026年）》	国家数据局等17部门	2024年1月

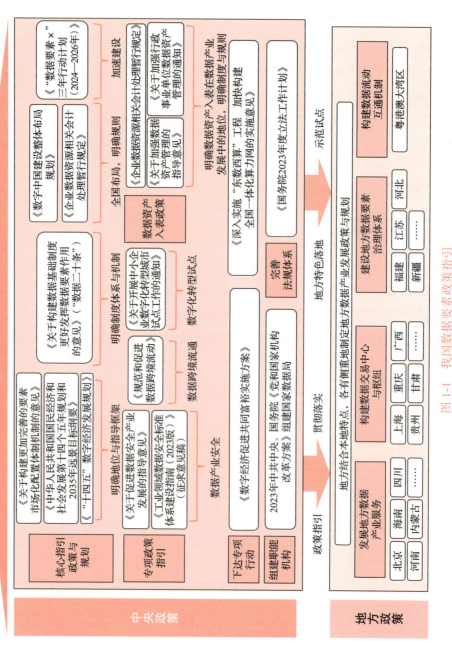

图 1-1 我国数据要素政策指引

（1）明确数据作为生产要素的重要地位

2020年4月，中共中央、国务院发布《关于构建更加完善的要素市场化配置体制机制的意见》，明确了要素市场制度建设的方向和重点改革任务。该文件还就扩大要素市场化配置范围、促进要素自主有序流动、加快要素价格市场化改革等方面作出了部署，并明确将数据作为五个生产要素之一。

（2）明确激发数据要素潜能是有力发展数字经济、建设数字中国的重要举措

2021年3月11日，《中华人民共和国国民经济和社会发展第十四个五年规划和2035年远景目标纲要》经十三届全国人大四次会议表决通过，其第五篇"加快数字化发展建设数字中国"指出："迎接数字时代，激活数据要素潜能，推进网络强国建设，加快建设数字经济、数字社会、数字政府，以数字化转型整体驱动生产方式、生活方式和治理方式变革。"该纲要将激活数据要素潜能定为发展数据经济、建设数字中国的一项重要举措。

（3）阐述并形成数据要素建设指导框架

2022年1月12日，国务院发布《"十四五"数字经济发展规划》（国发〔2021〕29号），专门对数据要素进行了部署。该规划提出了强化高质量数据要素供给、加快数据要素市场化流通、创新数据要素开发利用机制等关键任务和举措。这对于加速形成数据要素市场体系、促进数字经济的高质量发展具有重要意义。该规划还专门阐述了数据要素应如何处理，从而形成了数据要素建设的整体框架。

（4）形成中国数据制度体系和机制的顶层设计与规划方针

2022年12月2日，中共中央、国务院发布"数据二十条"，其框架如图1-2所示。该文件从数据产权、流通交易、收益分配、安全治理四个方面出发，初步构建了我国数据基础制度体系，并提出了20条政策措施。"数据二十条"强调，要深入参与国际高标准数字规则制定，构建适应数据特征、符合数字经济发展规律、保障国家数据安全、彰显创新引领的数据基础制度，充分实现数据要素价值、促进全体人民共享数字经济发展红利，为深化创新驱动、推动高质量发展、推进国家治理体系和治理能力现代化提供有力支撑。

"数据二十条"框架

一、总体要求
- ①指导思想
- ②工作原则

二、建立保障权益、合规使用的数据产权制度
- ③探索数据产权结构性分置制度
- ④推进实施公共数据确权授权机制
- ⑤推动建立企业数据确权授权机制
- ⑥建立健全个人信息数据确权授权机制
- ⑦建立健全数据要素各参与方合法权益保护制度

三、建立合规高效、场内外结合的数据要素流通和交易制度
- ⑧完善数据全流程合规与监管规则体系
- ⑨统筹构建规范高效的数据交易场所
- ⑩培育数据要素流通和交易服务生态
- ⑪构建数据安全合规有序跨境流通机制

四、健全数据要素由市场评价贡献、按贡献决定报酬机制
- ⑫体现效率、促进公平的数据要素收益分配制度
- ⑬更好发挥政府在数据要素收益分配中的引导调节作用

五、建立安全可控、弹性包容的数据要素治理制度
- ⑭创新政府数据治理机制
- ⑮压实企业的数据治理责任
- ⑯充分发挥社会力量多方参与的协同治理作用

六、保障措施
- ⑰切实加强组织领导
- ⑱加大政策支持力度
- ⑲积极鼓励试验探索
- ⑳稳步推进制度建设

图1-2 "数据二十条"框架

（5）明确构建中国数字化建设中数据资源循环机制

2023年2月28日，中共中央和国务院印发《数字中国建设整体布局规划》，指出："畅通数据资源大循环。构建国家数据管理体制机制，健全各级数据统筹管理机构。推动公共数据的汇聚利用，建设公共卫生、科技、教育等重要领域国家数据资源库。释放商业数据价值潜能，加快建立数据产权制度，开展数据资产计价研究，建立数据要素按价值贡献参与分配机制。"通过将数据资源工作与数字中国建设的统筹谋划相结合，明确了数据资源循环所需解决的关键点。图1-3所示为数字中国建设整体布局规划框架。

（6）确定数据资产入表工作能够有力推动数据要素在经济中的应用

2023年8月，财政部发布《企业数据资源相关会计处理暂行规定》（以下简称《暂行规定》），明确了数据资源的确认范围和会计处理的适用准则等。该规定自2024年1月1日起实施。《暂行规定》适用于企业按照企业会计准则相关规定确认为无形资产或存货等资产类别的数据资源，以及企业合法拥有或控制的、预期会给企业带来经济利益的、但因不满足企业会计准则相关资产确认条件而未确认为资产的数据资源的相关会计处理。

数据资产的入表有利于体现数据资产的价值，提升企业对数据资产的意识，激活数据市场供需主体的积极性，增强数据流通的意愿，减少"死数据"，从而为企业对数据进行深度开发利用提供动力。同时，建立数据资产入表机制能够促进数据采集、清洗、标注、评价、资产评估等数据服务业的发展，激发数字经济的活力。本规定的出台，将"数据资产入表"工作付诸实施，使得数据要素与企业财务直接挂钩，有力推动数据要素在经济中的应用。

（7）明确推动"数据要素×"的价值释放应用领域建设

2024年1月4日，国家数据局会同科技部、工业和信息化部、中国科学院、国家文物局等17部门联合发布《"数据要素×"三年行动计划（2024—2026年）》。该行动计划专门选定了工业制造、现代农业、商贸流通、交通运输、金融服务、科技创新、文化旅游、医疗健康、应急管理、气象服务、城市治理、绿色低碳等12个行业和领域作为重点，旨在通过推动数据要素的乘数效应发挥，解锁数据要素的价值。在数据要素基础设施和体系机制初步形成的基础上，精选数据要素的关键应用领域，促进数据要素价值的进一步释放。

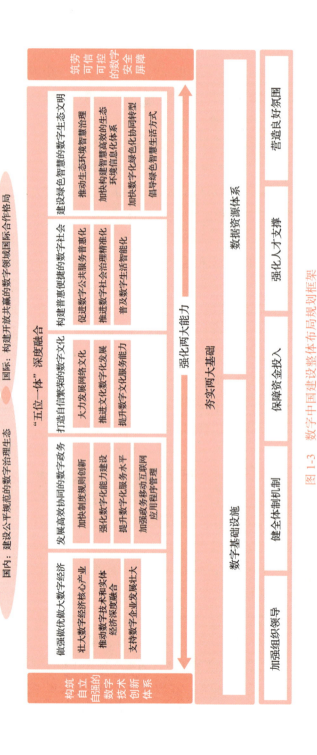

图1-3 数字中国建设整体布局规划框架

1.2.2　我国数据要素发展规划

我国数据要素发展规划文件见表 1-2。

表 1-2　我国数据要素发展规划文件

序号	政策名称	发布机构	发布时间
1	《党和国家机构改革方案》	中共中央、国务院	2023 年 3 月
2	《国务院 2023 年度立法工作计划》	国务院	2023 年 6 月
3	《数字经济促进共同富裕实施方案》	国家发展改革委、国家数据局	2023 年 12 月
4	《深入实施"东数西算"工程　加快构建全国一体化算力网的实施意见》	国家发展改革委、国家数据局等五部门	2023 年 12 月

1.《党和国家机构改革方案》

2023 年 3 月，中共中央、国务院发布《党和国家机构改革方案》，决定组建国家数据局。中央网信办原承担的研究拟订数字中国建设方案、协调推动公共服务和社会治理信息化、促进智慧城市建设、协调国家重要信息资源开发利用与共享、推动信息资源跨行业跨部门互联互通等职责，国家发展改革委原承担的统筹推进数字经济发展、组织实施国家大数据战略、推进数据要素基础制度建设、推进数字基础设施布局建设等职责，均划归国家数据局管理。国家数据局于 2023 年 10 月 25 日正式揭牌，隶属于国家发展改革委，负责协调推进数据基础制度建设，统筹数据资源整合共享和开发利用，统筹推进数字中国、数字经济、数字社会的规划和建设。国家数据局的组建，有效加强了对全国数据资源、数据要素发展、管理的统筹与整合，对于促进数字经济发展、加强数据安全保障和隐私保护，以及推动国际数据合作和交流等方面，都具有重要意义。同时，国家数据局的成立也是国家实施数据发展战略、推进数字化转型和数字经济发展的重要举措，将进一步提升我国在全球数字经济竞争中的地位和影响力。

2.《国务院 2023 年度立法工作计划》

2023 年 6 月，国务院颁布的《国务院 2023 年度立法工作计划》明确提出，将向全国人民代表大会常务委员会提交 17 件法律案进行审议，并审议 17 件行政法规草案，同时完成其他立法项目。计划中特别提到，将预备制定《政务数据共享条例》，为我国数据要素市场的发展与管理奠定法律基础。

3.《数字经济促进共同富裕实施方案》

2023年12月，国家发展改革委和国家数据局发布《数字经济促进共同富裕实施方案》，提出到2025年，通过数字经济助力共同富裕，实现在缩小区域、城乡、不同群体、基本公共服务差距方面的积极进展，显示出数字经济在推进共同富裕方面的积极影响。同时，展望2030年，计划在加快缩小这些差距方面取得显著成效，形成若干东西部协作的典型案例和可复制推广的创新成果，实现数字经济在促进共同富裕方面的实质性进展。方案明确了四项重点举措：一是推动区域间数字协同发展；二是大力推进数字乡村建设；三是强化数字素养提升和就业保障；四是促进社会服务普惠供给。

4.《深入实施"东数西算"工程　加快构建全国一体化算力网的实施意见》

2023年12月，国家发展改革委、国家数据局等五部门联合发布了《深入实施"东数西算"工程　加快构建全国一体化算力网的实施意见》，旨在通过算力的高质量发展驱动经济的高质量发展。该意见充分体现了全国一体化算力网络国家枢纽节点的引领和带动作用，协同推动"东数西算"工程，以实现跨地区、跨部门的协同发展合力。该意见包括统筹通用算力、智能算力、超级算力等的协同计算，实现东、中、西部及大小城市之间的协同布局，以及算力、数据、算法的协同应用，算力与绿色电力的协同建设，算力发展与安全的协同保障。目标是构建一个联网调度、普惠易用、绿色安全的全国一体化算力网，支持网络强国和数字中国建设，打造具有中国特色的现代化数字基础设施。

1.2.3　我国数据要素专项政策指引

近年来，我国对数据要素市场日益重视并积极推动其发展，在持续制定数据要素市场发展规划和政策的同时，也相继推出了与数据产业相关的专项政策指引文件，具体文件见表1-3。这些文件为数据产业的安全与激励等方面提供了明确的指导方向。

表 1-3　我国数据要素专项政策指引文件

序号	政策名称	发布机构	发布时间
1	《关于促进数据安全产业发展的指导意见》	工业和信息化部等 16 部门	2023 年 1 月
2	《工业领域数据安全标准体系建设指南（2023 版)》	工业和信息化部、国家标准委	2023 年 12 月
3	《工业和信息化领域数据安全风险评估实施细则（试行)(征求意见稿)》	工业和信息化部	2023 年 10 月
4	《促进和规范数据跨境流动规定》	国家网信办	2024 年 3 月
5	《关于开展中小企业数字化转型城市试点工作的通知》	财政部、工业和信息化部	2023 年 6 月

1. 数据产业安全

在数据产业安全方面，以工业和信息化部为牵头陆续出台和颁布对于数据安全产业、数据安全标准体系、数据安全评估等多维度的政策文件与指南。

2023 年 1 月，工业和信息化部等 16 部门共同制定了《关于促进数据安全产业发展的指导意见》，专注于增强数据安全产业的综合实力与生态环境建设。该意见明确了数据安全领域的发展方向和攻关重点，设定了到 2025 年的短期目标，即产业规模要达到 1500 亿元以上，确保年复合增长率超过 30%，并计划建立至少 5 个省部级或更高级别的数据安全重点实验室，以突破一系列数据安全领域的核心技术和产品。在这一过程中，核心技术创新、行业应用深化和人才培养将作为发展的重点领域。展望 2035 年的长期目标，数据安全产业预计将进入全面成熟阶段，其关键技术和产品有望达到世界先进水平，为数字中国建设和数字经济的蓬勃发展提供坚实支撑。

2023 年 12 月，工业和信息化部、国家标准委编制了《工业领域数据安全标准体系建设指南（2023 版)》，目的是建立并完善工业领域的数据安全标准体系，加快弥补关键基础标准的短板，增强重点急需标准的供给，努力推动标准的应用实施和国际标准化工作。这些措施旨在有效支撑工业领域的数字化转型，并促进数字经济的高质量发展。安全管理标准侧重于从数据安全框架的管理视角指导工业数据处理者落实法律法规及行业管理要求。意见稿设定了具体目标，到 2024 年初步建立工业领域数据安全标准体系，有效实施数据安全管理要求，满足工业数据安全需求，并在重点行业和企业中推广标准应用，制定 30 项以上的国家、行业或团体数据安全标准。到 2026 年，目标是形成较为完善的工业领域数据安全标准体系，全面落实数据安全相关法律法规和政策制度，提高标准的技术水平、应用效果和国际化程度，强化其基础性、规范性、引领性作用，有效支持工业领域数据安全的重点工作，并研制 100 项以上的数据安全国家、行业或团体标准。这些标准旨在引导工业数据处理者遵守相关法律法规和管理准则，确保数据处理过程中的安全。数据处理安全标准重点规范数据的使用、共享及出境处理等安全要求，而数据安全防护技术产品标准则详细规范了数据收集、存储、使用、加工、传输等各环节中所需的技术产品要求。

2023 年 10 月，工业和信息化部草拟了《工业和信息化领域数据安全风险评估实施细则（试行）（征求意见稿）》，旨在贯彻实施《中华人民共和国数据安全法》(简称《数据安全法》) 及《工业和信息化领域数据安全管理办法（试行）》，指导地方及行业主管部门以及工业和信息化领域的数据处理者，规范地开展风险评估工作。数据安全风险评估被视为实现重要数据和核心数据监管与保护的关键环节。根据《数据安全法》，处理重要数据的实体应定期开展数据处理活动的风险评估。这份实施细则共有十七条，建立了国家与省级的数据安全风险评估工作体系，细化了重要数据与核心数据处理者的评估责任，并明确了行业主管部门对评估活动的监督管理机制与流程。实施细则适用于工业和信息化领域中处理重要和核心数据的实体对其数据处理活动的安全风险评估，并明确了工业和信息化部与地方行业监管部门的职责与工作分工，确立了风险评估的基本原则和工作框架。在评估对象方面，详细界定了数据处理活动的目的、场景、管理体系、人员能力、技术工具、风险来源及安全影响等关键要素，并为这些要素提供了具体的评估内容和细化标准。

2. 数据跨境流通

在数据跨境流通方面，保障国家数据安全，保护个人信息权益，进一步规范和促进数据依法有序自由流动。

2024 年 3 月，国家网信办发布《促进和规范数据跨境流动规定》，旨在对数据出境安全评估、个人信息出境标准合同、个人信息保护认证等数据出境制度的施行进行调整，保障数据安全，保护个人信息权益，促进数据依法有序自由流动。此外，引入了自贸区数据负面清单制度，允许自贸区根据实际情况制定数据负面清单。对于清单之外的数据出境，企业可以免于进行出境安全评估申报、签订个人信息出境标准合同以及完成个人信息保护认证等程序。同时，该规定在特定情境下，例如个人履行合同、人力资源管理、紧急情况等，允许豁免数据出境的合规要求。这一举措既体现了监管部门在确保数据安全方面的努力，也考虑到了企业的实际需求，有效地减轻了企业的数据合规成本。

3. 数字化转型城市试点

在推进数字化转型城市试点工作方面，深入贯彻落实中共中央、国务院关于支持中小企业创新发展、加快中小企业数字化转型的系列决策部署。

2023年6月，财政部、工业和信息化部联合发布了《关于开展中小企业数字化转型城市试点工作的通知》。该通知以习近平新时代中国特色社会主义思想为指导，深入贯彻党的二十大精神，落实政府工作报告中"加快传统产业和中小企业数字化转型"的要求。目标是准确把握中小企业数字化转型的难点痛点，充分激发地方积极性，统筹各类资源优化供给，降低数字化转型成本，以数字化转型为契机提高中小企业核心竞争力，激发涌现更多专精特新中小企业，促进实体经济高质量发展。通知明确，通过开展城市试点，支持地方政府综合施策，探索形成中小企业数字化转型的方法路径、市场机制和典型模式，梳理一批数字化转型细分行业，打造一批数字化转型"小灯塔"企业，培育一批优质的数字化服务商，开发集成一批"小快轻准"（小型化、快速化、轻量化、精准化）的数字化解决方案和产品，通过示范带动、有样学样、复制推广，引导和推动广大中小企业加快数字化转型，全面提升中小企业数字化水平，促进数字经济与实体经济深度融合。

试点城市应为地级市及以上，包括各省（区）的省会城市、计划单列市、其他地级市，直辖市所辖区县，以及新疆生产建设兵团（简称"兵团"）。2023年先选择30个左右城市开展试点工作，以后年度根据实施情况进一步扩大试点范围。

试点的核心内容包括"加快数字化改造，复制推广经验""提高创新水平，提升核心竞争力"和"加强产业链合作，实现融通发展"。中央财政将对试点城市给予定额奖励，其中，省会城市、计划单列市和兵团奖补资金总额不超过 1.5 亿元，其他地级市、直辖市所辖区县奖补资金总额不超过 1 亿元。

1.2.4 数据资产入表的政策依据

随着我国数字经济和数字政府的显著发展，数字化和数据化不断深化，数据资产化和要素化已成为推动经济增长的重要动力，并在多个领域展示了其独特价值和潜力。这一成就突显了数字经济在国民经济中的重要地位。同时，将数据资产视为生产要素，国家积极推进数据资产入表工作，并发布了一系列强化数据资产入表的相关政策文件，如表 1-4 所示。

表 1-4 数据资产入表的相关政策文件

序号	政策名称	发布机构	发布时间
1	《关于构建数据基础制度更好发挥数据要素作用的意见》（"数据二十条"）	中共中央、国务院	2022 年 12 月
2	《企业数据资源相关会计处理暂行规定》	财政部	2023 年 8 月
3	《关于加强数据资产管理的指导意见》	财政部	2023 年 12 月
4	《关于加强行政事业单位数据资产管理的通知》	财政部	2024 年 2 月

2022 年 12 月，中共中央、国务院颁布"数据二十条"，其中将数据分为公共数据、企业数据和个人数据三大类，并提出要建立完善的数据交易规则，制定全国统一的数据交易和安全标准体系。自 2023 年 8 月起，财政部陆续发布《企业数据资源相关会计处理暂行规定》《关于加强数据资产管理的指导意见》《关于加强行政事业单位数据资产管理的通知》等政策文件，旨在规范和标准化企业在数据资源方面的会计处理流程，提高相关会计信息的透明度和披露要求，推进数据的有序资产化，全面加强对数据资产从产生到利用的全过程管理，确保数据资产的价值得到最大化发挥和利用。这些措施有助于企业更有效地管理和利用其数据资源，为企业决策和持续发展提供有力的支持。

《企业数据资源相关会计处理暂行规定》由财政部于 2023 年 8 月发布，目的是规范企业数据资源相关会计处理，强化相关会计信息披露。该规定明确界定了数据资源的认定范围，这包括那些可以确认为无形资产或存货的数据资源，以及那些虽未确认为资产但预期能够带来经济利益的数据资源。此外，该规定还明确了适用于数据资源会计处理的准则，以确保企业可以根据其持有目的和业务模式进行准确的会计确认、计量和报告。为了提高透明度，该规定还要求企业加强数据资源的会计信息披露，这包括披露数据资源的种类、数量和价值等关键信息。

2023 年 12 月，财政部发布《关于加强数据资产管理的指导意见》，目的是规范和加强数据资产管理，更好推动数字经济发展。该指导意见指出数据资产是重要战略资源，并强调要建立数据资产管理制度，促进数据资产合规高效流通使用。指导意见提出了统筹发展与安全、改革创新、系统谋划等管理原则，确保数据资产管理工作的科学性。主要任务包括完善制度体系、加强分类管理、促进合规流通和共享利用，为企业及行政事业单位提供操作指南。该指导意见的发布，标志着我国在数据资产管理领域取得了重要进展，将有助于推动数据资产的合规和高效使用，为我国经济社会的数字化转型和高质量发展提供强有力的支持。

2024 年 2 月，财政部发布《关于加强行政事业单位数据资产管理的通知》，旨在加强行政事业单位数据资产管理，充分发挥数据资产价值作用，保障数据资产安全，更好地服务与保障单位履职和事业发展。该通知要求行政事业单位建立和完善数据资产管理制度，进一步规范行政事业单位数据资产管理行为，明确从严配置、规范使用、开放共享、审慎处置、严格收益、夯实基础等方面的要求，并对行政事业单位数据资产的安全维护、数据安全风险评估、建立数据资产监督机制提出了明确指引，同时明确提出行政事业单位应当将数据资产管理情况逐步纳入行政事业性国有资产管理情况报告。该通知为行政事业单位的数据资产管理提供了明确的指导，有助于更好地发挥数据资产在公共服务中的作用，提高政府治理效能，发挥数据资产对推动数字经济发展的支撑作用。

1.2.5 地方政策

为贯彻中共中央、国务院陆续出台的数据要素市场政策，紧随各国家部委及国家数据局出台的扶持或规范数据要素市场的政策，各地政府陆续出台地方版的"数据二十条"、数字经济发展规划、数据要素产业发展行动计划等政策，各省、地市结合自身数据要素市场实际，呈现出一片百花齐放、百家争鸣的数据要素市场发展景象。

1. 以重点发展地方数据产业服务为核心，构建地方数据产业生态

北京、海南、四川、河南、内蒙古、湖北武汉等省/市，率先发展地方数据产业服务，重点发展和培育地方数据要素市场，打造地方数据产业生态，形成具有地域特色的数据要素市场化机制与体系。相关政策文件见表1-5。

表 1-5 以发展地方数据产业服务为核心的政策文件

序号	省/市	政策名称	发布机构	发布时间
1	北京市	《支持北京深化国家服务业扩大开放综合示范区建设工作方案》	国务院（批复同意）	2023年11月
		《关于更好发挥数据要素作用进一步加快发展数字经济的实施意见》	中共北京市委、北京市政府	2023年6月
2	海南省	《海南省培育数据要素市场三年行动计划(2024—2026)》	海南省政府	2023年12月
3	四川省	《关于推进数据要素市场化配置综合改革的实施方案》	四川省大数据中心等四部门	2024年1月
4	河南省	《2023年河南省大数据产业发展工作方案》	河南省制造强省建设领导小组	2023年4月
5		《河南省加强数字政府建设实施方案（2023—2025年）》	河南省政府	2023年5月
6	内蒙古自治区	《全区一体化政务大数据体系建设工作方案》	内蒙古自治区政府	2023年4月
7	湖北省武汉市	《武汉市数据要素市场化配置改革三年行动计划（2023—2025年）》	武汉市政府	2023年4月

（1）北京市

2023年11月，国务院发布关于《支持北京深化国家服务业扩大开放综合示范区建设工作方案》的批复，提出推动数据资源开发利用，支持北京积极创建数据基础制度先行区，推动建立健全数据产权制度、数据要素流通和交易制度、数据要素收益分配制度、数据要素治理制度。壮大北京国际数据交易联盟，健全交易标准和市场运营体系，推进数据托管服务试点。推动完善数据权属登记和数据资产评估机制，探索将数据资产纳入资产管理体系。制定数据交易标准合同指引，出台数据交易负面清单和谨慎清单。加大公共数据开放力度，完善第三方多元主体开发利用数据机制，探索建设安全可信的数据共享空间，鼓励多方公共数据导入和融合应用。扩大面向北京市具备数据加工处理和分析能力的经营主体范围，免费提供知识产权标准化数据，降低数据再加工成本，助力建设世界一流知识产权数据库。

在国家数据跨境传输安全管理制度框架下，开展数据出境安全评估、个人信息出境标准合同备案、个人信息保护认证工作，探索形成既能便利数据流动又能保障安全的机制。推动建设数据跨境服务中心与技术服务平台，探索提供安全治理、监测审计、体系认证等全链条第三方服务。支持设立跨国机构数据流通服务窗口，以合规服务方式优先实现集团内数据安全合规跨境传输。探索制定自动驾驶、生物基因等行业数据分类分级指南和重要数据目录，以重点领域企业数据出境需求为牵引，明确重要数据识别认定标准，做好数据安全保护支撑。深化运用金融科技创新监管工具，充分发挥数字技术和数据要素作用，提升金融科技守正创新能力和惠民利企水平。聚焦自动驾驶、数据交易等业务场景开展全链条"沙盒监管"和包容创新运用。

2023年6月，中共北京市委、北京市政府发布《关于更好发挥数据要素作用进一步加快发展数字经济的实施意见》，作为北京"数据二十条"实施意见。该意见提出，力争到2030年，北京市数据要素市场规模达到2000亿元，基本完成国家数据基础制度先行先试工作，形成数据服务产业集聚区。重点围绕数据产权制度、数据收益分配、数据资产登记评估、公共数据授权运营、数据流通设施建设、数据要素产业创新等方面探索加快发展以数据要素为核心的数字经济。

（2）海南省

2023年12月，海南省政府发布《海南省培育数据要素市场三年行动计划

（2024—2026）》，旨在深入贯彻落实国家关于构建更加完善的要素市场化配置体制机制、构建数据基础制度更好发挥数据要素作用等决策部署，加快推进海南省数据要素市场化配置改革，激活数据要素潜能，推动海南自由贸易港数字经济高质量发展。该计划要求，到2026年末，海南省数据要素基础制度体系建立完善，达到国内领先水平的数据要素市场培育基础设施基本建成。率先提出"数据产品化"确权流通模式及"前店后厂"的数据开发利用模式。鼓励政府部门带头消费数据产品和数据服务。谋划"一区一会三基地"的数据要素产业孵化计划，将海南打造为国际数据特区，培育以数据要素为核心的自贸港特色产业。

（3）四川省

2024年1月，为加快推进四川省数据要素市场化配置综合改革，做强做优做大数字经济，四川省大数据中心等四部门联合发布了《关于推进数据要素市场化配置综合改革的实施方案》。该方案要求，抢抓成渝地区双城经济圈建设和"东数西算"工程等重大机遇，以保障安全为前提，以制度建设为重点，以赋能发展为导向，着力破除阻碍数据要素有序流通的体制机制障碍，积极探索数据要素高质量供给、市场化流通、创新化利用新路径，加快构建全省一体化、多层次的数据要素市场体系，促进数据要素有序流通、高效配置，充分释放公共数据价值，激发社会数据活力，为推动经济社会高质量发展提供强劲动力，到2027年底，与高质量发展要求相适应的数据要素市场化配置体制机制基本建立、配套制度逐步健全、安全治理能力持续提升。数据资源体系基本完善，数据大体量汇聚、高质量治理、高效化流动能力不断增强，数据作为关键生产要素作用进一步凸显。数据要素价值体系基本形成，数据要素市场主体规模持续壮大、质量稳步提升，数据要素服务经济社会发展能力显著增强。

（4）河南省

2023年4月，河南省制造强省建设领导小组办公室印发《2023年河南省大数据产业发展工作方案》。该方案的目标是，2023年，河南全省大数据产业发展基础更加坚实，产业生态不断优化，赋能效应更加显著，数据要素市场培育取得新突破，创新应用取得新成效，产业发展迈上新台阶，大数据产业规模增长25%以上。

同年 5 月，河南省政府发布《河南省加强数字政府建设实施方案（2023—2025 年）》，旨在深入实施数字化转型战略，进一步加大改革创新力度，着力解决数字政府建设在顶层设计、体制机制、数据融通、应用协同、安全保障等方面存在的突出问题，全面建设高水平数字政府。该方案的目标是，到 2025 年，全省数字政府建设统筹协调和整体协同机制更加健全，安全高效的基础架构和公共平台支撑体系基本形成，数据资源有效赋能政府治理和经济社会高质量发展，行政审批制度实现数字化、系统性重塑，政府履职能力和政务服务环境整体提升，一体化政务服务能力主要指标和营商环境相关指标进入全国前列，高水平数字政府建设迈出坚实步伐，引领数字化转型战略取得实质性成效。在此基础上，再经过十年左右的努力，数字政府体系框架更加成熟完备，数据资源赋能作用全面发挥，与高水平实现现代化河南相适应的数字治理新格局全面形成，以数字政府为引领的数字强省基本建成。

（5）内蒙古自治区

2023 年 4 月，内蒙古自治区政府发布《全区一体化政务大数据体系建设工作方案》，旨在整合构建标准统一、布局合理、管理协同、安全可靠的全区一体化政务大数据体系。该方案要求，根据自治区有关政务数据开放利用的规定和经济社会发展需要，会同相关部门制定年度政务数据开放重点清单，促进政务数据在风险可控原则尽可能开放，明晰数据开放的权利和义务，界定数据开放的范围和责任。明确数据开放的安全管控要求，优先开放与民生紧密相关、社会迫切需要、行业增值潜力显著的政务数据。鼓励依法依规开展政务数据授权运营，积极推进数据资源开发利用，培育数据要素市场，营造有效供给、有序开发利用的良好生态。方案中明确了推动统筹管理一体化、推进数据目录一体化、强化数据资源一体化、推进共享交换一体化、推动数据服务一体化、加快算力设施一体化、推进标准规范一体化、加快安全保障一体化的工作内容。

（6）湖北省武汉市

2023 年 4 月，武汉市政府发布《武汉市数据要素市场化配置改革三年行动计划（2023—2025 年）》。该计划旨在落实湖北省委、省政府和武汉市委工作部署，坚持稳中求进总基调，完整准确全面贯彻新发展理念，立足在湖北建设全国构建新发展格局中当先锋打头阵，着力破除影响数据要素有序流通的体制机制障碍，构建数据基础制度，加快培育数据要素市场，保障数据要素安全，激活数据要素潜能，赋能数字经济高质量发展，促进全体市民共享数字经济发展红利，为打造全国数字经济一线城市提供强劲动力，助力建设国家中心城市和国际国内双循环的枢纽。明确总体工作目标：2023年，完善数据要素市场化配置改革工作制度体系框架，组建武汉数据集团，探索开展公共数据授权运营，制定数据要素标准体系，形成数据要素利用示范性成果，初步搭建起数据要素市场化整体框架；2024年，完善数据基础制度体系，初步建立数据要素市场化配置合规和监管体系，深化数据要素创新应用，大力培育各类数据服务市场主体，全面推进数据要素赋能产业数字化转型；2025年，数据要素市场化配置体制机制基本建立，数据资源汇聚治理、数据要素运营和交易、数据要素市场培育等体系基本形成，数据要素赋能实体经济发展成效凸显。

2. 以发展地方数据交易为核心，构建国家级数据枢纽

以发展地方数据流通枢纽建设为核心，以"东数西算"工程为导向，上海、重庆、广西、贵州、甘肃等地先后出台了地方数据产业发展规划与方案，构建各具特点的数据交易所，带动跨区域、跨境数据流动与交易枢纽，如表1-6所示。

表1-6 发展地方数据交易的政策文件

序号	省/市	政策名称	发布机构	发布时间
1	上海市	《立足数字经济新赛道推动数据要素产业创新发展行动方案（2023—2025年）》	上海市政府	2023年7月
		《全面对接国际高标准经贸规则推进中国（上海）自由贸易试验区高水平制度型开放总体方案》	国务院	2023年11月
		《上海市数据条例》	上海市政府	2021年11月
		《上海市公共数据开放暂行办法》	上海市政府	2019年10月
		《上海市公共数据开放实施细则》	上海市经信委、上海市网信办联合发布	2022年12月
		《上海市公共数据共享实施办法（试行）》	上海市政府	2023年3月
2	重庆市	《重庆市数据要素市场化配置改革行动方案》	重庆市政府	2023年12月

（续）

序号	省/市	政策名称	发布机构	发布时间
3	广西壮族自治区	《广西构建数据基础制度更好发挥数据要素作用总体工作方案》	广西壮族自治区政府	2023年8月
4	贵州省	《贵州省数据要素市场化配置改革实施方案》	贵州省政府	2023年7月
5	甘肃省	《关于促进数据要素市场发展的实施意见》	甘肃省政府	2023年5月

（1）上海市

2023年7月，上海市政府印发《立足数字经济新赛道推动数据要素产业创新发展行动方案（2023—2025年）》。行动方案提出，到2025年，数据要素市场体系基本建成，国家级数据交易所地位基本确立，数据产业规模达5000亿元。行动方案在加强数据产品新供给、激发场景应用新需求、发展数商新业态等七方面采取措施，为上海数据要素产业未来三年的发展规划了蓝图。

2023年11月，国务院印发《全面对接国际高标准经贸规则推进中国（上海）自由贸易试验区高水平制度型开放总体方案》，提出率先实施高标准数字贸易规则，按照数据分类分级保护制度，支持上海自贸试验区率先制定重要数据目录。指导数据处理者开展数据出境风险自评估，探索建立合法安全便利的数据跨境流动机制，提升数据跨境流动便利性。加快数字技术赋能，推动电子票据应用，推动数据开放共享，构筑数字贸易发展新优势。探索数字身份认证制度。支持探索开展数据交易服务，建设以交易链为核心的数据交易和流通关键基础设施，创建数据要素流通创新平台，制定数据、软件资产登记凭证标准和规则。

上海市的数据产业发展处于全国前列，先后出台了一系列数据产业相关条例与办法，以规范和指导全市数据产业的发展，包括《上海市数据条例》《上海市公共数据开放暂行办法》《上海市公共数据开放实施细则》《上海市公共数据共享实施办法（试行）》等。

（2）重庆市

2023年12月，重庆市政府发布《重庆市数据要素市场化配置改革行动方案》，提出统筹发展和安全，以数字化变革为牵引，聚焦数据要素市场建设重点领域、关键环节和市场主体反映最强烈的问题，健全数据基础制度体系，完善数据要素流通规则，提高数据要素市场化配置效率，促进数据要素安全有序高效流动，为国家数据要素市场化配置改革积极探索经验，为新时代新征程全面建设社会主义现代化新重庆提供坚强保证。到 2025 年底，数据基础制度体系基本建立，数据资源化、数据资产化、数据资本化改革探索取得突破，西部数据交易中心成为国内领先的数据交易场所，引育一批数据要素型企业，建设数据要素产业集聚区，促进数字经济全产业链开放发展和国际交流合作，支撑形成一批具有重庆辨识度和全国影响力的重大应用，打造数据要素配置枢纽内陆开放高地。

（3）广西壮族自治区

2023 年 8 月，广西壮族自治区政府发布《广西构建数据基础制度更好发挥数据要素作用总体工作方案》。该方案的指导思想是，立足新发展阶段，完整、准确、全面贯彻新发展理念，服务和融入新发展格局，以维护国家数据安全、保护个人信息和商业秘密为前提，以促进数据合规高效流通使用、赋能实体经济为主线，以数据产权、流通交易、收益分配、安全治理为重点，构建适应数据特征、符合数字经济发展规律、保障数据安全、彰显创新引领的广西数据基础制度，充分实现数据要素价值、促进全体人民共享数字经济发展红利，为深化创新驱动、推动高质量发展、推进国家治理体系和治理能力现代化提供有力支撑。

方案明确提出，2024 年底前，探索出台一批涵盖数据产权、数据要素流通和交易、数据要素收益分配、数据要素治理等方面的制度规范，数据要素供给数量和质量进一步提升，跨区域数据流通体系加快形成，面向东盟的数据跨境流动取得积极进展。2025 年底前，广西数据基础制度建设取得标志性成果，面向东盟的数据跨境流动国际标准制定取得实质性进展，数据可信流通、安全治理体系逐渐成熟完备，数据要素共享性、普惠性持续增强，初步形成依法规范、共同参与、各取所需、共享红利的发展模式。

方案明确提出了 10 项重点任务，不断推进广西数据要素市场化改革，形成广西数据基础制度体系，提出聚焦于完善数据要素基础制度、聚焦于实现高效合规的数据要素交易流通环境、聚焦于激励全社会参与数据要素市场建设等工作内容。

（4）贵州省

2023年7月，贵州省政府发布《贵州省数据要素市场化配置改革实施方案》。该方案要求，推进全省数据要素市场化配置改革，培育数据要素市场，充分发挥数据基础性资源和战略性资源的重要作用，服务构建数据基础制度，推进数据确权，建立数据要素市场化配置和收益分配机制，形成产权制度完善、流通交易规范、数据供给有序、市场主体活跃、激励政策有效、安全治理有力的数据要素市场体系，促进数据高效流通使用，更好赋能实体经济，有力支撑数字经济发展创新区建设。该方案提出，到2025年底，数据资源化、资产化改革取得重大突破，数据要素市场体系基本建成，建成国家数据生产要素流通核心枢纽，力争将贵阳大数据交易所上升为国家级数据交易所，数据要素实现有序流通交易和价值充分释放。数据流通交易走在全国前列，年交易额突破100亿元。

（5）甘肃省

2023年5月，甘肃省政府发布《关于促进数据要素市场发展的实施意见》，提出充分利用全国一体化算力网络国家枢纽节点在数据汇聚流通方面的优势，立体化推动"东数西算"工程，开展数据要素登记、特色行业大数据交易服务试点示范，促进数据与实体经济融合发展。围绕促进数据合规高效流通使用，赋能实体经济这一主线，细化了数据产权"三权"分置、数据分类分级确权授权、场内场外交易相结合、培育数据商和第三方服务机构、建立健全收益分配与激励机制等重点任务。

3. 以建设地方数据要素基础制度为核心，构建数据要素治理体系

部分地方政府在数据产业发展方面，以建设数据要素基础制度为核心，构建数据要素治理体系，发展数据要素服务政务、公众以及有偿使用等机制，构建地方特色的数据运营、治理机制，形成地方多元化生态。相关政策文件见表1-7。

表 1-7　建设地方数据要素基础制度的政策文件

序号	省份	政策名称	发布机构	发布时间
1	福建省	《福建省加快推进数据要素市场化改革实施方案》	福建省数字福建建设领导小组	2023年9月
2	江苏省	《关于推进数据基础制度建设更好发挥数据要素作用的实施意见》	江苏省委、省政府	2023年12月
3	河北省	《河北省一体化政务大数据体系建设若干措施》	河北省政府	2023年1月
4	新疆维吾尔自治区	《新疆维吾尔自治区公共数据管理办法(试行)》	新疆维吾尔自治区政府	2023年2月

（1）福建省

2023年9月福建省数字福建建设领导小组印发《福建省加快推进数据要素市场化改革实施方案》，围绕数据要素市场、数据交易场所、公共数据分级开发体系、数据应用场景、数据要素治理机制重点部署相关任务，要求建立公共数据资源开发有偿使用机制，探索将数据使用费纳入全省非税收入管理，推动将技术服务费纳入政府指导价管理，并首次明文提出"严厉打击黑市交易，取缔数据流通非法产业"，表明了福建省对数据要素治理长期面临的突出问题的重视。

（2）江苏省

2023年12月，江苏省委、省政府发布《关于推进数据基础制度建设更好发挥数据要素作用的实施意见》，旨在推进数据基础制度建设，提高数据要素治理效能，构建多层次、多元化的数据要素市场生态体系，推进数据要素优质供给、高效流通、安全发展，实现数据要素市场化配置先行示范。该意见提出：力争到2030年，健全数据分类分级管理制度，建立标准规范、统一协调的数据运营管理机制；建成运行高效、安全有序的数据要素市场，形成有效市场和有为政府相结合的数据要素治理模式；建成特色鲜明的数据产业集群，形成主体活跃、支撑有力的数据要素生态。江苏省率先从落实数据产权制度、促进数据要素流通交易、推进数据价值挖掘与收益分配、强化数据要素安全监管治理、构建协同创新的多元生态体系5个方向部署重点任务。

（3）河北省

2023年1月，河北省政府发布《河北省一体化政务大数据体系建设若干措施》，提出建设目标：到2023年底，政务数据共享协调机制趋于完善，全省一体化政务大数据体系初步建成；到2025年底，全省一体化政务大数据体系更加完备，形成"一数一源、多源校核"的政务数据治理机制。

（4）新疆维吾尔自治区

2023年2月，新疆维吾尔自治区政府发布《新疆维吾尔自治区公共数据管理办法（试行）》，旨在规范和促进自治区公共数据资源共享开放，加快公共数据汇聚、融通、应用，提升政府治理能力和公共服务水平，发挥数据促进经济发展、服务民生改善、完善社会治理的作用。该试行办法明确提出，公共数据资源实行统一目录管理，鼓励各政务部门和公共服务部门创新打造重点业务场景应用。公共数据主管部门应按照"一数一源一标准"的要求，公共数据主管部门应当会同标准化行政主管部门建立公共数据质量等标准体系。公共数据共享工作按照"谁主管、谁提供、谁负责"和"谁经手、谁使用、谁负责"的原则，科学划分公共数据提供部门和公共数据使用部门的责任。公共数据主管部门应以自然人、法人和非法人组织需求为导向，分类分级、公平公开、安全可控、统一标准、便捷高效为原则，在法律法规及标准规范允许范围内推动公共数据面向社会最大限度开放。

4. 以加强和发展跨地域、跨境数据流动与交易为核心，构建数据流动互通机制

以粤港澳大湾区为代表的区域以加强和发展跨区域、跨境数据流动与交易为核心，加强区域协同、联动的数据产业高质量发展，如表1-8所示。

表1-8 构建数据流动互通机制的政策文件

序号	区域	政策名称	发布机构	发布时间
1	粤港澳大湾区	《关于促进粤港澳大湾区数据跨境流动的合作备忘录》	国家网信办与香港特区政府创新科技及工业局	2023年6月
2	粤港澳大湾区	《关于更好发挥数据要素作用推动广州高质量发展的实施意见》	广州市委深改委	2023年11月

2023年6月，为了促进粤港澳大湾区内的数据能够跨境、安全并且有序地流动，从而推动该地区实现高质量发展，国家网信办与香港特区政府创新科技及工业局签署《关于促进粤港澳大湾区数据跨境流动的合作备忘录》，确立了在国家数据跨境安全管理制度框架下，针对粤港澳大湾区制定的数据跨境流动安全规则。此备忘录的签署旨在充分发挥数据基础性作用，有效加强内地与香港特别行政区数据跨境流通，有效推动粤港澳大湾区数字经济的创新与发展。

2023年11月，广州市委深改委发布《关于更好发挥数据要素作用推动广州高质量发展的实施意见》，以促进数据合规高效流通使用、赋能实体经济为主线，紧抓南沙深化面向世界的粤港澳全面合作重大发展机遇，充分发挥广州作为国家中心城市、粤港澳大湾区核心引擎、省会城市的引领带动作用，加快推进数据产权、流通交易、收益分配、安全治理等数据基础制度建设，培育统一数据要素市场，激活数据要素潜能，促进数据要素与实体经济深度融合，为广州继续在高质量发展方面发挥领头羊和火车头作用作出新的更大贡献。同时，广州市政务服务局印发《广州市公共数据开放管理办法》，以提高公共数据开发利用水平，充分释放数据要素红利。

1.3 本章小结

数据要素是五大生产要素之一。自2022年以来，国家对数据要素的重视程度日益提升，陆续出台了有关数据要素、数据产业、数据安全等的一系列政策与措施，以保障我国数字经济蓬勃发展。随着我国数字经济、数字政府等取得了显著发展，数字化、数据化不断发展，数据资产化、要素化不仅成为推动经济增长的重要力量，更在多个领域展现出其独特的价值和潜力。这一显著成就凸显了数字经济在国民经济中的重要地位，也为数据资源基于资产奠定了坚实的基础。国家及地方政府陆续制定了数据产业的发展规划与重要举措，为我国数据产业提供了有力的指引与规范。

|第2章| CHAPTER

《企业数据资源相关会计处理暂行规定》的深度解读

随着我国数字经济和数字政府建设的显著发展及其成效的逐步体现,数据要素作为五大生产要素之一,日益受到国家的重视。国家陆续推出了一系列关于数据要素、数据产业和数据安全的政策与措施,这些政策有效地保障了我国数字经济的蓬勃发展。数字经济和数字政府的进步推动了数字化和数据化的不断发展,数据资产化和要素化不仅成为经济增长的重要推动力,还在多个领域展现出独特的价值和潜力。这些显著的成就突显了数字经济在国民经济中的重要地位,并为数据资源的资产化奠定了坚实基础。国家及地方政府陆续制定了数据产业的发展规划和重要举措,为我国数据产业的新纪元提供了有力的指引和规范。在这样的背景下,财政部发布了《企业数据资源相关会计处理暂行规定》(以下简称《暂行规定》),旨在为企业如何识别、计量、记录及报告数据资源提供具体的操作指引,为会计信息的用户提供更加准确、透明的决策信息。

这一政策的实施将有助于企业更有效地管理和利用数据资源,从而在更广泛的层面上推动数字经济的健康发展。它不仅体现了中国对数字经济特征和趋势的深刻理解，也展现了中国在推动会计领域创新及适应新经济形态发展方面的决心。

本章深入解读《暂行规定》，首先从其出台背景入手，对其征求意见稿与正式发布稿的部分差异进行浅析，然后围绕它的主要内容进行详细介绍，并对其中的重点内容进行解读。

通过本章的学习，你将了解以下内容：
- 《暂行规定》的出台背景。
- 《暂行规定》的主要内容。
- 《暂行规定》对企业的意义。

2.1 《暂行规定》简介

2.1.1 数据资源入表与数据资产入表

目前在网络上和业界，《暂行规定》相关的一些术语存在多种称呼。为了便于读者理解和避免歧义，本小节对出现频率最高的两个术语"数据资源入表"和"数据资产入表"进行定义。

"数据资源入表"这一术语中的"数据资源"取自《暂行规定》，《暂行规定》中的"适用范围"部分明确了数据资源入表的服务目的：企业按照企业会计准则相关规定确认为无形资产或存货等资产类别的数据资源，以及企业合法拥有或控制的、预期会给企业带来经济利益的、但由于不满足企业会计准则相关资产确认条件而未确认为资产的数据资源的相关会计处理。因此，"数据资源入表"可以理解为在会计计量专业视角下，企业拥有或控制的数据相关要素的入表行为的专业称谓（术语）。

"数据资产入表"这一说法不如"数据资源入表"严谨，它是从资产的视角出发，采用的更易于资产相关从业人员理解的表述，旨在帮助首次接触"数据资源入表"概念的人员快速理解数据资产化的重要性。因此，"数据资产入表"并非一个正式术语，而是一种约定俗成的称呼。

2.1.2 为何出台《暂行规定》

财政部会计司在 2023 年 8 月 21 日正式发布《暂行规定》，旨在规范企业数据资源的会计处理，并加强会计信息的披露。该规定将自 2024 年 1 月 1 日起施行，采取未来适用法。

1. 出台背景

为了贯彻落实中共中央和国务院发展数字经济的战略部署，国家在不同时间节点陆续推出了多项旨在促进大数据产业健康发展的重要政策，这些政策共同构成了《暂行规定》的出台背景。国家发布各项重要政策的时间线详见图 2-1。

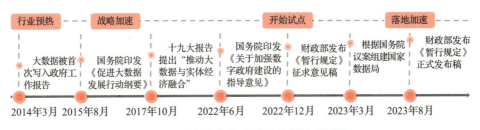

图 2-1 国家发布各项重要政策的时间线

2014 年 3 月"大数据"首次写入政府工作报告之时，对大数据这一行业的预热就开始了。

2015 年 8 月，国务院发布《促进大数据发展行动纲要》；2016 年 3 月，国家"十三五"规划提出"实施国家大数据战略"；2016 年 12 月，工业和信息化部发布《大数据产业发展规划（2016—2020 年）》。在这一系列战略的推动下，试点工作逐步展开。

2017 年 10 月，十九大报告提出"推动大数据与实体经济融合"；2019 年 11 月，十九届四中全会首次明确提出"数据可作为生产要素参与分配"；2020 年 4 月，国务院发布《关于构建更加完善的要素市场化配置体制意见》，强调加快培育数据要素市场，全面提升数据要素的价值。

为了进一步推动实施，国务院于 2022 年 6 月发布《关于加强数字政府建设的指导意见》，其中明确强调要坚持数据赋能，构建开放共享的数据资源体系。

33

同时，鼓励更多社会力量对具有经济和社会价值、可进行加工利用的政务数据和公共数据进行增值开发与利用。

在这一大背景下，2022年12月1日，财政部发布《暂行规定》的征求意见稿，广泛征集社会各界的意见和建议。目的是通过集思广益，进一步完善和细化《暂行规定》，确保其更好地适应我国经济高质量发展的实际需求，有力推动我国财政制度向更加规范、科学、高效的方向发展。

2023年3月7日，根据国务院的议案，国家数据局成立，其职责是协调推进数据基础制度的建设，统筹数据资源的整合共享和开发利用，以及推动数字中国、数字经济、数字社会规划和建设等。

2023年8月21日，财政部发布《暂行规定》的正式发布稿，以进一步实施中共中央和国务院关于服务数字经济健康发展的战略部署。这一规定旨在推动和规范相关企业的会计准则，以服务于数据交易双方的会计处理、数据资源作为资产的入表问题，以及计量等会计实务需求。促进会计领域的创新研究，服务于数字经济治理体系的构建，以显化数据资源的价值，并真实地反映经济运行状况。同时，该规定还旨在促进数据的流通和使用，推动企业深化数字化转型，以充分挖掘和释放数据价值。此外，还着力于培育健康的数据产业生态，探索数据财政的发展，进而提升数据安全管理，实现安全可控的发展目标。

2. 出台过程

《暂行规定》的出台主要经历了4个阶段，如图2-2所示。

（1）启动研究阶段（2022年初）

对于地方财政部门所关注的数据交易企业相关问题进行了研究，系统地梳理了数据交易的标的组成和业务模式、现行企业会计准则的应用规定以及国家会计领域的研究进展。在这个过程中，持续关注相关问题的发展动态，不断了解实务现状和会计处理需求。通过这些分析和研究，最终形成了一份详尽的研究报告。

（2）专题调研阶段（2022年7月—8月）

通过调研，与业务主管部门、数据交易平台、企业、会计师事务所及高校专家等多方面进行了深入交流，全面了解我国数据资源业务的现状及会计处理意见。经过深入研究与讨论，初步得出了会计处理的相关结论，并形成了《暂行规定》的讨论稿。

图 2-2　出台过程的 4 个阶段

（3）形成征求意见稿阶段（2022 年 10 月—12 月）

在起草过程中，与相关单位进行了深入的沟通和交流，组织专家对《暂行规定》的讨论稿进行全面审议，同时紧密关注数据要素市场等实务发展状况，重视各方的反馈和焦点，对讨论稿进行了进一步的修订和完善，最终形成了《暂行规定》的征求意见稿。

（4）形成正式发布稿阶段（2022 年 12 月—2023 年 8 月）

为确保《暂行规定》的科学性和可行性，财政部广泛征集了各方面的意见，通过反复论证和精心修订，使得《暂行规定》正式发布稿的内容更加翔实且更具有针对性。每一个条款都包含着深厚的理论基础和丰富的实践经验。

3. 数据资产入表的意义

（1）政府端：为制定政策提供支持

数据资产入表对政府部门的政策制定和规划具有重要意义。政府能够通过分析数据资源，更准确地掌握经济社会发展的真实情况和存在的问题，从而有针对性地制定政策措施，推进经济结构调整和产业升级，促进社会和谐稳定发展。

数据的系统化入表对于政府部门科学和精准制定政策与规划具有巨大价值和深远影响。作为社会经济发展的引领者和管理者，政府的决策质量直接关系到国家的发展方向和民众的福祉。在大数据时代，数据资源宛如闪烁的繁星，蕴含着经济社会运行的深层规律和潜在问题。

政府通过对各类数据资源的深入挖掘和整合分析，能实时掌握宏观经济运行态势，准确了解各行业的发展动态和社会需求的变化。例如，通过分析就业率、GDP 增长率、产业结构调整等关键指标数据，政府可以准确判断经济发展的热点和难点，预测未来趋势，从而为政策制定提供坚实的数据支持。

同时，数据资产入表有助于提升政策制定的针对性和实效性。政府部门可以根据数据分析结果，准确识别经济社会发展的痛点和瓶颈，如区域发展不平衡、产业创新能力不足、环境压力增大等问题，并据此细化政策措施，如推动区域协同发展、加强科技创新投入、实施绿色可持续发展规划等，以实现经济结构的优化升级与社会的和谐稳定进步。此外，还能增强公众参与度和政策透明度，通过公开相关数据，促进社会各界对政策形成共识，提高政策执行的效率，进一步确保公共政策的有效实施和反馈修正机制的良性运作。

（2）社会端：强化企业社会责任与透明度

在数字经济时代，数据资产入表体现了企业对信息保护和社会责任的重视。通过在公开的财务报表中体现数据资产，可以让公众了解企业在数据获取、使用及保护方面作出的努力，进而增强企业的社会信任度。同时，这也促使企业在追求商业利益的同时，更加关注个人隐私保护和数据伦理问题，践行可持续发展的理念。

在数字经济快速发展的背景下，强化企业的社会责任和透明度成为企业在复杂商业环境中赢得公众信任、实现可持续发展的关键。将数据资源纳入财务报表，不仅展示了企业在信息保护和社会责任方面的自觉担当，也是对企业核心资产全面且真实的反映。

企业的数据资产形成覆盖了从数据采集、处理、存储到应用的整个过程，是企业价值创造链中不可缺少的环节。通过在财务报表中详细披露数据资产状况，企业可以向所有利益相关方清晰展示其在数据治理上的严谨态度和高效实践，包括合法合规地获取数据，科学合理地利用数据推动业务增长，以及严格遵守法律法规和道德规范来保护数据安全与个人隐私等方面。

企业资产信息的公开有助于提升公众特别是投资者对企业的信任度，因为它能让公众深入了解企业在数据领域的运作机制和伦理标准，从而对企业建立起公正、可靠的印象。同时，这种做法也形成了一种外部监督的压力，促使企业在追求经济效益的同时，坚守对个人隐私的尊重和对数据伦理的遵循，致力于发展既顾及经济效益又重视社会效益的模式。

（3）企业端：增强企业资产收入

1）增强资本运作能力与融资优势。对于上市公司或寻求融资的企业而言，数据资产入表能有效提升其在资本市场上的吸引力。清晰的数据资产管理报告可以向投资者展现企业的核心竞争力与发展潜力，支持资本运作，降低融资成本，并吸引优质投资，进而促进企业的发展与壮大。

在当前高度信息化和数据驱动的商业环境中，企业对数据资源的管理和利用水平已成为评估其内在价值和未来增长潜力的关键。对于上市公司或积极寻求融资的企业，将数据资源价值量化并纳入财务报表，可以显著增强其在资本市场上的竞争力和吸引力。通过一份详尽而严谨的数据资产管理报告，企业可以全面地向投资者展示其数据资产的规模、质量及应用效益。

这种信息的透明化披露不仅凸显了企业的核心竞争力，为企业的价值评估提供了准确的依据，还能在激烈的市场竞争中帮助企业吸引更多的优质投资机构和战略伙伴。这不仅为企业提供了所需的资金支持，也可能带来先进的管理理念和行业资源，乃至开拓国际市场的机会，推动企业在数据经济竞争中实现快速增长和可持续发展。

2）促进数字经济转型与合规发展。随着全球对数据安全和隐私保护法律法规的日益加强，数据资产入表有助于企业满足合规要求，主动适应并引领数字经济转型的趋势。企业通过建立完善的数据治理体系，规范数据的采集、处理、存储和使用，不仅维护了用户权益，也为参与公平、公正、透明的数据交易市场打下了坚实的基础。

在全球数字化不断加深的过程中，数据安全和隐私保护成为各国政府关注的焦点，相关的法律法规也趋于严格和完善。这种严格的合规环境既为数字经济的健康发展设定了规则，也为企业数字化转型提供了清晰的方向。

因此，在这一背景下，将数据资源有效地纳入企业内部管理体系，成为企业在保证合规运营的同时积极推进数字经济转型的关键。企业一旦能确保数据的合规性和安全性，并最大化数据资产的价值，就能在全球数字经济的竞争中取得有利位置，并可能引领行业健康发展。

3）创新商业模式与拓展收入来源。数据资产入表使企业能够将无形的数据资产转化为有形的价值输出，为企业打开新的盈利渠道并扩宽收入来源，这对于构建基于数据的新型商业模式具有重要意义。企业可以通过提供数据分析服务、开发数据产品、进行数据授权等多种方式实现数据的商业化利用。例如，利用数据分析能力，企业可以为客户提供精准的决策支持、预测性分析和定制化报告，从而获得服务费用。同时，基于丰富的数据资源，企业可以开发创新的数据产品，如通过用户行为数据构建智能推荐系统，不仅提升用户体验，还能实现广告推广、会员服务等多元化收益。此外，企业还可以针对特定行业痛点，开发数据驱动的解决方案，如金融风控模型、医疗健康预警系统等，开拓新的业务领域并获取收入。

有效利用数据资源不仅能促进企业商业模式的创新，还能大幅拓展收入来源，帮助企业在数字化转型中把握机遇，实现持续稳定发展。这一过程体现了数据作为新型生产要素的巨大潜力，也凸显了企业将数据作为核心竞争力进行战略布局的重要性。

因此，数据资产入表对现代企业具有多重战略意义，不仅关系到企业的经济效益，还关乎企业履行社会责任、应对监管要求、塑造品牌形象及提升竞争力。随着数据要素市场化的深入发展，数据资产入表的战略价值将进一步凸显，成为企业持续成长的基石。

2.1.3 《暂行规定》的主要内容

《暂行规定》主要规范了数据资源作为资产入表的条件、会计处理方式、财务报表的列示和披露要求。本小节旨在介绍和解读《暂行规定》的核心内容，帮助企业在新规实施前做好准备。

1. 适用范围

结合会计中关于资产的定义及特点，明确了《暂行规定》适用于符合企业会计准则要求并可确认为相关资产的数据资源。对于未满足资产确认条件的数据资源，亦明确了其会计处理方法。鉴于数据资源相关理论与实践的持续发展，考虑到数据资源相关理论和实践的不断发展，故采取了《暂行规定》的形式，以便未来根据需要及时进行更新和调整。

《暂行规定》适用于以下数据资源的企业会计处理：

- 企业按照《企业会计准则第 6 号——无形资产》相关规定确认为无形资产类别的数据资源。
- 企业按照《企业会计准则第 1 号——存货》相关规定确认为存货类别的数据资源。
- 企业合法拥有或控制的、预期会给企业带来经济利益的、但由于不满足企业会计准则相关资产确认条件而未确认为资产的数据资源。

2. 会计准则

《暂行规定》明确指出，在当前阶段，数据资源的会计处理应遵循企业会计准则。同时，根据会计上经济利益的实现方式，《暂行规定》将"入表"的数据资源进一步区分为"确认为无形资产的数据资源"和"确认为存货的数据资源"两类。

（1）确认为无形资产的数据资源

企业使用的数据资源，符合《企业会计准则第 6 号——无形资产》规定的定义和确认条件的，应当确认为无形资产。

对确认为无形资产的数据资源，企业应当按照《〈企业会计准则第 6 号——无形资产〉应用指南》规定，对数据资源进行初始计量、后续计量、处置和报废等相关会计处理。

（2）确认为存货的数据资源

企业日常活动中持有、最终目的用于出售的数据资源，符合《企业会计准则第 1 号——存货》规定的定义和确认条件的，应当确认为存货。

对确认为存货的数据资源，企业应当按照《〈企业会计准则第 1 号——存货〉应用指南》规定，对数据资源进行初始计量、后续计量、处置和报废等相关会计处理。

3. 列示和披露

《暂行规定》要求企业在按照相关具体准则进行信息披露的同时，采用表格形式提供更详细的信息。还规定企业可以根据实际情况自行决定是否披露数据资源（包括未被确认为无形资产或存货的数据资源）的相关信息。

（1）资产负债表相关列示

《暂行规定》规定，企业在资产负债表列示时应当根据重要性原则并结合本企业的实际情况下设二级科目，分别在"存货""无形资产""开发支出"项目下增设"其中：数据资源"项目。

（2）相关披露

《暂行规定》规定，企业应当按照相关企业会计准则及本规定等，在会计报表附注中对数据资源相关会计信息进行披露。

4. 附则

附则明确了《暂行规定》的实施时间以及企业的衔接处理要求，并要求企业采用未来适用法来应用本《暂行规定》。

2.1.4 《暂行规定》正式发布稿与征求意见稿的比较

1. 聚焦数据资源的会计处理

正式发布稿在处理数据资源的会计问题时进一步体现了会计的严谨性。与《暂行规定》征求意见稿相比，正式发布稿将原文中的"为加强企业数据资源相关会计处理"修改为"为规范企业数据资源管理"，并去除了"发挥数据要素价值"的表述。这样的修改避免了经济学中"数据要素"概念对会计学中"数据资源"概念的干扰，使得用语更加精炼、凝练。

2. 数据资产入表的业务模型

在征求意见稿阶段，数据资产入表的业务模型主要关注数据交易双方的会计处理方式,采用"二分法"划分为"企业内部使用的数据资源相关会计处理原则"和"企业对外交易的数据资源相关会计处理原则"。征求意见稿中数据资产入表的业务模型如表2-1所示。

表2-1 《暂行规定》征求意见稿中数据资产入表的业务模型

业务模型	外购	自行加工/开发
内部使用	确认为外购的无形资产的数据资源	确认为自行开发的数据资源无形资产
对外交易	确认为外购的存货的数据资源	确认为自行加工的数据资源存货

正式发布稿根据企业使用、对外提供服务、日常持有以备出售等不同的业务模型,对数据资产的会计处理进行了详细规定。此外,补充明确了企业内部数据资源研究开发项目的支出范围,并具体阐述了适用的数据资产入表准则。同时,进一步明确了不满足资产确认条件而未被确认的数据资源的相关会计处理。正式发布稿中关于数据资产入表的业务模型详见表2-2。

表2-2 《暂行规定》正式发布稿中关于数据资产入表的业务模型

业务模型	外购	自行加工/开发
使用	确认为外购的无形资产的数据资源	确认为自行开发的无形资产的数据资源
确认为无形资产的数据资源交易	将无形资产的摊销金额计入当期损益或相关资产成本,同时确认相关收入	
未被确认为无形资产的数据资源交易	按照收入准则等规定确认相关收入,符合有关条件的应当确认合同履约成本	
企业内部数据资源研究开发项目的支出范围	研究阶段的支出,应当于发生时计入当期损益;开发阶段的支出,满足无形资产准则第九条规定的有关条件的,确认为无形资产	
日常持有以备出售	确认为存货的数据资源	确认为自行加工的存货的数据资源
出售确认为存货的数据资源	按照存货准则将其成本结转为当期损益,同时,企业应当按照收入准则等规定确认相关收入	
出售未确认为资产的数据资源	按照收入准则等规定确认相关收入	

3. 数据相关服务和费用

《暂行规定》征求意见稿中提及"企业通过外购方式取得确认为无形资产的

数据资源，其成本包括购买价款、相关税费，以及直接归属于使该项无形资产达到预定用途所发生的数据标注、整合、分析、可视化等加工过程所发生的有关支出等"以及"企业通过外购方式取得数据采集、标注、分析等数据相关服务支出"。其中，数据加工形式有数据标注、整合、分析和可视化，而数据相关服务支出有数据采集、标注、分析。

而在正式发布稿中，数据加工形式增加了数据脱敏、清洗，而数据相关服务支出也增加了数据采集、脱敏。同时增加了一些相关费用定义，即数据权属鉴证、质量评估、登记结算、安全管理等费用。在征求意见稿与正式发布稿中截取该内容的对比如图 2-3 所示。

《暂行规定》正式发布稿

其中，企业通过外购方式取得确认为无形资产的数据资源，其成本包括购买价款、相关税费，直接归属于使该项无形资产达到预定用途所发生的<u>数据脱敏、清洗</u>、标注、整合、分析、可视化等加工过程所发生的有关支出，<u>以及数据权属鉴证、质量评估、登记结算、安全管理等费用</u>。企业通过外购方式取得数据采集、<u>脱敏</u>、清洗、标注、整合、分析、可视化等服务所发生的有关支出，不符合无形资产准则规定的无形资产定义和确认条件的，应当根据用途计入当期损益。

《暂行规定》征求意见稿

其中，企业通过外购方式取得确认为无形资产的数据资源，其成本包括购买价款、相关税费，以及直接归属于使该项无形资产达到预定用途所发生的<u>数据标注、整合、分析、可视化</u>等加工过程所发生的有关支出等。企业通过外购方式取得数据采集、标注、分析等数据相关服务支出，不符合无形资产准则规定的无形资产定义和确认条件的，应当根据用途计入当期损益。企业在对确认为无形资产的数据资源的使

图 2-3 征求意见稿与正式发布稿中截取内容对比

4. 数据资源在企业资产负债表中的列示

关于数据资产入表，一直有表内确认观和表外披露观等不同观点。表内确认观又分为数据资源作为单独会计科目核算和放入已有会计科目核算的不同路径，表外披露观则主张在管理层分析与讨论或在报表附注中披露数据资源。

《暂行规定》征求意见稿对数据资源仅有在会计报表附录中进行披露的要求，一定程度上体现了表外确认观的思路。《暂行规定》则明确了企业数据资源在资产负债表中的相关列示，进一步明确了数据资源要基于既有会计科目进行"表内确认"的要求。

《暂行规定》要求，企业在编制资产负债表时，应当根据重要性原则并结合本企业的实际情况，在"存货"项目下增设"其中：数据资源"项目，反映资产负债表日确认为存货的数据资源的期末账面价值；在"无形资产"项目下增

设"其中：数据资源"项目，反映资产负债表日确认为无形资产的数据资源的期末账面价值；在"开发支出"项目下增设"其中：数据资源"项目，反映资产负债表日正在进行数据资源研究开发项目满足资本化条件的支出金额。

2.2 《暂行规定》中数据资产入表的关注点

2.2.1 《暂行规定》中相关概念的介绍

1. 数据资源的概念

数据资源（Data Resource）在广义上指的是对企业有潜在价值的所有数据。这些数据通常存储在数据库管理系统或其他软件（如电子表格）中。

简而言之，数据资源是以电子化形式记录和保存的、可供社会化再利用的数据集合。这些数据经过收集、存储和运维处理，最终形成规模化、电子化的形式，为组织（如政府机构、企事业单位等）创造价值。数据资源与一般数据的区别主要在于其使用价值。

此外，数据资源不仅包括企业内部数据，也包括外部的消费者调查数据、行业报告等。这些数据一旦积累到一定规模，不仅能记录信息，还具有挖掘更高价值的潜力。通过对这些数据的处理和分析，可以获得有价值的信息和洞察，从而为企业创造更大的价值。

若数据尚未处理但具有潜在价值，则可以视为数据资源。且一旦这些数据能产生经济利益流入，它们便能成为数据资产。因此，数据的价值并非由其本身决定，而是根据需求和使用场景而变化。在不同的应用场景中，同一数据的价值也可能有所不同。总之，数据是否有价值取决于它能否满足特定需求或提供有价值的信息。

2. 数据资产入表的意义

在当今大数据时代，数据资产已成为企业运营中不可或缺的无形资产，其价值愈加显著。在现代企业管理和财务会计实践中，数据资产入表是一项核心工作，对编制财务报表和提供决策支持至关重要。这一过程不仅包括以货币价值记录企业经济活动，还涉及对企业资产和负债的评估与管理。接下来，我们将分析数据资产入表对企业的意义，详见图 2-4。

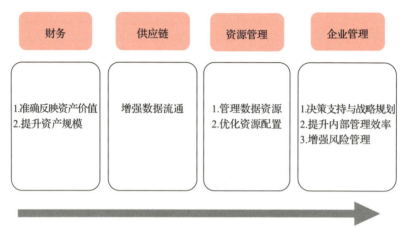

图 2-4　数据资产入表对企业的意义

（1）财务角度

1）准确反映资产价值。数据资产入表意味着企业开始正式认可并量化其数据资源的价值。传统财务报表往往难以完整体现企业在数据领域的投入及其带来的潜在经济利益。然而，随着大数据、云计算、人工智能等技术的进步，数据已变成推动企业增长的关键因素。明确将数据资源作为资产入表，使企业能对自己的海量信息进行科学估值，这不仅提高了财务报表的真实性和完整性，还让投资者及其他相关方能更精确地了解企业的真实价值。

2）提升资产规模。对于数据资源密集型的企业，充分挖掘和利用其数据资源可以增大企业的资产规模。资产规模的增大能间接提高企业的信用评级和融资能力，突显其在资本市场上的核心竞争力和优势地位。对于拥有丰富数据资源的企业，数据资产入表能在财务报表中充分展现其真实价值和经济贡献[一]。

[一] 参考《财报就像一本故事书（修订版）》一书，作者为刘顺仁，山西人民出版社出版。

（2）供应链角度

数据资产入表有助于体现数据资源价值，加深企业对数据资产的认识，激发数据市场主体的积极性，提高数据流通意愿，为企业深度挖掘和利用数据提供动力。此举措还能为数字经济发展提供信息标准，促进企业转型升级。

（3）资源管理角度

1）管理数据资源。将数据资产纳入企业资产管理体系意味着企业可以更加重视并有效管理数据资产的获取、存储、处理、共享与使用，实现数据资源的有效管理和利用。这对于提升数据的可靠性、准确性和安全性至关重要。数据资产入表不仅体现在财务上，也是一项全面的数据管理和保护策略。

2）优化资源配置。数据资产入表促进了企业管理层对数据资产管理的重视，推动建立相应的管理体系以确保数据资产的安全、合规使用。企业可以明确哪些数据资源对财务状况和运营有积极影响，并科学衡量和合理分配各类数据资产的价值，根据各业务单元的实际需求和潜在价值调配数据资源。这样不仅能有效促进业务创新和提升运营效率，还可以更有针对性地对数据资源进行投资、开发和管理，实现更高的资源利用效率和更低的成本。

（4）企业管理角度

1）决策支持与战略规划。通过准确记录数据资源的价值，企业可以获得更可靠的决策支持和战略规划依据。将数据视为一种可计量、可管理和可增值的资产，有助于企业在战略层面利用数据洞察，制定精准的经营决策，如产品开发、市场定位、风险管理等，以更好地应对市场竞争和变化。

将数据资源作为可计量、可记录的资产纳入会计核算体系，有助于企业准确掌握自身的数据财富，并为管理层提供丰富的信息依据来制定战略决策。例如，在投资新项目时，基于数据的评估结果，企业可以明确数据成本和预期回报，做出精准、理性的决策。深入挖掘和分析大量数据，有助于企业及时了解行业趋势、竞争对手动态和消费者行为模式，指导战略规划，取得竞争优势。

2）提升内部管理效率。数据资产入表使企业能更清晰地了解自身数据资产的全貌和分布，从而优化内部流程，提高数据利用效率。通过评估和管理数据质量、生命周期、成本效益等，可以推动各部门改进业务流程，减少无效数据处理，实现数据驱动的精细化运营管理。

3）增强风险管理。将数据资源纳入会计报告有助于企业更好地识别和评估潜在风险。对数据资源的价值评估可揭示数据资产的安全性、可用性和合规性问题，增强企业风险管理能力，降低经营风险。

数据资产入表还能促使企业建立健全数据治理体系，涵盖数据质量控制、权限管理、生命周期管理等。精细化管理有助于企业准确掌握数据资产状态，防止数据泄露、篡改或滥用，有效降低操作风险，提升数据安全性，准确识别和量化潜在风险。

2.2.2 数据资产入表需要关注的难点

数据资产入表作为数据管理的关键环节，是组织和个人信息资产积累、交易活动记录及行为模式刻画的重要载体。随着信息时代的发展，它不仅是技术活动，还涉及法律法规、数据隐私和安全等多方面的复杂议题。以下是企业在进行数据资产入表过程中需关注的一些难点。

1. 数据质量问题

数据质量问题是数据资产入表过程中的首要挑战。高质量的数据是后续数据内外价值挖掘及市场化的基石。数据质量涉及多个维度，如完整性（是否存在缺失值）、一致性（数据间是否存在逻辑矛盾或不匹配的现象）、时效性（数据是否反映最新实际情况）和准确性（数据记录是否真实无误）等。

例如，在企业经营中，如果财务数据存在错误或遗漏，基于这些数据做出的战略规划可能出现偏差，从而影响企业的健康发展。因此，在数据资产入表前，必须对原始数据进行严格的质量审查与清洗，确保数据高度可用和可靠。

2. 数据隐私和安全

随着大数据时代的到来，数据已成为极具价值的信息资产，同时也包含大量敏感信息，如个人身份、健康状况、消费习惯等。入表数据资产时，必须遵守相关法律法规和行业规定，采取有效的脱敏、加密等技术手段保护用户隐私，并建立健全数据安全保障体系，防止数据泄露、篡改或非法使用，确保数据全生命周期的安全性。如《中华人民共和国数据安全法》（简称《数据安全法》），明确了数据全生命周期的安全管理原则，强调对个人信息的合法、正当与必要原则；《中华人民共和国个人信息保护法》（简称《个人信息保护法》），从法律层面强化了对公民个人隐私权益的保障。欧盟的《通用数据保护条例》（GDPR）强化了数据主体权利，并对企业处理个人信息的行为提出了严格要求。

3. 相关法律法规

不同国家和地区关于数据采集、存储、使用的法律法规不同，进行数据资产入表时，企业必须充分了解并严格遵守相关的法律法规，避免法律风险导致业务中断、罚款或法律责任。这要求企业在数据治理过程中不仅要建立完善的合规管理制度，还要有专人负责跟踪法规动态，确保数据处理行为始终合法合规。

2.3 本章小结

《暂行规定》的发布为企业提供了数据资产在会计处理上的合规指导和操作框架，为企业处理和管理各类业务数据提供了明确的行为准则和规范依据。这一规定不仅有助于企业确保数据的准确性和完整性，防止数据的滥用或泄露，还在提升企业的数据管理水平、强化内部控制、降低运营风险等方面产生了深远影响。

本章介绍了财政部《暂行规定》的出台背景、过程及数据资产入表对企业的重要意义。我们细致介绍了《暂行规定》的主要内容，并对其正式发布稿和征求意见稿进行了比较。通过解读该规定的主要内容和分析其对企业的好处，深入探讨了数据资产入表对企业的重要性，并进一步探索了《暂行规定》中关于数据资产入表的相关概念及一些需关注的难点。

| 第二部分 |

核心知识体系

本部分专注于数据资产入表的核心知识体系,包括财务知识、法律知识及大数据技术的应用,旨在帮助读者建立扎实的数据资产入表理论基础,深入理解数据资产入表的全过程、关键要素及技术应用。

本部分包含第 3～5 章。第 3 章首先梳理会计的基本概念、职能、对象及要素,建立清晰的基础框架,然后介绍会计的目标与规范体系,明确会计入表的目的及遵循的规范体系框架。在此基础上,深入剖析数据资产入表的基本流程,包括数据资源的识别与筛选、资产类别的确认、成本的归集与分摊及列报与披露等环节。最后,详细辨析成本法与以成本法入表的核心概念,明确它们在实际操作中的区别与联系。

第 4 章将深入探讨数据合规与数据权益。首先介绍数据资产合规要求、法律法规发展进程及核心监管部门,指导企业遵守法律法规,然后阐述数据权益的内涵、主体、与数据资产入表的关系及数据权益确认的意义,并强调数据权益在数据资产入表过程中的重要性和作用。

第 5 章聚焦于入表的技术框架、技术支撑以及数据管理、数据流通、数据运营的相关工具,强调大数据技术的应用对提升数据资产入表的准确性和效率、为企业创造价值的贡献。

综合来看,本部分通过全面探讨财务知识、法律知识和大数据技术,为读者提供数据资产入表的核心知识体系,期望读者能深入理解数据资产入表的过程及其关键要素和技术应用。

第 3 章 CHAPTER

入表所需的财务知识

本章将深入探讨会计入表的关键知识点。首先,会梳理会计的概念、基本职能、对象及要素,旨在为初次接触会计的读者建立一个清晰的基础框架。然后,将简要介绍会计的目标与规范体系,帮助读者明晰会计入表的目的及其所遵循的规范体系框架。通过了解这些基础概念,读者能够对会计入表有一个整体的认识,为深入学习奠定坚实的基础。

本章将详细剖析数据资产入表的基本流程,从审慎识别与筛选数据资源开始,随后确认数据所属的资产类别,以符合会计准则与规范。接着,明确成本的归集与分摊的关键步骤,并遵循严格的原则,确保成本分配的合理性与准确性。最后,通过列报与披露环节,规范、清晰地在财务报表中展示经过处理的财务数据,为利益相关方提供决策依据。

本章还将对成本法与以成本法入表这两个核心概念进行深入辨析。通过对比,帮助读者明确它们在实践中的应用差异,并重点强调数据以成本入表过程中需注意的关键点,以确保会计处理的准确性和合规性。

通过本章的学习,你将有以下收获:

- 建立对会计入表的基础认知。
- 掌握数据资产入表的基本流程。
- 了解成本法与以成本入表的差异。
- 把握数据以成本入表的关注点。

3.1 会计入表重要知识汇总

会计入表的重要知识汇总如图 3-1 所示，下面将一一详细展开介绍。

3.1.1 会计基础知识

1. 会计的概念

人类社会的蓬勃发展源于不断演进的生产活动，而这一演进的核心在于物质资料的生产，它成为支撑人类生存和发展的基石。在生产活动中，人们创造了丰富的物质财富，取得了丰硕的劳动成果，但同时消耗了一定的人力、物力和财力。在这个复杂而不断变革的过程中，人们始终追求以最小的劳动消耗获得最大的劳动成果。为实现这一目标，加强对生产活动的管理显得尤为必要，这就要求以特定方式记录劳动消耗和劳动成果，并对记录结果进行比较和分析，以满足基本的管理需求。会计作为适应这种管理需求而产生的技术，在此过程中扮演着关键角色。

随着社会生产活动的持续发展和商品化程度的不断提高，对会计的要求也日益提升，会计已不再局限于简单地记录劳动消耗和劳动成果，而是演变成一项至关重要的经济管理活动。会计核算和监督的内容不断丰富，通过对组织各种经济活动的计量、信息的处理和加工，为组织提供了强有力的数据支持，帮助管理者更全面地理解和掌握组织内经济活动的状态。这一演进过程使得会计在当代经济环境中发挥着日益重要的作用，为组织提供了不可或缺的决策支持和战略导向。

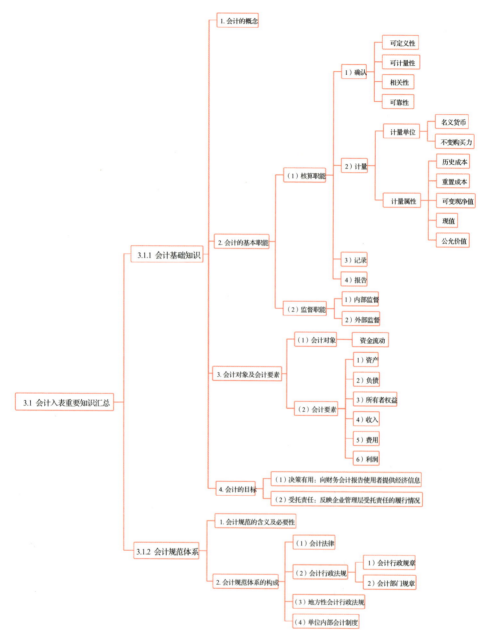

图 3-1 会计入表重要知识汇总

尽管当今会计学界对会计的概念或定义尚未形成公认的统一理论,但通过深入剖析会计的职能和特点，我们能够揭示其本质。会计主要以货币作为计量单位，以会计凭证为依据，借助一系列专门的方法和程序对组织的经济活动进行完整、连续、系统的核算和监督，其目的在于提供有价值的经济信息，以提高经济效益。

会计的核心任务是确认和计量组织的各项经济活动，并精细处理这些活动的会计信息，最终生成会计报表。这一过程不仅准确反映了企业的财务状况和经营业绩，而且为管理层、投资者和其他利益相关方提供了直观、可靠的信息，支持他们做出明智的经济决策，实现对组织的经济监督和可持续发展。

2. 会计的基本职能

职能是指人、事物、机构本身具有的功能或应起的作用。从这个角度看，会计职能是指会计在经济管理活动中的作用。具体来说，会计的作用体现在核算和监督两个基本职能上。

简而言之，会计通过核算组织的经济活动，记录和量化企业的财务状况和经营业绩。这包括对资产、负债、所有者权益、收入和费用等项目的记录与计量。通过会计核算，企业可以清晰地了解自身的经济状况，为决策提供准确的数据基础。同时，通过实施会计监督，确保组织经济活动的合法性和规范性。这包括对会计信息的真实性、准确性和完整性的监督，以及对企业遵循相关法规和会计准则的监督。会计监督有助于防范不当行为，保护利益相关方的权益，维护经济秩序。

综合来看，会计的这两方面职能是其在整个经济管理体系中的重要组成部分。通过提供精确的财务信息，会计不仅为企业管理层提供了决策的基础，也为外部利益相关方提供了可信的参考。同时，通过监督的实施，会计确保了企业财务报告的可信度，为企业创造了透明、规范的经济环境。

（1）核算职能

会计核算职能又称为反映职能，指会计以货币为计量单位，对组织发生的经济活动进行确认、计量、记录和报告的全过程。作为会计工作的基础，会计核算的首要任务是对组织发生的所有经济活动进行准确核算，并将这些活动及时转化为货币化的、真实的、完整的、系统的会计信息。其核心目标在于客观记录和反映组织经济活动的实际状况,为管理者提供决策所需的经济信息。

会计核算职能包括确认、计量、记录和报告四个基本环节。在确认阶段,会计核实经济活动的发生并确定其是否符合会计相关准则。计量阶段涉及对经济活动的货币价值进行评估,以便在记录阶段以货币形式予以表达。记录阶段则是将确认和计量的信息以系统化的方式记录在会计账簿中。最终,在报告阶段,会计整理已记录的信息,并呈现为财务报表,为内外部利益相关方提供全面而清晰的经济状况和业绩信息。

1)确认。

在会计领域,确认是一个至关重要的环节。会计确认是指按照规定的标准和方法,识别和确定经济活动所产生的经济信息是否应当作为会计信息进行正式记录并列入财务报表的过程。确认阶段要解决"应否""如何"和"何时"三个核心问题。

在"应否"方面,会计确认涉及确定哪些交易或者事项可以被正式记录。这需要会计人员根据规定的标准和准则判断,将哪些经济活动纳入会计体系。

在"如何"方面,会计确认涉及将予以记录的交易或事项归入何种会计要素或内容之中。具体而言,在交易或事项发生时,需要明确某一经济业务涉及哪个会计要素,即将某一会计事项确认为资产、负债、所有者权益、收入、费用或利润等特定的会计要素。

在"何时"方面,会计确认还要决定交易或事项进行记录的时间基准,即在什么时间予以记录。这关系到会计信息的及时性和准确性。

组织内的交易或事项一经确认,相关项目将以特定的会计要素形式呈现在财务报表中。这一过程不仅包括记录项目的发生或取得,还包括对其后续变动的跟踪和记录,如在财务报表中的出现、消失和转移等情况。全面跟踪变动有助于准确记录经济活动的动态变化,提供更全面、翔实的财务信息。

在会计确认过程中,需要遵循一定的标准和规则,以确保所有交易和事项都按照一致的标准进行处理。美国财务会计准则委员会(FASB)在《企业财务报表项目的确认和计量》中规定了会计确认的四项基本标准:可定义性、可计量性、相关性以及可靠性⊖。这些基本标准适用于所有会计要素的确认，强调了在确认不同会计要素时的共性。

在这些基本标准中，符合可定义性和可计量性被认为是确认的最基本和最重要的标准。在实际操作中，会计人员需要根据具体情况灵活运用专业判断进行确认。由于确认标准通常为实务操作提供了一定的选择余地，因此会计人员的专业判断力对确保财务报表的准确性和可靠性至关重要。

最后，必须强调"确认"在会计过程中扮演着至关重要的角色。它代表了识别、判断和决策的关键阶段，只有通过正确的确认，才能进行准确的记录和报告，产生对会计信息使用者有用的决策信息。

2）计量。

计量是指以货币或其他度量单位为基础，对特定财务报表要素的货币金额或其他数量进行确定的过程。其核心在于如何对经济业务或会计要素进行量化描述。具体而言，当一项经济业务发生时，它会引起会计要素的变动，而在会计上，我们需要确定这些要素增加或减少的金额应基于何种价格或标准来计量。

计量主要由计量单位和计量属性两大要素构成，其不同组合形成了多种不同的计量模式。在选择计量模式时，会计人员需根据会计计量对象的特性，结合会计信息使用者的实际需求，进行审慎而细致的分析和判断。这样的选择过程旨在确保项目金额的准确性和会计处理的专业性，从而提供可靠、有用的财务信息。

①计量单位。在财务会计的计量过程中，以货币为主要的计量单位。货币计量单位分为两种：名义货币和不变购买力。

- 名义货币是以不同时期的同种货币面值为基准进行计量的货币单位。在名义货币计量下，不考虑货币的购买力变动，仅使用货币的官方面值来表示经济活动的价值。举例来说，如果一家公司在 2022 年花费了 100 万元人民币购买了一台机器，并使用名义货币进行计量。那么随后即使市场上发生了通货膨胀，导致货币的购买力发生了变化，该公司在其财务报表上仍将这台机器的账面价值记录为原始的 100 万元人民币，不会

⊖ 参考《会计理论》，作者为汤云为、钱逢盛，上海财经大学出版社出版。

因通货膨胀或货币购买力变动而进行调整。

- **不变购买力**是基于某个特定时期货币的实际购买力进行计量的货币单位。在不变购买力计量下，考虑了货币购买力的变动，以某个特定时期货币的购买力为基准，将经济活动的价值表示为相对不变的实际购买力。

以前述机器的例子来说，如果采用不变购买力为计量单位，当市场上发生了通货膨胀，则采购机器花费的100万元人民币在实际购买力上有所下降。假设在2023年，同样的机器需要花费110万元人民币购买，为了反映这种变化，需要使用当前年度的货币面值，即110万元人民币来调整机器的价值。

国际上通常采用各国的名义货币作为计量单位。然而，当一国出现恶性通货膨胀（例如，三年累计的通货膨胀率达到或超过100%）时，为了消除货币购买力变化对企业财务信息的影响，可以采用不变购买力作为计量单位。

②**计量属性**，也称为计量基础，指的是会计要素可以用货币计量的特性或外在表现形式。在会计实践中，可以根据不同的计量属性对会计要素（如资产、负债、所有者权益等）进行货币计量。根据《企业会计准则——基本准则》，会计计量属性主要包括历史成本、重置成本、可变现净值、现值和公允价值。这些计量属性为会计提供了多元的计量方式，以适应不同经济环境下对会计信息的需求。

- **历史成本**，又称为实际成本，是指以购入或取得资产、承担负债或发生费用时实际所支付或负担的现金或现金等价物的金额，作为该资产、负债或费用的计量基础。以企业购买一项资产为例，该资产的历史成本即企业购买该资产时所支付的现金或现金等价物的金额。历史成本是一种相对简单且常见的计量方法，反映了企业在特定交易时支付或负担的实际经济资源的数量。

- **重置成本**，又称为现行成本，是指按照当前市场条件，重新取得同样的一项财产物资所需的现金或现金等价物的金额。在企业资产和负债的评估中，尤其是在物价变动较大的时候，这种计量属性发挥着关键作用。对于资产而言，重置成本以现行市场条件下购买相同或相似资产所需支付的现金或现金等价物的金额来计量。而对于负债而言，重置成本则以现行市场条件下偿付该项债务所需的现金或现金等价物的金额来衡量。

这种方法能够更准确地反映资产和负债的当前市场价值，有助于提高财务报表的可信度和适应性。需要注意的是，重置成本通常在特定情况下应用，例如物价波动较大、资产价值发生显著变化或存在永久性损失的情形。

- 可变现净值是指资产在市场上变现时所能获得的净额，即资产预计售价扣除变卖资产所需的直接费用后的金额，其中，直接费用包括进一步加工成本以及销售所需的预计税金、费用等。在可变现净值计量下，资产按照正常对外销售所能收到现金或现金等价物的金额扣减该资产至完工时估计将要发生的成本、估计的销售费用以及相关税金后的金额计量。可变现净值在会计中的作用是评估企业的净资产价值，衡量企业的偿债能力、财务稳定性和投资价值，为企业的决策提供参考。这一计量属性强调了资产在市场上变现的实际净收益，有助于更全面地了解资产的实际经济价值。

- 现值是指通过应用适当的折现率将未来的现金流量折算为当前时间点的等值金额，是考虑货币时间价值的一种计量属性。在财务领域，现值的计算基于货币的时间价值，即未来的货币金额不具有与现在相同的价值，因为货币的价值随时间而变化。在现值计量下，资产的价值是根据其持续使用和最终处置时所产生的预期未来净现金流入量的折现值来确定的。对于负债，则是根据预计期限内需要偿还的预期未来净现金流出量的折现值来衡量的。

- 公允价值是指在计量日，市场参与者在有序交易中出售资产或转让负债时能够获得的金额，即市场价格。这反映了特定时点下市场上的估值，是在充分和公正的市场条件下，买方和卖方在交易中都愿意接受的价格。公允价值是一个相对独立的概念，不考虑特定交易参与者的情况，而是基于市场整体的情况。需要注意的是，公允价值并不总是等同于市场价格，因为在某些情况下，可能没有充分的市场活动来确立市场价格。在这种情况下，公允价值可能需要使用估计方法来确定，以反映在市场上获得的最佳估计值。

在财务会计实践中，采用历史成本原则具有多方面的优势。首先，历史成本作为买卖双方在市场交易中自然形成的价格，具备较高的客观性，能够真实反映交易时点的经济实质。其次，历史成本具备充分的原始凭证支持，如发票、合同等，这些原始资料不仅易于获取，而且有助于随时进行审计和验证，提升财务信息的可追溯性和透明度。再次，采用历史成本原则能够有效防止人为因素对账面记录的篡改，从而维护财务信息的真实性和可靠性。最后，历史成本原则能够简化会计核算流程，减少不必要的账目调整，提升会计工作的效率和质量。

然而，随着经济环境的变化，会计信息使用者对会计信息决策的相关性及充分披露的要求不断提高。投资者、债权人更关心资产和债务的现在价值，而非过去价值。为满足这一需求，以市场价值为背景的重置成本、可变现净值、公允价值、现值等计量属性逐渐引起关注。这些计量属性能够及时反映资产价值的变化和风险，对决策具有更高的相关性。

我国的《企业会计准则——基本准则》明确规定，企业在对会计要素进行计量时，原则上应采用历史成本。但若有充分理由和可靠依据，也可选择采用重置成本、可变现净值、现值或公允价值等计量属性。重要的是，无论采用何种计量属性，都应确保所确定的会计要素金额能够取得并可靠计量，以维护财务报告的准确性和公正性。

3）记录。

会计记录是会计工作中的关键环节，涉及对经过会计确认和计量的经济业务进行精确且系统的记录。这一过程并不是简单地将经济事件转化为财务数据，而是企业财务信息管理的基石。

在会计记录过程中，会计人员必须严格遵循会计准则和制度，对经济业务进行严谨确认、精确计量和详细记录，确保每一笔交易均被准确无误地反映在会计账簿中，以保障财务信息的真实性和完整性。

会计记录不仅有助于企业系统地收集、整理、归类和保存经济业务的详细信息，更为后续的财务分析、预算规划以及管理决策提供坚实的数据支持。同时，这些记录也是企业内部管理和外部审计的重要依据，对于确保企业财务信息的透明度和合规性具有关键作用。

随着企业规模的日益扩大和业务复杂性的不断提升，会计记录的重要性愈发凸显。借助先进的会计信息系统和技术手段，企业能够实现会计记录的高效化和精确化，进而提升财务管理水平，为企业的稳健发展提供有力保障。

此外，会计记录还对企业的内部控制和财务风险防范具有积极作用。通过对经济业务的实时监控和记录，企业能够迅速发现并纠正潜在的问题和漏洞，确保财务信息真实、完整和可靠，为企业的健康发展筑牢防线。

4）报告。

报告作为会计工作的最终输出，是通过编制标准化会计报表，将日常会计活动所确认、计量与记录的结果进行整合、分类和展示的过程。在这一过程中，生成的会计报表，如资产负债表、利润表以及现金流量表等，不仅反映了企业的财务状况、经营成果以及现金流动情况，还为内部管理层、外部投资者、债权人以及其他利益相关方提供了全面、详尽且清晰的企业财务信息。

这些报表为各方提供了客观、深入的企业分析基础，助力他们制定战略决策、优化资源配置及评估投资风险。对于内部管理层而言，报表数据是监控企业运营状况、指导管理决策及提升经营效率的关键工具；对于外部投资者和债权人而言，报表则是评估企业价值、预测未来收益及制定投资策略的不可或缺的参考依据。

在编制报告时，企业应严格遵循会计准则和会计制度，确保报表信息的真实性、准确性和可比性，从而提高财务信息的专业性和可信度，为企业的稳健运营和持续发展提供有力保障。

（2）监督职能

会计监督是会计机构和会计人员根据法律规定，通过会计手段对经济活动的合法性、合理性和有效性进行监督的一项职能。

狭义上，会计监督主要聚焦于单位内部的经济活动。会计人员依据国家的财经政策和会计法规，利用会计数据和信息，对会计主体的经济活动实施全面监督和控制，以确保其符合法律法规、真实可靠，并达成既定的经济目标。

广义上，会计监督涵盖内部和外部两个层面。在时间维度上，会计监督可以分为事前监督、事中监督和事后监督。事前监督侧重于对经济活动的事前规划和预测进行把关，以确保计划的合法性和可行性；事中监督是对经济活动执行过程进行实时追踪和监控，及时发现问题并采取纠正措施；事后监督则是对经济活动完成后的结果进行评估和总结，为未来决策提供有力支撑。

《中华人民共和国会计法》第十四条明确规定，会计人员对不真实、不合法的原始凭证有权不予接受。这一规定不仅赋予了会计人员在监督过程中的明确权力和责任，也彰显了会计监督的法律权威。在会计实践中，各单位所取得的原始凭证大部分来自外部单位，当会计人员依法拒绝接受不真实、不合法的原始凭证时，这既体现了内部监督的严谨性，又体现了外部监督的严肃性和权威性。

在当前经济快速发展和市场复杂多变的背景下，会计监督的作用愈发重要。它不仅能够确保企业经济活动的合规性和有效性，为企业防范风险、提升管理水平提供坚实支撑，还能在一定程度上促进市场经济的健康发展，维护社会经济秩序的稳定。

因此，我们必须深刻认识到会计监督的重大意义，不断加强对其的研究和实践探索，持续完善监督机制，提升监督效能，为企业的长远发展和市场的稳定运行提供坚实保障。

3. 会计对象及会计要素

（1）会计对象

会计对象是指会计所核算和监督的内容，即会计工作的客体。这一范围涵盖特定主体能够以货币表现的各种经济活动。具体来说，会计对象是指企事业单位在日常经营活动或业务中所表现出的资金流动，即资金流动构成了会计核算和会计监督的内容。那么，我们如何理解和认识资金流动呢？

首先，资金流动具有客观性。企业的资金流动分为三个阶段：资金的投入、资金的运用、资金的退出。这个过程不因企业所处的国家或地区而有所不同。正因为资金流动的客观性，会计成为一种国际性的"商业语言"。

其次，资金流动具有抽象性。资金流动的抽象性是相对于具体的会计核算而言的，因为在会计实务中，任何经济活动所引起的资金流动都必须具体化直至量化，若仅有"资金流动"这样一个抽象的概念，那么会计核算的对象是无法落到实处的。

（2）会计要素

在企业经营管理中，各类经营活动和业务的广泛涉及使得会计对象的内容愈加纷繁复杂。为了科学地反映会计对象的内容，便于会计信息使用者理解和阅读，需要对抽象的资金流动基于相同的经济特征做进一步的分类，这些对会计对象的具体内容进行分类而形成的基本项目构成了会计要素。

我国《企业会计准则——基本准则》将企业会计要素分为资产、负债、所有者权益、收入、费用和利润六项。这种分类体系不仅有助于有序记录和呈现企业的经济活动，而且明确了财务报表的基本构成要素。

1）**资产**。资产是指由过去的交易或事项形成的、由企业拥有或者控制的、预期会给企业带来经济利益的资源。资产具有如下基本特征：

其一，资产是由过去的交易或事项形成的。也就是说，资产必须是实际存在的资产，而不能是预期的资产，是过去已经发生的交易或事项所产生的结果。至于未来交易或事项以及未发生的交易或事项可能产生的结果，由于不属于现在的资产，不得作为资产确认。

其二，资产是企业拥有或者控制的。一般来说，一项资源要作为企业的资产予以确认，企业需要拥有其所有权，可以按照自己的意愿使用或处置它。对于一些通过特殊方式形成的资产，企业虽然对其不拥有所有权，但能够实际控制的，如融资租入固定资产，按照实质重于形式原则的要求，也应当将其作为企业的资产予以确认。

其三，资产预期会给企业带来经济利益。资产是有望给企业带来现金流入的经济资源。资产必须具有交换价值和使用价值，没有交换价值和使用价值的物品，不能给企业带来经济利益的物品，不能作为资产予以确认。

2）**负债**。负债是指由过去的交易或事项形成的、预期会导致经济利益流出企业的现时义务。负债具有如下特征：

其一，负债是由以往事项所导致的现时义务。负债作为企业承担的一种义务，是由企业过去的交易或事项形成的、现已承担的义务。比如，银行借款是因企业接受了银行贷款而形成的，如果没有接受贷款就不会发生银行借款这项负债。应付账款是因赊购商品或接受劳务而形成的，在这种购买发生之前，相应的应付账款并不存在。

其二，负债的清偿预期会导致经济利益流出企业。无论以何种形式出现，负债作为一种现时义务，最终的履行预期均会导致经济利益流出企业。具体表现为交付资产、提供劳务、将一部分股权转给债权人等。

3）**所有者权益**。所有者权益又称股东权益，是指资产扣除负债后由所有者享有的剩余权益，它在数值上等于企业全部资产减去全部负债后的余额。其实质是企业从投资者手中吸收的投资资本及其增值。

所有者权益与负债有着本质的不同。负债是企业所承担的现时义务，履行该义务预期会导致经济利益流出企业，而所有者权益在一般的情况下企业不需要将其归还投资者；使用负债所形成的资金通常需要企业支付费用，如支出借款利息等，而使用所有者权益所形成的资金则不需要支付费用；在企业清算时，债权人拥有优先清偿权，在清偿所有的负债后返还给投资者；投资者可以参与企业利润分配，而债权人不能参与利润分配，只能按照预先约定的条件取得利息收入。

4）**收入**。收入是指企业在日常活动中形成的、会导致所有者权益增加的、与所有者投入资本无关的经济利益的总流入。收入具有以下特征：

- 收入是从企业的日常活动中产生的，而不是从偶发的交易或事项中产生的。从偶发的交易或事项中产生的经济利益的流入称为利得。
- 收入可能表现为企业资产的增加，也可能表现为企业负债的减少，或者二者兼而有之。
- 收入最终将导致所有者权益的增加。

5）**费用**。费用是指企业在日常活动中形成的、会导致所有者权益减少的、与向所有者分配利润无关的经济利益的总流出。费用具有以下特征：

- 费用产生于过去的交易或事项。
- 费用可能表现为企业资产的减少，也可能表现为企业负债的增加，或者二者兼而有之。

- 费用最终将导致所有者权益的减少，但与向所有者分配利润无关。

6）利润。利润是指企业在一定会计期间的经营成果，包括收入减去费用后的净额、直接计入当期利润的利得和损失等。利润的实现会相应表现为资产的增加或负债的减少，其结果是所有者权益的增值。

会计要素的划分在会计核算中具有十分重要的作用。第一，会计要素是对会计对象的科学分类。会计对象的内容是多种多样、错综复杂的，为了科学、系统地对其进行反映和监督，必须对它们进行分类，然后按类设置账户并登记账簿。第二，会计要素是设置账户和会计科目的基本依据。第三，会计要素是构成会计报表的基本框架，为设计会计报表奠定了基础。

4. 会计的目标

会计目标是指会计活动所要达到的最终境地或目的。根据我国《企业会计准则——基本准则》第四条，财务会计报告的目标主要包括两个方面的内容：一是向财务会计报告使用者提供全面而准确的企业财务状况、经营成果和现金流量等方面的会计信息；二是通过反映企业管理层受托责任的履行情况，为财务会计报告使用者的经济决策提供有力支持。

（1）决策有用：向财务会计报告使用者提供经济信息

财务会计报告的使用者涵盖投资者、债权人、政府、社会公众以及企业内部经营管理者等多元化群体。由于各自利益诉求不同，这些使用者对会计信息的关注点各异。例如，投资者主要聚焦于企业的获利能力，他们关心企业是否能够创造稳定的利润，从而实现其投资回报的预期。而债权人则更侧重于企业的偿债能力，他们关注企业是否有足够的现金流和资产来按时偿还贷款，确保资金安全。

财务会计报告的核心功能在于真实、准确地反映企业所拥有或控制的经济资源，以及通过经营活动、投资活动和筹资活动所产生的现金流入与流出情况。这些信息不仅揭示了企业的资产质量、偿债能力、盈利能力和运营效率等关键指标，也为投资者、债权人等各方提供了决策所需的可靠依据。通过深入分析和解读财务会计报告，这些使用者能够更加理性地评估企业的财务状况和经营成果，从而做出更明智的决策。

（2）受托责任：反映企业管理层受托责任的履行情况

会计在反映企业管理层履行受托责任的关键层面发挥着关键作用。在现代企业结构中，所有权与管理权常常相互分离，股东将经营权委托给管理层，旨在实现企业的利润最大化目标。在此过程中，会计信息成为股东评估管理层受托责任履行情况的核心依据。

通过精确记录和报告会计信息，管理层能够向股东及其他利益相关方透明、客观地展示其受托责任的履行状况。这些信息不仅揭示了企业的财务状况、经营绩效，还反映了管理层在风险管理和业绩达成方面的表现。股东依赖这些会计信息，能够更深入地了解企业的运营状况，评估管理层的工作成效，从而做出合理的经济决策。

这种基于会计信息的评估机制为股东提供了决策的基础，有助于他们根据企业实际情况调整战略方向或优化管理层配置。通过确保信息的透明度和及时性，会计在增强股东信任、促进公司治理以及提升企业价值方面发挥着不可或缺的作用。

3.1.2 会计规范体系

1.会计规范的含义及必要性

会计规范是指在长期的会计实践中，由国家权力机关或其他授权机关制定的，用于指导和约束会计实践工作、规范会计基础工作、规定会计主体和相关人员会计责任等规范性文件的总和。会计规范保证会计工作能够顺利进行，使会计工作有法可依、有章可循。

会计规范的必要性体现在多个方面。首先，会计规范通过制定明确的会计准则和标准，规范企业在记录和报告经济活动时使用的会计处理方法。这有助于确保企业采用一致的计量和报告标准，使不同企业和时期的财务数据具有可比性。投资者可以根据会计信息进行比较，从而更好地评估不同企业的财务状况。

其次，会计规范还追求信息的真实性、准确性、完整性、权衡性和谨慎性。通过规范化会计处理，可以提高会计信息的质量，使其更符合实际的经济状况，确保企业提供准确和全面的财务信息。这有助于维护投资者和其他利益相关方的权益，降低信息不对称的风险。投资者能够清晰地了解企业的财务状况和经营绩效，从而做出更明智的投资决策。

2. 会计规范体系的构成

我国会计规范体系根据规范的地位、作用以及相应的法律级次划分为 4 个层次，包括会计法律、会计行政法规、地方性会计行政法规、单位内部会计制度。

（1）会计法律

会计法律是指由全国人民代表大会及其常务委员会经过一定的法律程序制定的有关会计工作的法律。它是会计法律制度的最高层次，是制定其他会计法规的依据，也是指导会计工作的最高准则，是会计机构、会计工作、会计人员的根本大法。我国目前有两部会计法律，分别是《中华人民共和国会计法》和《中华人民共和国注册会计师法》。㊀

（2）会计行政法规

1）会计行政规章。会计行政规章是指由国务院制定颁布或者国务院有关部门拟定经国务院批准发布的、由国务院总理签发的有关调整经济生活中某些方面会计关系的规范性文件，其效力仅次于会计法律。如国务院发布的《企业财务会计报告条例》《总会计师条例》等。

2）会计部门规章。会计部门规章是指国家主管会计工作的行政部门即财政部以及其他相关部委根据法律和国务院的行政法规、决定、命令，在本部门的权限范围内制定的、调整会计工作中某些方面内容的国家统一的会计准则制度和规范性文件，包括国家统一的会计核算制度、会计监督制度、会计机构和会计人员管理制度及会计工作管理制度等。如财政部发布的《会计从业资格管理办法》《企业会计准则——基本准则》《财政部实施会计监督办法》等。

㊀ 参考《财经法规与会计职业道德》一书，该书由湖北省会计学会编，湖北人民出版社出版。

（3）地方性会计行政法规

地方性会计行政法规主要是指各省、自治区、直辖市人民代表大会和人民政府根据会计法律、会计行政法规和国家统一的会计制度的规定，结合本地实际情况制定的，在各自的行政区域内实施的地方性会计规范性文件。如《湖北省会计条例》等。

（4）单位内部会计制度

单位内部会计制度是指企业或事业单位根据自身实际情况制定的，旨在规范本单位会计活动的制度规范。尽管在法律效力上相对较低，但它在单位内部会计管理和运作中发挥着至关重要的指导作用，为会计工作的顺利进行提供了具体的操作依据。

3.2　数据资产入表的基本流程

在会计中，数据资产入表的基本流程涵盖数据资源识别、资产类别确认、成本归集与分摊以及列报与披露四大环节，如图 3-2 所示。

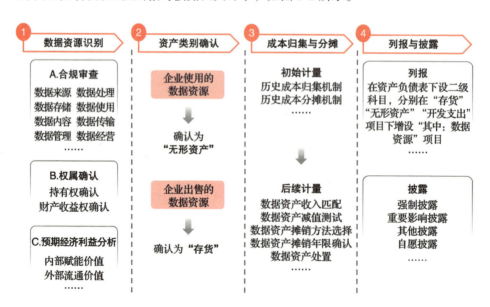

图 3-2　数据资产入表的基本流程

（1）数据资源识别阶段

在数据资源识别阶段，企业需进行严格的筛选和评估，确保所识别的数据资源符合入表标准。这一阶段不仅要求对数据资源的合规性、权属清晰度以及经济利益流入企业的可能性进行深度剖析，还需对数据资源的用途、质量、可靠性、安全性、保密性及潜在价值等多个维度进行综合考量。通过全面而细致的评估，企业能够筛选出真正符合相关法规和会计准则要求的数据资源，为后续的入表工作奠定坚实的基础。

（2）资产类别确认阶段

在资产类别确认阶段，企业需依据数据资源的特性及运用场景，划分其所属资产类别，如无形资产或存货等。这一阶段的核心在于确保将数据资源正确归类，以便企业采取适当的会计政策与方法进行处理。此外，明确的资产类别界定为后续成本归集与分摊提供了坚实的支撑，确保成本能够合理分摊至各资产类别中，为后续计量工作奠定稳固的基础。

（3）成本归集与分摊阶段

在成本归集与分摊阶段，企业需对数据资源执行严谨而精确的初始计量。一旦数据资源符合入表条件且资产类别得以明确界定，企业将依据会计相关准则所规定的计量原则和方法，以历史成本作为基准，展开对数据资源的首次核算。这一阶段的核心在于确保数据资源的账面价值能够精确、客观地反映企业为获取该资源所实际付出的经济成本。在这一过程中，企业需详尽记录与数据资源相关的所有成本要素，包括采购成本、直接人工成本以及间接费用等，并通过科学合理的分摊机制，将这些成本准确地归属于相应的数据资源，以保证成本分配的客观性与合理性。

随着时间的推移，数据资源的价值可能会受到市场需求、技术进步、政策调整等多种因素的影响而发生变动。同时，随着数据资源的利用和转化，它们也可能为企业带来经济利益的流入，如通过数据销售、数据服务等方式实现商业价值。

为确保财务报表能够准确、及时地反映这些变化，企业需要对已入表的数据资源进行后续计量。后续计量的重要性在于，它能够帮助企业更全面地了解数据资源的价值变动趋势。

（4）列报与披露阶段

在列报与披露阶段，企业承担着将数据资源相关信息以清晰、透明的方式呈现给内外部利益相关方的责任。这一阶段的关键在于通过详尽的明细列报和完整的信息披露，使管理层、股东以及其他相关方能够全面了解数据资源的价值、用途以及它们对企业整体业绩的贡献。

为确保列报与披露的数据资源信息具备准确性和可比性，企业需要严格遵循相关的会计准则和法规。这包括明确披露数据资源的计量方法、计量过程中所考虑的关键因素，以及它们对企业未来预期利润和现金流的潜在影响等核心信息。同时，企业还应积极揭示任何可能影响数据资源价值的潜在风险和不确定性因素，以便利益相关方做出更为明智的决策。

通过这一系列的列报与披露措施，企业不仅能够提升数据资源信息的透明度和可信度，还能够增强内外部利益相关方对企业的信任和支持。这有助于企业在激烈的市场竞争中脱颖而出，实现长期、稳健的发展。

3.2.1 数据资源识别

1. 数据资源识别的前置条件

数据资源是否能够在财务报表中确认为一项资产是各方关注的一个重点。根据《企业会计准则——基本准则》第二十条，资产是指企业过去的交易或事项形成的、由企业拥有或控制的、预期会给企业带来经济利益的资源。因此，企业在判断相关数据资源是否可以确认为资产时，必须满足以下3个前置条件。

（1）该数据资源应为企业拥有或控制

《企业会计准则——基本准则》对于"拥有或控制"的定义包含两层含义。企业既可以证明对某项资源拥有所有权，又可以通过证明虽然不享有所有权，但该资源仍能被企业所控制。这强调了在确定数据资源归属时，不局限于所有权的概念，还可以考虑企业对资源的实际控制能力。与传统的物质资产相比，数据的法律权属的形式更为多元和复杂。在数字化环境中，数据的流动性和多方参与可能使传统的所有权模式变得不太适用。因此，证明企业对数据资源的拥有或控制不必完全依赖于对数据所有权的证明。

"数据二十条"在关于数据权属的建构上淡化甚至放弃了"所有权"的概念，明确提出了数据资源持有权、数据加工使用权和数据产品经营权"三权分置"的数据产权制度框架。这一框架实质上将数据资源的所有权和其他权利进行了区分。

因此，在数据产权结构性分置制度背景下，判断企业是否控制数据资源，主要应关注并判断企业是否享有数据资源持有权、数据加工使用权、数据产品经营权这三种权利或其中的部分权利。

对外采购的数据资源，企业可通过具体的合同和协议文件，如许可协议、服务合同等，来证明与数据资源相关的权利和责任关系。

对于企业自主开发的数据资源，通常可以通过获得数据资源登记证书来证明对数据资源的控制。当前，尽管尚无全国性的统一数据资源确权法律框架，但部分省市已率先开展了数据资源登记工作，通过颁发登记证书以确认企业在数据资源上的控制权益。

在这一过程中，登记机构对企业所提交的数据资源来源及形成文件的审查尤为关键。这些文件不仅是证明企业数据资源合法合规性的重要依据，更是判断企业是否真正掌握数据资源控制权的核心要素。只有在这些文件经过严格审核并得到认可后，企业方可获得数据资源登记证书，从而在法律层面确立其对数据资源的控制地位。

然而，当前数据资源登记实践在各地呈现出显著的差异性。不同地区的登记机构、登记类型及登记要求各不相同，登记证书的有效期和法律效力也存在显著差异。因此，企业在申请数据资源登记证书时，必须深入研究并把握当地的法规政策和登记要求，以确保证书在法律框架下充分证明企业对相应数据资源的控制权。这有助于确保企业在法律层面拥有充分的数据产权，并有效证明其对数据资源的控制和相关权益。

（2）与该数据资源有关的经济利益很可能流入企业

数据的应用和利用是实现数据资产化的基石。通过将数据资源与企业的生产经营活动相结合，或者通过许可、转让、提供数据服务等方式进行外部利用，企业能够发掘并实现多方面的经济利益。

在资产入表时，一个重要的考虑因素是相关经济利益流入企业的可能性。通常，当经济利益流入企业的概率超过50%时，在会计实务中会认为符合"很可能"的标准。这意味着在将数据资源纳入财务报表之前，企业必须对其可能带来的经济利益进行严谨的估计，并提供清晰、可验证的证据来支持这一概率评估。需要注意的是，这个概率的估计应该基于合理的假设和可靠的证据，而不是任意的判断。

首先，企业需要对数据资源在其预计使用寿命内可能产生的经济影响进行深入分析。这包括评估数据资源在业务运营中的潜在价值、外部潜在商业价值，分析市场需求的稳定性、技术可行性，预测技术发展趋势，等等。通过综合考虑这些因素，企业可以更准确地评估数据资源的潜在价值，从而为论证经济利益流入提供坚实的基础。

特别地，对于企业内部生成的数据资源，确认其相关经济利益很可能流入企业往往是一项挑战。为此，企业需要建立并完善数据资源价值发现与提升的机制。这可能包括实地调查数据的实际应用情况、深入了解数据在业务流程中的作用、进行案例研究等，以提供充分的证据支持。

为确保论证的可靠性和有效性，企业还应结合历史数据、市场趋势、技术创新等因素进行全面分析。通过与类似数据资源的历史经验进行比较、分析市场的演变趋势、洞察未来的技术创新方向，企业可以更加准确地评估数据资源带来经济利益流入的可能性。

同时，风险管理在论证过程中也扮演着重要角色。企业应对潜在风险进行全面评估，并制定相应的风险缓解策略。这有助于增强企业对经济利益流入可能性的把握，确保在面临不确定性时能够及时做出合理的应对。

综上所述，数据资产入表的论证过程需要企业全面考虑经济、市场、技术、风险等多方面因素，确保对数据资源的预期经济利益进行合理、充分的估计和论证。通过建立清晰的机制，提供充分的证据，并不断完善风险管理措施，企业可以更有信心地将数据资源视为能够为企业带来实际经济利益的资产。

（3）该数据资源的成本或价值能够可靠地计量

根据《暂行规定》，企业的数据资源在入表时将被确认为无形资产或存货这两种资产类别，并依据无形资产和存货的相关准则进行会计处理。这两种资产类别均采用历史成本的计量模式，并要求按照成本进行初始计量。

企业获取数据资源的方式可能是多形式、多渠道的，例如通过对外采购、自行开发以及伴随其他生产经营活动而产生数据资源。在进行资产入表的初始计量时，企业必须严格遵循会计准则中关于各类资产成本构成的支出和金额的具体规定，确保真实地反映资产的实际成本。

2. 数据资源的合规性审查

对于数据资源的识别，前置条件是首先需要满足的，但除此之外，进行合规性审查也至关重要。合规性审查在数据资源的整个生命周期中都发挥着关键作用，能够确保数据的合法性、正当性和安全性。数据合规性审查通常涉及以下方面。

- 数据来源合规性审查：确保数据的来源合法、正当，没有侵犯他人的权益，如隐私权、知识产权等。
- 数据处理合规性审查：检查数据的处理方式是否符合相关法律法规和标准，确保不涉及敏感数据的非法处理。
- 数据存储合规性审查：评估数据存储的安全性和合规性，确保数据不被非法访问、篡改或丢失。
- 数据内容合规性审查：对数据内容进行检查，确保其不包含违法、违规或不良信息。
- 数据使用合规性审查：确保数据的使用目的合法、正当，并符合相关法律法规和隐私政策。
- 数据传输合规性审查：检查数据的传输过程是否符合安全标准，防止数据泄露或被非法截获。
- 数据管理合规性审查：评估数据管理的流程、制度和人员配置是否合规，确保数据的完整性和可靠性。

- **数据经营合规性审查**：对于涉及数据经营活动的企业，确保其经营活动符合相关法律法规，不侵犯消费者权益或社会公共利益。

此外，合规性审查还需要考虑跨境数据流通的问题，确保数据在不同国家和地区之间的流动符合相关法律法规和国际协议。

综上所述，数据合规性审查是一个全面、细致的过程，涉及数据的来源、处理、存储、内容、使用、传输、管理和经营等多个方面。企业在进行数据资源识别时，必须高度重视合规性审查，确保数据的合规性和安全性。

3.2.2 确认资产类别

通过数据资源识别确定哪些数据可纳入财务报表之后，接下来的核心环节便是确认这些资源的资产类别。《暂行规定》明确指出，数据资源的会计处理应遵循《企业会计准则》。在此基础上，结合数据资源为企业带来经济利益的实现方式，数据资源被划分为内部使用和对外交易两大类。数据资产类别的确认过程详见图3-3。

企业使用的数据资源，符合《企业会计准则第6号——无形资产》中无形资产的定义和确认条件的，应当将其确认为无形资产。

企业日常活动中持有、最终目的用于出售的数据资源，符合《企业会计准则第1号——存货》中关于存货的定义和确认条件的，应当将其确认为存货。

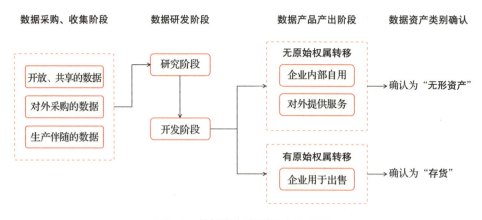

图 3-3　数据资产类别的确认过程

在进行上述分类时，企业需要综合考虑数据资源的性质、用途、市场需求以及技术进步等因素，确保分类的准确性和合理性。同时，企业还应遵循相关的会计准则和规定，确保财务报表的准确性和可靠性。

值得一提的是，随着数据资源的不断发展和应用，未来可能会出现更多新型的数据资源类型。因此，企业需要保持对会计准则和规定的关注，及时调整和完善数据资源的会计处理方法，以更好地反映企业的经济实力和财务状况。

1. 数据资源确认为"无形资产"

将数据资源确认为无形资产，需要严格遵循《企业会计准则第 6 号——无形资产》规范中无形资产的定义以及确认条件。

首先，无形资产是指企业拥有或控制的、没有实物形态的可辨认非货币性资产。在确认无形资产时，必须满足可辨认性的标准。资产满足下列条件之一的，符合无形资产定义中的可辨认性标准：

- 能够从企业中分离或者划分出来，并能单独或者与相关合同、资产或负债一起，用于出售、转移、授予许可、租赁或者交换。
- 源自合同性权利或其他法定权利，无论这些权利是否可以从企业或其他权利和义务中转移或者分离。

其次，无形资产的确认还需满足以下两个基本条件：

- 与该无形资产有关的经济利益很可能流入企业。
- 该无形资产的成本能够可靠地计量。这确保了无形资产不仅具有潜在的经济价值，而且其价值可以准确衡量。

对于企业内部研究开发项目开发阶段的支出，确认为无形资产的条件则更为具体和严格。这些条件包括：

- 完成该无形资产以使其能够使用或出售在技术上具有可行性。
- 具有完成该无形资产并使用或出售的意图。
- 无形资产产生经济利益的方式，包括能够证明运用该无形资产生产的产品存在市场或无形资产自身存在市场，无形资产将在内部使用的，应当证明其有用性。

- 有足够的技术、财务资源和其他资源支持，以完成该无形资产的开发，并有能力使用或出售该无形资产。
- 归属于该无形资产开发阶段的支出能够可靠地计量。

2. 数据资产确认为"存货"

将数据资源确认为存货，需要严格遵循《企业会计准则第1号——存货》规范中存货的定义以及确认条件。

存货，是指企业在日常活动中持有以备出售的产成品或商品、处在生产过程中的在产品、在生产过程或提供劳务过程中耗用的材料和物料等。

在确认存货时，必须同时满足以下两个关键条件：

- 与该存货有关的经济利益很可能流入企业。
- 该存货的成本能够可靠地计量。

在将数据资源确认为存货时，企业应充分理解存货的定义和确认条件，并结合实际情况进行判断和操作。

3.2.3 成本归集与分摊

1. 初始计量

在初始计量阶段，《暂行规定》提供了明确的指引，即企业应当基于历史成本对数据资产进行初始计量。这意味着在确认数据资源作为无形资产或存货时，企业应当以其获取或生产该数据资源时的实际成本作为初始计量基础。

（1）确认为无形资产的数据资源的初始计量

企业通过外购方式取得确认为无形资产的数据资源，其初始计量需要全面考虑与获取数据资源相关的所有成本。这些成本主要包括如下几个方面。

- 购买价款：企业支付给数据资源提供方的直接费用。
- 相关税费：与企业数据资源交易相关的所有税费，如增值税等。
- 直接成本：企业的数据资源在达到预定用途前，往往需要进行一系列的处理工作，如数据脱敏、清洗、标注、整合、分析、可视化等。这些加工过程所发生的支出也应计入无形资产的成本。

- 其他支出：如数据权属鉴证、质量评估、登记结算、安全管理等费用，这些费用虽然不直接涉及数据的加工，但对于确保数据资源的合法性、安全性和有效性至关重要，因而也应纳入初始计量的范围。

值得注意的是，如果企业通过外购方式获得的是数据采集、脱敏、清洗、标注、整合、分析、可视化等服务，而这些服务的支出不符合无形资产准则规定的定义和确认条件，那么这些服务的支出应当根据用途计入当期损益，而不是作为无形资产的成本。

企业通过自行开发方式取得确认为无形资产的数据资源，其初始计量的过程更为复杂，需要严格区分研究阶段支出与开发阶段支出。

1）研究阶段支出。这一阶段的支出通常涉及数据资源的探索性研究和初步设计，由于这一阶段的工作往往具有较大的不确定性和风险，因此其支出应当于发生时计入当期损益。

2）开发阶段支出。当数据资源的开发进入实质性阶段，且同时满足《企业会计准则第6号——无形资产》第九条规定的五项资本化条件时，开发阶段的支出才能确认为无形资产的成本。开发阶段涉及的成本主要包括如下几个方面。

- 人力资源成本：项目管理人员、数据科学家、数据分析师、开发人员等的工资和福利费用。
- 数据采集/采购成本：内部数据源获取成本、外部数据采购成本等。
- 数据许可成本：企业为获取外部数据资源的使用权而需要支付的费用。
- 数据加工处理成本：与数据处理流程（数据核验、数据标准化、数据整理和聚合、数据分析和挖掘等）相关的费用。
- 数据维护成本：为确保数据资源在长期使用中维持高质量与高效能所投入的各项费用总和，包括软件更新升级、数据安全保障、备份恢复机制、设备维护、系统监控与性能优化等方面的支出。
- 硬件设备成本：购买、租赁或配置用于数据存储、处理以及分析所需的一系列硬件设备成本，这些设备包括服务器、传感器以及物联网设备等。

- 软件工具成本：购买或订阅用于数据收集、处理、分析和可视化的软件工具、数据库系统、分析平台等的费用。
- 数据存储成本：存储设备成本和其他存储相关费用。
- 数据安全和合规费用：涉及实施数据安全措施、隐私保护措施、符合相关法规和标准的合规费用，以及数据安全管理相关费用。
- 登记、专业顾问和审计费用：用于支付政府或机构规定的正式登记费用、聘请专业服务机构提供数据资源开发指导和执行支持的专业顾问费用、审计费用等。
- 其他数据资源的摊销：在开发数据资源的过程中使用的其他数据资源的摊销。
- 其他直接费用：使数据资源达到预定用途前所发生的其他直接费用。

（2）确认为存货的数据资源的初始计量

企业通过外购方式取得确认为存货的数据资源，其采购成本包括以下费用。

- 购买价款：企业支付给数据资源提供方的直接费用。
- 相关税费：与数据资源交易相关的所有税费，如增值税等。
- 保险费：企业为确保数据资源在传输或存储过程中的安全，购买保险所产生的费用。
- 数据权属鉴证费用：为确保所购买数据资源的权属清晰、合法，企业通常会聘请专业机构进行权属鉴证，这些费用是确保数据资源合法性的必要支出。
- 质量评估费用：为评估所购买数据资源的质量和价值，企业进行一系列质量评估活动所产生的费用。
- 登记结算费用：数据资源的购买可能涉及登记和结算费用，如数据交易平台的注册费、交易手续费等。这些费用是完成数据资源购买所必需的，因而应计入采购成本。
- 安全管理费用：为确保数据资源在存储和使用过程中的安全性，企业可能需要投入安全管理费用，如购买安全软件、进行安全培训等的费用。

企业通过数据加工取得确认为存货的数据资源，其成本包括采购成本，数据采集、脱敏、清洗、标注、整合、分析、可视化等加工成本，以及使存货达到目前场所和状态所发生的其他支出。

2. 后续计量

后续计量的目的是确保财务报表中的资产和负债能够真实、准确地反映企业当前的经济价值和潜在风险。对于数据资源而言，由于其具有时效性和价值变化的特点，进行后续计量尤为重要。通过定期评估数据资源的使用寿命、可变现净值等因素，企业可以及时调整其账面价值，避免资产或负债的虚增或虚减，从而提供更可靠的财务信息给投资者和其他利益相关方。

（1）确认为无形资产的数据资源的后续计量

企业应当对确认为无形资产的数据资源的使用寿命进行估计。重点关注数据资源相关业务模式、权利限制、更新频率和时效性、有关产品或技术迭代等因素。

企业在持有确认为无形资产的数据资源期间，利用数据资源对客户提供服务的，无形资产的摊销金额一般应当计入当期损益；同时，企业应当根据《企业会计准则第14号——收入》等规定确认相关收入。

此外，企业应当在每个资产负债表日评估无形资产是否存在减值迹象。如果存在确凿的证据表明资产可能发生减值，企业应当进行减值测试，以估计资产的可回收金额。在减值测试中，企业通常需要比较无形资产的账面价值与其可回收金额。如果无形资产的账面价值高于其可回收金额，那么企业应计提相应的减值准备，以将无形资产的账面价值调整至其可回收金额。

（2）确认为存货的数据资源的后续计量

在资产负债表日，存货应当按照成本与可变现净值孰低计量。存货成本高于其可变现净值的，应当计提存货跌价准备，计入当期损益。

企业出售确认为存货的数据资源，应当按照《企业会计准则第1号——存货》将其成本结转为当期损益；同时，企业应当根据《企业会计准则第14号——收入》确认相关收入。

3.2.4 列报与披露

1. 资产负债表相关列示

《暂行规定》规定，企业在资产负债表列示时应当根据重要性原则并结合本企业的实际情况下设二级科目，分别在"存货""无形资产""开发支出"项目下增设"其中：数据资源"项目，如表 3-1 所示。

表 3-1 增设二级科目的意义

项目类别	增设"其中：数据资源"项目的意义
存货	反映资产负债表日确认为存货的数据资源的期末账面价值
无形资产	反映资产负债表日确认为无形资产的数据资源的期末账面价值
开发支出	反映资产负债表日正在进行数据资源研究开发项目满足资本化条件的支出金额

2. 相关披露

《暂行规定》规定，企业应当按照相关《企业会计准则》及本规定等，在会计报表附注中对数据资源相关会计信息进行披露，如表 3-2、表 3-3 所示。

表 3-2 无形资产与存货披露要求

无形资产披露要求	存货披露要求
按照外购无形资产、自行开发无形资产等类别，对确认为无形资产的数据资源相关会计信息进行披露	按照外购存货、自行加工存货等类别，对确认为存货的数据资源相关会计信息进行披露
使用寿命有限的数据资源无形资产，披露其使用寿命的估计情况及摊销方法 使用寿命不确定的数据资源无形资产，披露其账面价值及使用寿命不确定的判断依据	披露确定发出数据资源存货成本所采用的方法
披露对数据资源无形资产的摊销期、摊销方法或残值的变更内容、原因以及对当期和未来期间的影响数	披露数据资源存货可变现净值的确定依据、存货跌价准备的计提方法、当期计提的存货跌价准备的金额、当期转回的存货跌价准备的金额，以及计提和转回的有关情况
单独披露对企业财务报表具有重要影响的单项数据资源无形资产的内容、账面价值和剩余摊销期限	单独披露对企业财务报表具有重要影响的单项数据资源存货的内容、账面价值和可变现净值
披露所有权或使用权受到限制的数据资源无形资产，以及用于担保的数据资源无形资产的账面价值、当期摊销额等情况	披露所有权或使用权受到限制的数据资源存货，以及用于担保的数据资源存货的账面价值等情况

(续)

无形资产披露要求	存货披露要求
披露计入当期损益和确认为无形资产的数据资源研究开发支出金额	—
披露与数据资源无形资产减值有关的信息	—
披露划分为持有待售类别的数据资源无形资产有关信息	—

表 3-3 其他披露要求

重要影响披露要求	其他披露要求
企业对数据资源进行评估且评估结果对企业财务报表具有重要影响的，应当披露评估依据的信息来源、评估结论成立的假设前提和限制条件、评估方法的选择，以及各重要参数的来源、分析、比较与测算过程等信息	数据资源的应用场景或业务模式、对企业创造价值的影响方式、与数据资源应用场景相关的宏观经济和行业/领域前景等
	用于形成相关数据资源的原始数据的类型、规模、来源、权属、质量等信息
	企业对数据资源的加工维护和安全保护情况，以及相关人才、关键技术等的持有和投入情况
	数据资源的应用情况，包括数据资源相关产品或服务等的运营应用、作价出资、流通交易、服务计费方式等情况
	重大交易事项中涉及的数据资源对该交易事项的影响及风险分析，重大交易事项包括企业的经营活动、投融资活动、质押融资、关联方及关联交易、承诺事项、或有事项、债务重组、资产置换等
	数据资源相关权利的失效情况及失效事由、对企业的影响及风险分析等，如数据资源已确认为资产的，还包括相关资产的账面原值及累计摊销、减值准备或跌价准备、失效部分的会计处理
	数据资源转让、许可或应用所涉及的地域限制、领域限制及法律法规限制等权利限制
	企业认为有必要披露的其他数据资源相关信息

3.3 以成本入表

3.3.1 成本法和以成本入表的区别

1. 资产评估方法——成本法

（1）资产评估的概念

资产评估，即资产价值形态的评估，是指专门的机构或专门评估人员遵循法定或公允的标准和程序，采用科学的方法，以货币作为计算权益的统一尺度，对特定时点的资产进行价值评定和估算的活动。这一过程旨在提供关于资产经济价值的全面、清晰的信息，帮助资产所有者更好地了解其在当前或未来市场环境中的实际价值。

在学术界和执业界，资产评估普遍被认为是专业机构和人员遵循国家法律法规及资产评估准则，根据评估原则选择适当的价值类型，运用科学的方法，按规定程序和标准对资产价值进行分析、评定和估算的过程。㊀

资产评估的核心功能是准确衡量资产价值。通过运用科学的方法和遵循合理的程序，资产评估能够基于法定或公认的标准对资产进行全面评估，从而精准确定资产在当前或未来市场环境下的实际价值。这为资产所有者提供了至关重要的信息，帮助他们更好地理解和利用资产的经济价值。

（2）资产评估方法

资产评估方法，即确定资产价值的途径和手段，是资产评估过程中的核心要素。根据财政部权威发布的《资产评估基本准则》第十六条，确定资产价值的评估方法包括市场法、收益法和成本法三种基本方法及其衍生方法。这些方法共同为资产评估提供了多样化和全面的评估途径。

市场法主要是通过比较类似资产在市场上的交易价格来评估资产价值，这种方法强调了市场供求关系对资产价值的影响。

收益法侧重于资产未来可能产生的现金流，通过贴现计算资产的现值。这种方法适用于评估那些未来现金流稳定且可预测的资产。

成本法则基于资产的重建或重置成本来评估其价值，它更多地考虑了资产的实际物质价值。

在选择评估方法时，需要综合考虑评估目的、评估对象的特点、价值类型以及可收集到的资料等因素。此外，还有多种衍生方法，如折旧法、权益法等，也在不同情况下得到应用。通过综合运用这些方法，资产评估能够更全面、客观地揭示资产的真实价值，从而为决策提供坚实、可靠的依据。

㊀ 参考了《资产评估》（作者：中国资产评估协会）。

（3）成本法

资产评估方法之一的成本法是指按照重建或者重置被评估对象的思路，将重建或者重置成本作为确定评估对象价值的基础，扣除相关贬值，以此确定评估对象价值的评估方法的总称。

该方法包括多种具体方法，如复原重置成本法、更新重置成本法、成本加和法（也称资产基础法）等。

重置成本的提出主要是为了解决历史成本计量属性在特定情况下的局限性，尤其是在面对通货膨胀、资产价值变动较大或存在永久性损耗的情形下。

在 20 世纪中期以前，历史成本一直是主导的计量方式，企业资产的价值主要以其购置时的实际支付金额为依据。然而，随着经济的发展和通货膨胀等因素的影响，企业资产的实际价值可能会发生较大的波动，这导致了历史成本在一些情况下无法准确反映资产的真实价值。

为了克服这一局限性，重置成本的概念应运而生。重置成本的核心思想是在某些情况下，特别是在资产的实际价值发生显著变化时，采用重新估价或重建的成本来反映资产的当前价值。这有助于更准确地评估资产的价值，特别是在通货膨胀和其他经济波动的环境下。

2. 会计计量属性——历史成本

（1）会计计量的概念

计量的概念如 3.1.1 节所述：计量是一个过程，它基于货币或其他度量单位来确定和记录特定财务报表要素的货币金额或其他数量。这个过程的核心在于如何准确地用数量来描述和反映经济业务或会计要素。

（2）会计计量属性

计量属性，也称为计量基础，指的是会计要素可以用货币计量的特性或外在表现形式。在会计实践中，会计要素如资产、负债、所有者权益等，可以根据不同的计量属性进行货币计量。根据《企业会计准则——基本准则》，会计计量属性主要包括历史成本、重置成本、可变现净值、现值和公允价值。

（3）历史成本

历史成本是一种最基本且广泛采用的计量属性，是指在购入或取得资产、承担负债或发生费用时实际所支付或负担的现金或等价物的金额，作为该资产、负债或费用的计量基础。历史成本计量属性的起源可以追溯到资产会计的早期发展阶段。

在 20 世纪初，历史成本开始在会计计量中占据主导地位，在欧洲和美国等国家的企业中得到广泛应用。这一时期，工业革命推动了企业的大规模发展，需要更有效的资产计量方法。历史成本因其简单、易行，能够提供可靠的数据，而成为当时企业会计中主要的计量方式。

随着时间的推移，历史成本逐渐成为国际会计标准的基础之一。20 世纪后半叶，国际会计准则逐步制定和完善，历史成本作为一种计量属性在国际财务报告准则（IFRS）中得到了确认和规范。因此，现今在全球范围内，历史成本仍然是财务报表编制中最为常见和被接受的计量方式之一。

3. 资产评估和会计计量的区别

资产评估和会计计量在企业财务管理和决策制定中发挥着重要的作用，两者在财务领域都涉及资产披露的问题，包括如何确认、计价和报告企业的各类资产。这一共同关注点源于对经济业务的科学处理和信息传递的共同需求，两者都在努力提供准确、可靠的数据，以满足内外部利益相关者对企业财务状况的理解和评估。综合来看，资产评估和会计计量都关注资产的价值，但它们在定义和目的、计量对象的范围、执行操作者、计价时机和应用领域方面有着显著的不同。通过深入理解这两个概念的异同，我们能更好地把握它们在不同场景下的运用。

（1）定义和目的不同

资产评估是指对资产价值进行定量估算的过程，它根据资产的特点和评估目的，灵活运用市场法、收益法、成本法等多种方法，力求准确反映资产在特定时点的真实市场价值。评估的核心目的在于揭示资产的真实效用和潜在市场价值，为资产的买卖、融资和投资决策等提供客观、公正的价值依据。

会计计量则是基于货币或其他度量单位，对财务报表中的会计要素进行金额或其他数量的确定。其核心目标在于客观、准确地反映资产的账面价值，确保财务报表所呈现的数字信息真实、可靠，满足企业内外部利益相关者对财务状况和经营绩效的了解需求。

从会计理论的发展和企业管理的视角来看，资产评估与会计计量具有功能上的互补性。资产评估侧重于挖掘资产的真实价值与市场潜力。而会计计量则侧重于提供稳定、可靠、可比较的财务信息。

因此，在企业财务管理和决策过程中，应充分发挥资产评估和会计计量的各自优势，实现二者的有机结合。通过资产评估，可以更准确地把握资产的市场价值，为企业的战略决策提供有力支持；而通过会计计量，则可以确保财务信息的真实性和可靠性，为企业的稳健运营提供坚实保障。

（2）计量对象的范围不同

资产评估在处理资产对象时展现出广泛的适用性，特别适用于那些实质上具有经济价值但未被会计制度明确纳入计量范围的对象，以及那些按照传统会计计量标准可能未能充分反映其价值的对象。

以已折旧完账面价值为零但仍在使用中的固定资产为例，尽管会计核算中这些资产的价值已被归零，但在实际经营活动中，它们仍发挥着不可或缺的作用，并承载着潜在的经济价值。通过资产评估，我们能够深入剖析这些资产的实际效用，并准确反映其真实的市场价值。

此外，企业的品牌价值也是资产评估的一个重要应用领域。品牌作为企业的无形资产，对于其市场地位、消费者忠诚度以及整体竞争力具有显著影响。然而，在会计制度中，品牌价值往往难以被准确计量。资产评估通过综合考虑品牌的市场表现、消费者认知和行业地位等因素，能够更全面地揭示品牌的实际经济价值，为企业决策提供有力支持。

这两个例子充分说明了资产评估在计量对象范围上的独特优势。它有助于更全面地了解和反映那些在传统会计计量中可能被忽略或未能充分考虑价值的资产对象的真实经济价值。

（3）执行操作者不同

资产评估的执行者通常是独立于企业之外的第三方专业机构。这些机构具备专业的资产评估资质和技能，经过严格的培训和实践，能够确保评估过程的客观性和公正性。由于资产评估通常涉及企业的重大决策、交易或法规要求，如担保、抵押、并购重组等，因此，选择独立的第三方机构进行资产评估，可以为企业提供更可靠、更权威的评估结果，减少内部操作可能带来的偏见和利益冲突。

会计计量的执行者则是企业内部的财会人员。他们是企业财务团队的核心成员，具备深厚的财务会计知识和实践经验。会计计量是企业日常财务管理的重要组成部分，需要财会人员按照会计制度和准则的要求，准确记录和处理企业的经济业务，编制财务报表，为企业的决策提供及时、准确的财务信息。

因此，在执行操作者方面，资产评估和会计计量存在明显的不同。资产评估注重客观性和公正性，由独立的第三方机构完成；而会计计量则强调内部管理和控制，由企业内部的财会人员负责。

（4）计价时机和应用领域不同

资产评估往往是在企业面临特定决策或交易时进行的，如企业并购、资产重组、出售或抵押贷款等关键时点。在此类情境中，资产评估能够反映资产在特定时点的市场价值，为企业的战略决策提供关键的估值依据。

会计计价则是在企业日常经营中进行的，是一个连续的、定期的过程，会计计价注重在日常经营中提供稳定、可靠的财务信息，满足企业内外部的长期需求，为企业的内部管理、税务申报以及外部监管提供重要依据。

综上所述，资产评估和会计计量在多个维度上展现出显著的差异。资产评估聚焦于特定时点，旨在揭示资产的市场价值，通常由具备专业资质和独立性的第三方机构执行。而会计计量则更注重资产的历史成本，是企业内部财务团队的日常工作。通过定期记录和处理经济业务，编制财务报表，会计计量为企业提供了连续、稳定的财务信息，满足了内外部利益相关者对企业财务状况的长期了解需求。

尽管资产评估和会计计量在定义、目的、计量对象、执行者、计价时机和应用领域上有所不同，但它们都是企业财务信息体系的重要组成部分。它们共同为企业提供了全面的财务画像，既展现了资产的市场价值，又反映了其历史成本，满足了不同决策场景的信息需求。同时，两者在功能上也相互补充，共同支持企业的决策制定和财务管理，确保企业在复杂多变的市场环境中能够做出明智而稳健的决策。

4. 成本法评估和历史成本计量的区别

成本法评估，作为资产评估的一种方法，其核心在于以资产的重置成本为基础，确定其评估价值。这里的重置成本是指在当前市场条件下，重新购置或建造一个全新状态的评估对象所需的全部成本。成本法评估特别适用于评估单项资产和没有收益、市场上又难找到交易参照物的评估对象。其目的在于揭示资产在当前市场环境下的真实价值，为企业的决策和财务管理提供重要依据。

历史成本计量则是会计计量的一种属性，它指的是资产和负债以其购置或取得时的实际成本记录在财务报表中。历史成本计量的优势在于提供了可靠、客观的计量基准，能够准确反映企业在特定时点的财务状况和业绩，避免了主观估价和市场波动对财务报表的影响，确保了财务信息的可比性和一致性。

两者的主要区别如下。

（1）应用范围及目的不同

成本法主要用于资产评估，是一种确定资产现行价值的方法。为资产交易、投资决策等提供价值参考。历史成本则应用于会计计量，是一种最基本且广泛采用的计量属性。它旨在准确记录资产在财务报表中的价值，为企业的财务管理和决策提供依据。

（2）计量基础不同

成本法以重置成本为基础来确定评估对象的价值，即在现行市场环境下重新购置或建造全新状态资产所需的成本。历史成本则是指以购入或取得资产时实际所支付或负担的现金或等价物的金额，作为该资产的计量基础。

（3）关注点不同

成本法关注的是资产在特定时点的重置成本，考虑了时间价值、技术进步和市场变化等因素，因此能够更准确地反映资产在现行市场环境下的价值。历史成本则主要关注资产在购入或取得时的原始成本，它更多的是反映资产在取得时的经济情况，并不考虑后续的市场变化和技术进步等因素。

3.3.2 数据以成本入表的关注点

数字化时代的到来标志着企业环境的深刻变革，数据资源成为企业发展的关键驱动力。为了确保能够准确计量这一重要的价值来源，《企业会计准则》对数据资源的处理提出了具体要求。

在对数据资源进行计量时，企业应当采用历史成本计量属性，这意味着企业需要特别关注成本的归集。成本的归集是对数据资源产生的具体成本进行准确记录和追踪的过程，它确保企业能够清晰地了解投入与产出的关系。这涉及确定归集的数据条件，包括时间、流程、会计科目、成本项目、部门等，并精细归集原始账户的费用支出到相应的预算项目中。完成归集操作后，还需实时更新管理账户中的归集数据，以确保数据的准确性和时效性。

此外，资本化与费用化的明确区分对于确保企业财务报表的真实性和可比性具有至关重要的作用。资本化是指将产生的成本列入资产账户，进而增加企业的资产总额。费用化则是将相关成本计入当期损益表，从而直接影响当期的利润水平。在处理数据资源时，明智的资本化决策可以帮助企业更好地反映长期价值，但同时也需要谨慎避免过度资本化，以免对当期盈利产生负面影响。

1. 以历史成本计量的基本要求

（1）历史成本以货币作为计量单位

历史成本以货币作为计量单位，意味着在有关数据资源的经济活动和交易事项中，数据资源的价值能够以货币形式进行明确计量，以便更有效地记录、报告和分析数据资源的价值，使企业能够更清晰地了解和比较不同类型的数据资源在经济活动中的表现。

（2）历史成本是对已发生事项的再现

历史成本是一种过去性的记录方式，它反映了已经发生的交易和事项。对于数据资源而言，这意味着其价值是基于过去实际发生的经济活动。为了确保历史成本的可靠性，对数据资产的形成过程需要进行详细记录，包括采集、处理、存储等环节中发生的交易或事项，以提供充分的证明和支持。这有助于建立对数据资源历史成本的清晰理解，为内外部利益相关者提供基于实际发生的客观信息。

（3）历史成本要求有可核实的原始凭证

历史成本要求有可核实的原始凭证，包括购入或取得资产、承担负债或发生费用时涉及的具体记录和相关凭证文件。这一要求确保了财务信息的真实性和可靠性。审计机构通常需要对这些原始凭证进行审查，以验证资产的真实成本并确保账面价值的准确性。

因此，对于数据资源而言，必须对其形成过程涉及的交易或事项保留相应的凭证，以满足历史成本的核实要求。这一做法有助于确保数据资产的真实成本可核查，从而提高财务信息的可信度。这对于企业财务报告的准确性和透明度至关重要，同时也符合审计机构对于资产真实性的审查要求。

2. 数据资源成本归集

数据资源计量从成本归集开始，这一过程需要全面考虑形成数据资源所需要的合理成本，包括数据采集/采购、数据存储、数据加工和处理、数据挖掘分析、保证数据质量及安全合规所发生的费用，以及研发过程中的费用。

企业获取数据资源的方式可能是多形式、多渠道的，从数据资源的取得方式来看，主要涵盖数据资源的外部采购和内部自主开发两种途径。不同来源方式的数据资源，其成本构成不同。

（1）外购数据成本归集

外购的数据资源包括购买外部数据集、订阅数据服务或进行专业数据调研等，它以取得数据资源所支出的现金或现金等价物及使之达到预定可使用状态前发生的其他所有支出作为数据资源的实际取得成本。具体包括：

- 成本包括购买价款、手续费、相关税费。
- 直接归属于使该项数据资源达到预定用途所发生的数据脱敏、清洗、标注、整合、分析、可视化等加工过程所发生的有关支出，以及数据权属鉴证、质量评估、登记结算、安全管理等费用。

相关支出具体说明可以参考 3.2.3 节成本归集与分摊中的内容。

（2）自主开发数据成本归集

企业内部数据资源开发项目的支出分为研究阶段支出与开发阶段支出。

研究阶段是指为获取并理解新的科学或技术知识而进行的独创性的有计划调查。在这个阶段，没有明确的目标和成果形式，已进行的研究活动将来是否会转入开发、开发后是否会形成有价值的数据资源具有较大的不确定性。

开发阶段是指在进行商业性生产或使用前，将研究成果或其他知识应用于某项计划或设计，以生产出新的或具有实质性改进的材料、装置、产品等。开发阶段具有针对性和形成成果的可能性较大的特点。在这个阶段，企业已经在很大程度上具备了形成新产品或新技术的基本条件，包括原型和模型的设计、建造与测试，以及试生产设施的设计、建造和运营等，这些都是为商业性生产做准备的开发活动。

企业内部数据资源开发项目研究阶段的支出，应当在发生时计入当期损益。开发阶段的支出，同时满足下列条件的，才能确认为无形资产。

1）完成该无形资产以使其能够使用或出售在技术上具有可行性。在进行数据资源的开发时，企业务必确保技术上的可行性，即判断当前阶段的成果是否为开发提供了充足的技术基础，并且不存在技术上的障碍或其他不确定性。这需要完成计划、设计和测试活动，以确保数据资源能够实现设计计划书中规定的功能、特征或技术要求。为了证明这一点，企业需要提供具体的证据和材料，确保已经完成了所有计划、设计和测试活动。例如可以提供技术原型、实验数据以及相关技术文档。技术验证报告、原型演示等也是表明数据资源在技术上是可行的具体证据。企业以实际的技术成果和活动为基础，提供清晰的证据以确保对技术可行性的客观评估。这样的做法有助于确保数据资源的开发在技术上是可行的，为项目的成功推进提供了可信的基础。

2）具有完成该无形资产并使用或出售的意图。意图具体包括是否将其用于内部使用或对外出售。这一明确意图通常在项目计划、内部决策文件或管理层讨论中得以体现。企业可通过提供相关的内部文件、会议记录或其他文档，来证明在研究阶段已经确立了对数据资源的明确意图。这有助于确保在后续的开发阶段有明确的方向和目标。通过这些记录，企业能够清晰明确其战略决策，为未来的数据资源应用和开发提供指导。这样的明确性有助于确保数据资源得到有效的利用，并使其开发过程更加有针对性和高效。

3）无形资产产生经济利益。无形资产产生经济利益的方式包括能够证明运用该无形资产生产的产品存在市场或无形资产自身存在市场，无形资产将在内部使用的，应当证明其有用性。企业可以进行市场调研、需求分析，提供市场潜在性的报告、数据资源的市场价值评估等，以确保企业能够证明数据资源的经济利益。在内部使用的情况下，需要提供有关提高内部效率或创造内部价值的论证。

4）有足够的技术、财务资源和其他资源支持。企业提供技术团队的能力矩阵、项目预算、资源计划、合作伙伴协议或其他支持性文件，以证明企业具备完成数据资源开发所需的各种资源。

5）归属于该无形资产开发阶段的支出能够可靠地计量。企业确保在开发阶段支出的可靠计量主要涉及确保相关成本与研究开发项目相匹配。为实现这一目标，企业需要对开发阶段的支出进行单独核算，确认每项开发活动的成本结构，包括研发人员的工资、材料费用以及相关设备的折旧等。这有助于确保对开发阶段支出的准确记录和会计处理。

对于企业内部数据资源开发项目，开发阶段的支出同时满足上述资本化条件，即可确认为无形资产。开发阶段符合资本化条件的支出具体可以参考3.2.3 节。

3. 数据资源研发支出的资本化与费用化

费用化的研发投入将支出计入利润表的研发费用科目。这些费用在每年的年度报告中移入管理费用科目，直接计入营业成本，从而降低公司的当期利润，对当期损益产生直接影响。

资本化的研发投入将支出计入资产负债表中的开发支出科目。当数据资源研发项目成功完成并同时满足资本化五项条件时，这些支出会被转化为无形资产。这种处理方式使得当期成本较低，因为支出未直接计入当期损益表，而是通过资本化方式反映在资产负债表中。这有助于提高当期净利润，但也意味着未来需要摊销这些资产，对后续年度的损益产生逐渐减少的影响。

研发支出的资本化与费用化对企业利润有着显著的影响，正确处理这些支出对于准确反映企业的财务状况至关重要。另外，数据资产的资本化标准难以确认的原因之一是企业在研究和开发数据产品的时间点判断不准确。

为解决数据资产的资本化标准难以确认的问题，企业可以采取以下一系列措施以清晰地确定研发项目中资本化的时点：

首先，制定明确的资本化政策，明确哪些条件需要满足才能资本化研发支出。确保政策的清晰度和一致性，减少主观性。

其次，建立详细的立项和审批流程，明确项目的目标、里程碑和预期成果。设立专门的审批委员会或审核团队，负责对项目的进展和达成的阶段性成果进行审查，以便及时确认是否符合资本化条件。

同时，强化项目管理和跟踪机制，监测研发项目的进度和成果。通过定期的项目审查，了解项目的技术难点、进展情况以及未来的经济利益，以支持是否进行资本化的决策。

企业还可以考虑利用外部专业意见，特别是涉及复杂技术或领域的项目。独立的专业意见可以为企业提供客观、中立的评估，有助于确认研发项目的关键节点和价值。

此外，持续的培训与沟通也是关键步骤。培训企业内部相关人员，使其了解资本化标准和政策，并提高其对研发项目中资本化时机的判断能力。加强内部沟通，确保所有相关部门理解和遵守资本化政策。

最后，定期进行审计和自查，确保公司内部各个层面对资本化标准的理解和执行是一致的。这有助于确认项目的资本化条件是否仍然得到满足，以及及时纠正可能存在的偏差。

3.4 本章小结

本章主要集中于探讨会计入表的核心知识、数据资产入表的基本流程以及成本入表的相关概念。首先，深入讨论了会计的概念、基本职能、对象与要素及其目标，揭示了会计在经济管理中的核心作用。同时，强调了会计规范对会计工作正常运行的重要性，并介绍了会计规范体系的结构。

接着，详述了数据资产入表的基本流程，包括数据资源识别、资产类别确认、成本归集与分摊，以及数据的列报与披露，从而确保数据能够准确、规范地反映在企业的财务报表中。

此外，本章还对比了资产评估中的成本法与会计计量中的历史成本。通过对比两者的定义、目的、计量对象、执行者、计价时机和应用领域，我们深入理解了它们之间的区别与联系。

最后，聚焦于数据资源以成本入表的具体实践。我们强调了历史成本计量的基本要求，并深入研究了数据资源成本的归集方法，包括外购和自主开发数据资源的成本归集。同时，我们还讨论了数据资源研发支出的资本化与费用化问题，为实际业务操作提供了指导。

通过本章的学习，读者能够全面掌握会计入表和数据资产入表的基础知识及技能，理解以成本入表的理论与实践，为未来会计工作奠定坚实的基础。这些知识有助于提高财务信息的准确性与可靠性，为企业决策提供更加坚实的依据。

第 4 章 CHAPTER

入表所需的法律知识

在数据驱动的现代社会中，数据不仅是企业运营和决策的关键因素，也是法律监管的焦点。数据资产入表作为数据处理的关键环节，其合规性和权益保护的问题日渐显著。本章旨在通过深入讨论入表所需的法律知识，为读者提供全面而专业的法律视角。

首先，我们将聚焦数据合规，深入剖析其意义与必要性。数据合规不仅是企业遵循法律法规的基本要求，更是保护个人隐私、维护数据安全的重要保障。我们将概述我国数据合规的法律体系，重点解读《中华人民共和国数据安全法》（以下简称《数据安全法》）和《中华人民共和国个人信息保护法》（以下简称《个人信息保护法》）等核心法律，揭示数据处理的法律边界和合规要求。

其次，我们将聚焦数据权益这一核心议题。数据权益作为数据经济的基石，其内涵和主体亟待明确。我们将深入探讨"数据二十条"中提出的"三权分置"理念，分析数据所有权、使用权和经营权的关系，为数据资产入表提供权益保障的理论基础。

最后，关注数据资产入表与数据权益的联系。数据资产入表作为数据处理的重要步骤，必须确保符合"资产"的确认条件，同时充分尊重和保护数据权益。我们将解读可入表数据资源的权益，探讨数据资产入表过程中的权益保护问题，并分享关于数据权益的几类探索和实践。

通过本章的学习，你将有以下收获：
- 理解数据合规的意义与必要性，掌握我国数据合规法律体系的核心内容。
- 了解《数据安全法》和《个人信息保护法》，确保数据处理行为符合法律要求。
- 理解数据权益的内涵和主体，认识"三权分置"理念在数据权益保护中的作用。

4.1 数据合规

4.1.1 数据合规的意义与必要性

1. 数据合规的意义

在大数据时代，数据合规的重要性愈发凸显，它关系到数据安全、个人信息保护以及数据合理使用和行业发展等多个方面。数据合规确保企业在处理和使用数据过程中严格遵守法律法规和道德准则，从而保护个人隐私、确保数据安全，并促进数据价值的合规性开发与持续增长。

数据合规是数据安全的坚实盾牌。在这个数据成为企业资产和个人身份标识的时代，保护数据免遭侵害变得至关重要。合规措施能够为企业构筑起一道安全防线，确保数据不会被泄露、误用或被非法访问，从而有效避免经济损失和信誉损失。合规性还鼓励并引导数据的合法开发使用。在遵循数据合规的框架内，企业能够安心地利用数据开展创新、进行市场分析和提升客户体验，最大化数据的潜在价值，从而建立一个公平、透明、可信的市场环境，促进整个数据行业的规范发展。

数据合规对企业的持续发展至关重要。随着全球对数据保护和隐私权的日益重视，合规已成为企业参与国际市场竞争的关键。企业的数据合规能力直接影响着其品牌形象和客户信任度，彰显了企业对社会、客户和员工的责任感，是企业长期、稳定发展的基石，并体现了企业在全球范围内负责任使用数据的良好形象。数据合规不仅是企业内部治理的重要组成部分，也是其社会责任和国际化战略中不可缺少的一环。

数据合规还促进了跨行业合作的规范化。随着不同行业间数据交换和合作的增加，合规政策确保了这些活动中数据安全和隐私的保护，促进了行业间的健康合作和数据共享。

此外，数据合规增强了企业对新兴技术的适应能力。随着人工智能、物联网和云计算等技术的普及，企业需要在新的合规框架内重新评估和部署这些技术，这不仅有助于控制技术的负面影响，也促使企业更加重视技术的伦理和责任。

2. 数据合规在数据资产入表中的必要性

从《中华人民共和国民法典》《数据安全法》《个人信息保护法》等法律法规，到"数据二十条"以及相关的规范性文件和国家标准，均对数据的合规使用提出了明确要求。

《企业数据资源相关会计处理暂行规定》第一条规定："本规定适用于企业按照企业会计准则相关规定确认为无形资产或存货等资产类别的数据资源，以及企业合法拥有或控制的、预期会给企业带来经济利益的、但由于不满足企业会计准则相关资产确认条件而未确认为资产的数据资源的相关会计处理。"《信息技术服务数据资产管理要求》（GB/T 40685—2021）第3.1条规定："数据资产是合法拥有或控制的，能进行计量的，为组织带来经济和社会价值的数据资源。"故"合法拥有或控制"是数据资源成为数据资产并且入表的必要条件。企业只有完成了数据合规，保证数据资产的合法性，才能启动资产入表的相关工作。应当说，数据合规是数据资产入表的第一步。

4.1.2　我国数据合规相关法律体系简介

1. 数据合规的"三驾马车"

在我国的互联网发展初期，缺乏专门的关于数据合规、数据保护的法律法规。即便涉及数据保护，讨论也主要集中在个人信息领域。这些关于个人信息保护的法律和法规，主要依靠并分布在一些通用的法律和法规中，例如《中华人民共和国消费者权益保护法》《中华人民共和国电信条例》等。随着互联网的迅速发展，个人信息泄露、网络攻击等问题日益突显，对于个人信息保护法律法规的需求变得更加迫切。我国开始探索数据保护领域的立法工作，一些地方政府也出台了专门针对个人信息保护的地方性法规。2015 年 7 月 1 日，《中华人民共和国国家安全法》的实施，把数据安全提升到了国家安全的高度。然而，直到这一时期，我国关于数据合规的法律法规仍然具有分散性、概念性、内容较少、缺乏可参考性等特点。

2017 年 6 月 1 日，《中华人民共和国网络安全法》（以下简称《网络安全法》）正式施行。2021 年 9 月 1 日，《数据安全法》正式施行，紧接着在 2021 年 11 月 1 日，《个人信息保护法》也正式施行。这标志着我国数据合规法律体系进入了一个飞速完善的阶段。《网络安全法》《数据安全法》《个人信息保护法》从不同角度对数据合规进行了规范，共同涵盖了数据合规最基础的三大通用领域。这三部法律彼此之间相互配套，被称为数据合规立法的"三驾马车"，为我国的数据合规和数据监管提供了基础性和支柱性的依据。

（1）《网络安全法》

《网络安全法》创造了我国数据合规领域的多个"第一"：它是我国针对网络安全领域的第一部基础性法律，同时也是第一部以数据安全和数据保护为主要内容的法律，它还是第一次从法律角度明确规定了个人信息保护问题。该法律对网络运营者和服务提供者设定了安全保护义务，建立了关键信息基础设施的运行安全保护制度，提出了关键信息基础设施运营者个人信息和重要数据跨境传输的规则，确定了个人信息保护规则。《网络安全法》的实施标志着我国在推进数据合规监管方面迈出了重要一步。法律实施后，监管机构迅速采取了一系列强有力的行动，产生了众多知名案例：如工信部的 App 整改行动、腾讯被广东网信办处罚，以及农行因数据和网络安全问题被银保监会处罚等。

（2）《数据安全法》

《数据安全法》是我国首部专门针对数据领域的基础性法律。这部法律旨在规范数据处理活动，保障数据的安全，同时促进数据的开发和利用。它也保护个人和组织的合法权益，并维护国家的主权、安全和发展利益。该法律涉及数据分类管理、数据安全保护、数据安全评估、数据出境、数据安全事件管理等方面，并对违法行为（包括主管部门的责任）进行了明确的规定和要求。《数据安全法》为企业的数据合规活动提供了直接的规范和指导，对于企业数据合规建设具有重要的意义。

（3）《个人信息保护法》

2021年，《个人信息保护法》正式颁布实施，是我国第一部专门针对个人信息保护领域的法律。其内容涵盖个人信息的定义、个人信息处理规则、个人信息处理者的义务和个人信息跨境传输规则等多个方面。该法律在《网络安全法》和《数据安全法》之后颁布，标志着我国网络安全及数据安全治理的整体法律框架初步形成。此外，该法律采用综合性通用立法模式，吸纳了国际成熟的做法，并将个人信息权益保护置于核心位置，这对加强个人信息保护、促进数字经济发展、维护公民权益具有划时代的意义。

2. 数据合规基本法律体系

《网络安全法》《数据安全法》及《个人信息保护法》三驾马车的落定，标志着中国数据合规法规体系已基本形成。该系统以这三部法律为核心，其他法律、行政法规、司法解释、部门规章及部门规范性文件、各类标准共同构成了一个较为完整的、以法律（广义）为基础、实施规范以及参考标准的法律体系。基本框架如下：

（1）法律基础层面

法律层面的规定通常是为了明确概念、提出原则。在数据合规的法律层面，《网络安全法》《数据安全法》及《个人信息保护法》作为核心地位，《中华人民共和国民法典》《中华人民共和国刑法》及《中华人民共和国国家安全法》等作为基础性法律，《中华人民共和国电子商务法》《中华人民共和国密码法》《中华人民共和国电子签名法》《中华人民共和国反不正当竞争法》《中华人民共和国消费者权益保护法》《中华人民共和国未成年人保护法》《中华人民共和国测绘法》

等在各个领域和层面进一步完善数据保护与合规监管法律体系。

（2）实施规范层面

国务院及各部委出台的有关网络电信安全、数据环境治理、数据分类分级、数据管理、数据交易、个人信息保护、数据出境等领域的行政法规、部门规章及部门规范性文件为数据合规基本法律的落地实施起到了重要作用，让企业在数据合规的实操层面有了抓手。

（3）参考标准层面

国家、行业、地方及各团体标准的实施统一了数据分类、数据评估、数据处理等方面的操作标准，为数据合规监管法律法规的制定与实施提供了重要的技术依据，也为政府部门实施数据合规监管执法提供了重要的技术参考，并为企业数据合规实操提供了重要的操作指引。

3. 细分场景规定不断完善

除了从法律的角度对数据合规法律体系进行总结归纳外，还可从相关规定的使用场景进行分类，在识别我国数据合规重点行业、提升数据合规落地能力方面亦具有重要意义。除了通用领域、数据出境和个人信息保护这三大基础领域的规定外，各细分场景下的数据合规法律法规、部门规章、规范性文件、标准等在2020年后如雨后春笋般不断颁布出台，主要有金融领域、公共和私人出行领域（汽车类）、医疗健康领域、电信领域、邮政领域、工业领域等。根据检索，仅细分领域的核心法规（广义）就超过70个，进入细分领域再检索，这个数据就更为庞大，例如，仅金融领域的数据合规相关规定甚至超过150个（含国家/行业标准），见表4-1，医疗领域相关规定见表4-2，汽车领域相关规定见表4-3。细分领域立法和监管体系的完善是实操的关键，给予了行政部门和企业在进行监管和合规处理中较为清晰的抓手。

表4-1 金融领域相关规定（部分）

规定类型	文件名称
法律	《中华人民共和国反洗钱法》
司法解释	《最高人民法院关于审理证券市场虚假陈述侵权民事赔偿案件的若干规定》

（续）

规定类型	文件名称
行政法规	《征信业管理条例》
部门规章	《征信机构管理办法》
部门规章	《征信业务管理办法》
行政法规	《个人存款账户实名制规定》
部门规章	《银行业金融机构数据治理指引》
部门规章	《银行保险机构消费者权益保护管理办法》
部门规章	《个人信用信息基础数据库暂行办法》
部门规范性文件	《商业银行数据中心监管指引》
部门规范性文件	《银行保险机构信息科技外包风险监管办法》
部门规范性文件	《中国人民银行信息安全检查管理办法》
部门规范性文件	《中国人民银行计算机系统信息安全管理规定》
标准	金融数据安全 数据安全分级指南（JR/T 0197—2020）
标准	金融数据安全 数据生命周期安全规范（JR/T0223—2021）
标准	金融数据安全 数据安全评估规范（JR/T 0223—2021）
标准	证券期货业数据分类分级指引（JR/T0158—2018）
标准	个人金融信息保护技术规范（JR/T 0171—2020）

表 4-2 医疗领域相关规定（部分）

规定类型	文件名称
行政法规	《中华人民共和国人类遗传资源管理条例》
部门规章	《国家健康医疗大数据标准、安全和服务管理办法》
部门规范性文件	《国务院办公厅关于促进和规范健康医疗大数据应用发展的指导意见》
部门规范性文件	《药品记录与数据管理要求》
部门规范性文件	《国家医疗保障局关于印发加强网络安全和数据保护工作指导意见的通知》
部门规范性文件	《卫生行业信息安全等级保护工作的指导意见》
标准	信息安全技术 健康医疗数据安全指南（GB/T 39725—2020）

表 4-3　汽车领域相关规定（部分）

规定类型	文件名称
部门规章	《汽车数据安全管理若干规定》
部门工作文件	《工业和信息化部关于加强车联网网络安全和数据安全工作的通知（工信部网安〔2021〕134号）》
部门规范性文件	《工业和信息化部关于加强智能网联汽车生产企业及产品准入管理的意见》
部门规范性文件	《国家测绘局关于导航电子地图管理有关规定的通知》
部门规范性文件	《关于加强自动驾驶地图生产测试与应用管理的通知》
标准	车联网信息服务数据安全技术要求（YD/T 37522020）
标准	车联网信息服务用户个人信息保护要求（YD/T3752—2020）
标准	汽车采集数据处理安全指南（TC 26-00）

4. 各地不断探索数据安全管理，不断加强我国数据安全立法保障

数据正在快速改变全球的经济面貌，数据所兼有的价值与风险属性不断刺激着监管部门寻求安全之下数据发展的最大化。我国各地方在探索数据安全管理时在个别层面上的速度甚至超过了国家相关规定。例如，2016年3月1日起施行的《贵州省大数据发展应用促进条例》首次对"公共数据"进行了界定；2019年11月1日起施行的《海南省大数据开发应用条例》首次提出了"数据资产"这一概念；2020年深圳司法局发布的《深圳经济特区数据条例（征求意见稿）》中首次将"公共数据""政务数据"定义为了国家资产。根据检索，目前地方出台的现行有效的数据合规与安全管理相关的文件超过了60个，不断加强我国的数据安全立法保障。地方性数据合规文件汇总如表4-4所示。

表 4-4　地方性数据合规文件汇总

序号	政策性文件名称
1	《深圳经济特区数据条例》
2	《深圳市企业数据合规指引》
3	《广东省公共数据管理办法》
4	《上海市公共数据开放暂行办法》
5	《上海市公共数据和一网通办管理办法》
6	《上海市数据条例》

(续)

序号	政策性文件名称
7	上海数据交易所《数据交易安全合规指引》
8	上海数据交易所《数据交易合规注意事项清单》
9	《贵阳市健康医疗大数据应用发展条例》
10	《贵阳市大数据安全管理条例》
11	《贵阳市政府数据共享开放条例》
12	《贵阳市政府数据资源管理办法》
13	《贵阳市政府数据共享开放实施办法》

4.1.3 解读《数据安全法》

1.《数据安全法》的立法背景与意义

随着信息技术的发展，人们的生活和工作与技术进行深度融合的程度日益提升，数字世界随着各项技术的发展正在搭建中，随之而来的各类数据急剧形成、海量汇集。数据已成为人类生产力中新的生产要素，并且逐步深度影响经济发展、社会治理、民生保障、国家安全等。全世界大国竞争的战场也正在逐步迁移到技术之战、大数据之争中来。可以说，将数据安全上升到国家安全层面，是全世界各国均已意识到并已开始稳步推进的基本战略。

经过多年技术与经济的发展，人们逐渐认识到数据不仅具有经济价值，更是国家的基础性战略资源。可以说，没有数据安全就没有国家安全。当前，缺乏法律保护和规制，必然会带来国家风险和挑战，甚至影响国家的主权、安全和长远利益。

除了安全保障需求，如何将数据资源转化为推动经济发展的新动力，支持我国数字经济的发展，并规范数据活动，也是急需解决的问题。特别是，大量高价值数据掌握在处理民生事务的政务单位手中，如何激活政务数据和公共数据，提升政府决策效率和质量，推动政务数据资源的开放和利用，都需要通过上位法来明确。

党的十九大报告提出，"加快建设制造强国，加快发展先进制造业，推动互联网、大数据、人工智能和实体经济深度融合，在中高端消费、创新引领、绿色低碳、共享经济、现代供应链、人力资本服务等领域培育新增长点、形成新动能"。同时，党的十九届四中全会决定明确将数据作为新的生产要素。无论是为了符合党中央部署和贯彻落实总体国家安全观的要求，还是为了符合推进经济新发展的现实需求，抑或为了在新的数字世界中获得安全与稳定、保持大国竞争力，制定一部关于数据安全的法律，搭建数据领域的顶层设计都十分紧迫。在这样的大背景下，我国的《数据安全法》应运而生。

2.《数据安全法》重点内容解读

《数据安全法》共七章五十一条，重点以及核心内容大致如下。

（1）总则

《数据安全法》的立法站位是从国家安全观出发，明确了立法目的是"为了规范数据处理活动，保障数据安全，促进数据开发利用，保护个人、组织的合法权益，维护国家主权、安全和发展利益，制定本法。"在兼顾个人与国家的数据权益的同时，发展与安全并行是立法基础。

在总则中，亮点的就是数据安全法的域外管辖权（国外也称"长臂管辖"）。无论是在我国境内或是境外，一旦损害我国的国家安全、公共利益或者公民、组织合法权益的，都将被依法追究法律责任。在全球化的趋势下，数据服务或互联网服务的服务主体多元化，境内外组织都是我国数据服务的相关参与者与积极处理者，只有对司法管辖权的扩大，才能真正保障国家和公民权益。

总则中还明确了何为"数据"、何为"数据处理"等关键概念。《数据安全法》中所称的数据，是指任何以电子或者其他方式对信息的记录。数据处理，是指包括数据的收集、存储、使用、加工、传输、提供、公开等数据生命周期的活动。数据安全，是指通过采取必要措施，确保数据处于有效保护和合法利用的状态，以及具备保障持续安全状态的能力。这里需要注意的是，数据安全的概念是一个动态概念，强调的是保障数据的"持续安全"状态，不仅仅是一个时间节点下的安全评估结果。数据处理者在数据合规中要通过一系列管理实施保障自身的数据"动态安全"。

（2）数据安全与发展

数据安全与发展并重是基本策略，此次在《数据安全法》中也专设单独章节对支持促进数据安全与发展的措施做了规定，明确数据的安全与发展由国家统一统筹，包括：国家实施大数据战略，制定数字经济发展规划，支持利用数据提升公共服务的智能化水平；支持数据相关技术研发和商业创新，培育、发展数据安全产品、产业体系；推进技术和数据安全标准体系建设，促进数据安全检测评估、认证等服务；建立健全数据交易管理制度，规范数据交易行为，培育数据交易市场；支持开展数据技术与安全相关人才培养等。

（3）数据安全制度

为了有效实施数据安全与发展战略，真正实现数据安全法的立法目的，必须配套以健全的数据安全管理制度，搭建并完善国家数据安全治理体系。为此，《数据安全法》设立"数据安全制度"专章，明确提出了如下制度设计：

- 数据分类分级管理制度。
- 数据安全风险评估、报告、信息共享、监测预警机制。
- 数据安全应急处置机制。
- 数据安全审查制度。

其中，数据分类分级管理制度是数据合规的有效管理以及进行数据资产入表的关键第一步。可以根据数据来源、数据内容、数据用途、数据价值、敏感程度、影响范围等多角度进行分类。目前实践中最为基础的分类是：按照数据对国家安全、公共利益或者个人、组织合法权益的影响和重要程度，将数据分为一般数据、重要数据、核心数据，针对不同级别的数据采取不同的保护措施。

（4）数据安全保护义务

如何明确及规范数据处理者的责任和义务是落实数据安全的关键。为此，《数据安全法》设立"数据安全保护义务"专章对此予以明确。可以说，之前的法律规定都是围绕着国家责任展开，但本章节的规定均是针对数据活动中的组织、个人。作为数据处理者的企事业单位，尤其要关注该章节的内容。

《数据安全法》第二十七条规定："开展数据处理活动应当依照法律法规的规定，建立健全全流程数据安全管理制度，组织开展数据安全教育培训，采取相应的技术措施和其他必要措施，保障数据安全。利用互联网等信息网络开展数据处理活动，应当在网络安全等级保护制度的基础上，履行上述数据安全保护义务。"也就是说，对于数据处理者来说，完整的合规包括制度建设、教育培训、技术措施等综合维度，这不仅仅是法律层面的要求，更是对管理能力的要求。数据合规对于企事业单位的科学管理、有效管理、先进管理都提出了较高要求。同时，《数据安全法》也明确了"重要数据的处理者应当明确数据安全负责人和管理机构，落实数据安全保护责任。"对于企事业单位的组织建设也提出了明确要求。

此外，法律还明确了开展数据活动应当加强数据安全风险监测、定期开展风险评估，及时处置数据安全事件，并履行相应的报告义务；收集个人数据的方式应当合法、正当；数据交易中介服务的规范操作；以及有关组织和个人配合公安机关、国家安全机关进行数据侦查活动的相关义务。

(5) 政务数据安全与开放

《数据安全法》就政务数据进行了专章规范，不仅是为了保障政务数据安全，更是为推动政务数据的开放利用，让政务数据真正实现"源自民、回馈于民"。《数据安全法》为此主要做了以下规定：

1）推进电子政务建设，提升运用数据服务经济社会发展的能力。

2）国家机关收集、使用数据应当在其法定职责范围内，依照合法程序进行。

3）落实数据安全保护责任，保障政务数据安全。

4）国家机关委托他人存储、加工或者向他人提供政务数据应严格审查，并进行监督。

5）国家机关及时、准确公开政务数据，制定政务数据开放目录，构建政务数据开放平台，推动政务数据开放利用。

(6) 法律责任

相较于其他法律，《数据安全法》加大了处罚力度，对数据处理者的罚金从5万元起罚，在违反国家核心数据管理制度，危害国家主权、安全和发展利益的情况下，罚金最高可达1000万元。对于直接负责的主管人员和其他直接责任人员，罚金从1万元起罚，最高可达100万元。

4.1.4 解读《个人信息保护法》

1.《个人信息保护法》的立法背景与意义

根据中国互联网络信息中心最新发布的第 52 期《中国互联网络发展状况统计报告》，截至 2023 年 6 月，中国网络用户数量已达到惊人的 10.79 亿，自 2022 年底以来增长了 1109 万。国内互联网覆盖率也升至 76.4%。在域名数量上，中国已拥有 3024 万个域名。IPv6 的活跃用户数量高达 7.67 亿。而在移动通信基站建设方面，总数达到了 1129 万个，其中 5G 基站的建设和开通数量已达到 293.7 万个，占总基站数量的 26%，监测到的活跃 App 已多达 260 万个。

报告显示，至 2023 年 6 月，即时通信、在线视频和短视频的用户数量分别达到 10.47 亿、10.44 亿和 10.26 亿，用户普及率分别为 97.1%、96.8% 和 95.2%。网约车、在线旅行预订和网络文学的用户数量增长分别为 3492 万、3091 万和 3592 万，增长率介于 7.3% 至 8.0% 之间。

这些数据突显了我国移动互联网应用的迅速发展，广泛应用于民众的学习、工作和日常生活。

尽管国家在个人信息保护方面做出了显著努力，但在实践中仍有机构和个人因商业利益忽视隐私权益，包括随意收集个人信息、非法获取数据、过度使用信息及非法买卖个人信息等行为。这些行为不仅扰乱了民众生活，还可能威胁到个人生命、健康和财产安全，有的甚至将公民的出行和医疗等敏感数据流转到海外，给社会稳定和国家安全带来巨大风险。在信息化社会，个人信息的安全与保护成为民众极度关注的问题，关乎每个人的切身利益。在社会各界的强烈呼声下，《个人信息保护法》应运而生。

2.《个人信息保护法》重点内容解读

《个人信息保护法》共八章七十四条，重点以及核心内容大致如下：

1）确立了个人信息处理应遵循的基本原则，强调处理个人信息时必须遵守的规范：

- 合法、正当原则。个人信息的处理应当基于合法的基础，避免任何非法收集、使用或处理个人数据的行为。

- 目的明确、合理原则。处理活动应有一个明确且合理的目的,且仅在达成该目的所必需的范围内进行。
- 最小目的原则。限制个人信息的收集和使用范围,仅收集实现处理目的所必需的最少数据。
- 透明性原则。处理个人信息的规则应当公开,确保个人了解自己的信息如何被处理。
- 准确性原则。应采取措施确保处理的个人信息准确、无误。
- 安全性原则。必须采取适当的安全措施,保护个人信息免遭未授权访问、泄露、篡改或丢失。

在上述原则中,"最小目的原则"是最易被忽略和隐藏的,目前也是监管重点。在实践中,大量数据处理者超越使用目的,过度收集或扩大范围收集数据。例如,出行 App 要求用户打开通信录权限、餐饮小程序要求用户必须提交手机号进行注册、购物 App 要求用户共享位置信息等,都属于过度收集,不符合最小目的原则,都将受到法律处罚。

2)确立了以"告知—同意"为核心的个人信息处理规则。这套规则要求在处理个人信息之前,必须事先向个人提供充分的信息告知,确保他们明白自己的信息将如何被使用,并且在此基础上获得个人的明确同意。个人有权在任何时候撤回其先前给出的同意。如果处理个人信息的重要事项发生变更,必须重新获取个人的同意。而且,不能仅因个人未给予同意就拒绝向其提供产品或服务。

3)针对个人信息处理的不同环节和种类,个人信息保护法制定了特殊情形下的规定来指导如何处理个人信息,以确保处理活动的合法性和合理性。这些特殊情形包括:

- 共同处理。当两个或多个实体共同处理个人信息时,需要明确各自的责任和义务,确保整个处理过程符合法律要求。侵害个人信息权益造成损害的,应当依法承担连带责任。
- 委托处理。如果企业将个人信息处理任务委托给第三方,必须确保委托方遵守个人信息保护的相关规定,并对其处理行为进行监督。

- 向第三方提供。在向第三方提供个人信息前，需重新获得个人的同意，并明确第三方处理信息的目的、范围和方式，保障数据传输的安全。
- 公开。公开个人信息前必须评估相关风险，并且确保有合法依据，同时需要通知数据主体并获得其同意。
- 自动化决策。在使用个人信息进行自动化决策（如人工智能决策、大数据推送等）时，应确保过程透明、结果公正，不得对个人在交易价格等交易条件上实行不合理的差别待遇，并允许个人对决策提出异议或拒绝。
- 公共场所的图像采集、个人身份识别设备。必须是出于维护公共安全的必要性，并遵循国家相关法律法规。同时，应当明确设置警示标志，以显著方式提示公众这些设备的存在和它们的用途。
- 处理已公开的个人信息。即使是处理公开的个人信息，也应遵循合法、正当、必要的原则，防止对个人权益造成不当影响。

4）对于处理敏感个人信息，个人信息保护法设立了专节，并且规定了更为严格的限制条件。敏感个人信息指的是一旦泄露、非法使用或滥用可能导致个人受到严重损害的信息，如生物识别数据、医疗健康信息、财务信息、个人行踪等。处理此类信息需要具备明确的目的和充分的必要性，并且必须在特定的情况下才能进行。处理敏感个人信息时，必须获得数据主体的单独同意，而这种同意需要更明确的同意形式，如书面同意，以确保个人对于自己敏感信息的处理有完全的认知和自愿。

5）对于处理未满十四岁儿童的个人信息，数据处理者须获得儿童父母或法定监护人的明确同意。而且，负责处理未成年人个人信息的实体还需要制定特定的处理策略和规范。这些策略应当明确如何安全、合法地处理这一特殊群体的信息，并确保信息用途的合理性和限制性。通过这种方式，可以为未成年人的个人信息提供额外的安全保障，防止其被不当使用或泄露。

6）对个人信息跨境传输进行了专章规范，明确在中国境内收集和生成的个人信息原则上应当存储在境内。若需跨境提供个人信息，处理者须符合以下条件：通过国家网信部门的安全评估，获得个人信息保护认证，与接收方签订约定双方权利义务的标准合同，或满足其他法规规定的条件。同时，必须告知个人相关的境外接收方信息并获取单独同意。特定情况下，如国际条约或平等互惠原则允许，可提供给外国司法或执法机构。对于侵害中国公民个人信息或国家利益的境外实体，中国有权采取限制措施，并对外国采取不公措施的国家或地区实施对等回应。

7）明确规定了个人在个人信息处理活动中的权利和处理者的义务。个人拥有知情权、决定权、查询权、更正权、删除权等，并要求处理者为个人行使这些权利提供便捷的申请受理和处理机制。同时，处理者必须建立合规管理体系，制定内部管理规程，采取技术安全措施，指派负责人监督信息处理活动，并定期进行合规审计。对于敏感信息或跨境信息传输等高风险活动，必须进行风险评估，并在信息泄露发生时及时通知个人并采取补救措施。

4.1.5 数据合规的监管现状

目前，我国在数据合规领域并没有统一的执法机构，而是由多个部门根据各自的职能和法律法规的要求，分工协作进行监管和执法活动。目前，参与监管活动的部门有国家互联网信息办公室（以下简称网信办）、工业和信息化部（以下简称工信部）、公安部门、国家市场监督管理总局（以下简称市场监管总局）以及其他行业主管部门（如国家金融监督管理总局等）。

1. 网信办

网信办在确保我国的互联网生态安全、健康和有序发展方面扮演着非常重要的角色，其职责不仅限于监管和执法，还包括制度建设、标准制定、行业指导等多个层面，也是数据治理的统筹管理部门。目前，网信办主要负责整合和协调网络安全、网络数据安全以及个人信息保护的相关工作；对网络信息安全进行监管和管理；实施网络安全审查；负责组织执行数据跨境传输的安全评估，规定个人信息保护的认证程序，以及制定个人信息跨境传输的标准合同等事项。

网信办会定期开展集中查处活动，定期公示查处结果，定期对全网常用软件及 App 进行数据治理检测，清理并要求下架违法违规软件和 App。

随着数据经济的发展和个人信息保护意识的提高，网信办的角色和职责在未来可能会继续扩展和深化。

2. 工信部

工信部的职责包括：协调和保障国家信息安全，构建国家信息安全保障体系；指导和监督政府部门及关键行业的关键信息系统和基础信息网络的安全工作；协调处理网络与信息安全的重大事件等相关活动。

2021年9月，工信部发布了《工业和信息化领域数据安全管理办法》征求意见稿，并于2023年1月1日开始实施。该办法是继《数据安全法》后发布的首个详细执行规则，规定了识别重要数据和核心数据的标准、数据分类分级管理规范、数据全生命周期安全管理规范、数据安全监测预警与应急管理规范、数据安全检测、认证、评估管理规范等内容。同时规定了行业监管部门在履行数据安全监督管理职责中，发现数据处理活动存在较大安全风险的，可以按照规定权限和程序对工业和信息化领域数据处理者进行约谈，并要求采取措施进行整改，消除隐患。

同时，工信部也会定期开展专项活动，就App进行第三方检测，通报违法违规App并要求下架。

3. 公安部门

公安部门在网络安全和数据治理方面的职责包括维护网络空间的安全和秩序，防止网络犯罪活动，保护公民个人信息和重要数据资产不受侵害。负责实施网络监控和调查，打击网络犯罪，以及监督网络运营商和服务提供商的数据处理活动。基于《网络安全法》《数据安全法》《个人信息保护法》《刑法》《刑事诉讼法》的多元授权，应当说，公安部门在数据监管领域的管理范围是最为广泛的。公安部门根据不同情况，既可以做出行政处罚，又可以按照刑事诉讼程序开展监管活动。尤其在个人信息领域，一旦侵犯公民个人信息（例如泄露、买卖个人数据），极易启动刑事程序。

4. 市场监管总局

在《数据安全法》《个人信息保护法》出台之前，数据领域的相关争议经常按照"不正当竞争行为"处理，而不正当竞争行为是市场监管总局的传统监管范围。在《数据安全法》《个人信息保护法》出台之后，市场监管总局的监管范围适当缩小。目前主要集中在监督市场运行中的数据处理和利用活动，确保企业在收集、使用和传输个人信息及其他数据时遵守法律法规；保护消费者个人信息安全，防止数据滥用和个人信息泄露，维护消费者的合法权益；监管数据相关的市场竞争，防止数据垄断和不正当竞争行为，确保市场的公平和透明；制定和推广数据质量标准，指导企业改进数据管理和处理流程，提高数据质量和效率。

以《深圳经济特区数据条例》为例，该条例明确规定，违反条例第六十七条、第六十八条、第六十九条规定进行交易数据、侵害其他市场主体、消费者合法权益的，由市市场监督管理部门或者相关行业主管部门按照职责责令改正，没收违法所得以及进行罚款。

5. 其他行业主管部门

各个行业主管部门也对行业内的机构的数据处理行为具有监管责任。例如，在集中持有敏感数据的金融领域、医疗领域，国家金融监督管理总局和国家卫生健康委员会对各大银行、金融机构、医疗机构的数据处理行为具有监督管理职责，并可以进行相应处罚。

4.2 数据权益

4.2.1 数据权益概述

1. 数据权益的内涵

数据作为新型财产，其权益主要体现在人格权和财产权上。数据可以被视为财产，主要是因为数据具有稀缺性、可支配性和经济价值等财产的基本特征。

数据的稀缺性在于其实质有限性。尽管数据可无限复制，但在实际应用中，数据控制主体通过技术隔离，数据源主体也通过限制授权来限制数据传播和使用，确保数据稀缺性不因自然属性而丧失。

数据具有可支配性。《数据安全法》定义数据为电子方式记录的信息。数据存在于计算机系统中的电磁符号，可被技术处理，由人支配。数据的产生、存储、处理均需人的行为，数据作为客体，通过人的支配实现其作用和价值。

数据同样具有经济价值，具体表现为使用价值和交换价值。数据的使用价值也称为"数据的一次价值"，主要是作为生产要素满足生产生活需求。数据的交换价值也称为"数据的二次价值"，体现在数据及其衍生品在市场中进行交易时带来的经济利益。

数据每天数以亿计地产生，在日常网络购物、网络约车等过程中会自动产生大量的信息，这些信息若要形成数据，需要由平台经营者收集和加工，才能形成有价值的数据。数据价值的形成、创造都需要相关主体投入一定的资金、技术和劳动。同时，数据的处理和使用也可以带来经济效益。因此，数据财产是一种投入劳动才能形成的财产。

2. 数据权益的主体

数据权益的主体有两类，一类是数据来源者，一类是数据处理者。

（1）数据来源者权益

"数据二十条"将信息来源的主体称为"数据来源者"，并强调要"充分保护数据来源者合法权益"。数据确权首先需要明确和保护数据来源者的权益，从而明确数据的各权利主体所享有的权利内容，以及他人行为自由的边界。

数据来源者主要由自然人和非自然人构成。

1）数据来源为自然人。自然人数据涵盖了多个方面：自然人的身份信息，如姓名、出生日期、身份证号码、护照号码等用于唯一标识和识别个体的信息；联系信息，如个人的地址、电话号码、电子邮件地址等；消费行为信息，如个人的购物记录、消费习惯、购买历史等；金融信息、社会关系信息、地理位置信息、健康信息、教育信息、雇佣信息，以及在线活动数据、生物特征信息、社交媒体数据、行为数据等。

2）数据来源为非自然人。非自然人数据涵盖企业、组织、机构等实体的各种信息。

- 企业信息：包括企业的注册信息、法定代表人、公司结构、业务范围等，用于唯一标识和识别企业实体。
- 财务数据：包括企业的财务报表、资产负债表、利润表、现金流量表等财务信息，用于分析企业的经济状况和财务健康。
- 运营数据：包括企业的日常运营数据，如销售额、库存状况、生产效率等，用于企业运营和决策制定。
- 客户数据：包括企业与客户之间的交易记录、购买历史、客户偏好等，用于客户关系管理和市场营销。
- 技术数据：包括企业使用的技术设备、软件、网络架构等技术信息，用于信息技术管理和系统维护；以及市场营销数据、产品和服务数据、社交媒体数据等。比较常见的如企业在各平台上产生的数据等。

数据来源者权益主要由两部分构成。

1）人格权益等在先权利。在先权利是指在数据相关权利形成之前，数据来源者对数据已经享有的权利，包括人格权、知识产权、商业秘密权利等。

自然人对个人数据拥有人格权益，人格权益包含个人信息权益、隐私权等。这意味着个人信息不受侵犯，并且个人有权要求他人对其个人信息进行保护。个人信息权益包括个人信息的决定权、保密权、查询权、更正权、封锁权和删除权等。这些权利为自然人提供了对其个人信息的控制和保护，确保其个人信息不被泄露、滥用或未经授权的处理。

非自然人的数据来源当前并没有专门的非个人信息保护法，主要依赖合同法来保护非自然人数据。与自然人的数据来源主体类似，非自然人信息的数据来源主体同样享有信息查询、复制和更正以及正当理由的转移等权益。与此同时，它又与自然人有所不同，例如，关于此类来源主体是否享有请求删除相关数据的权益或者携带数据的权益，是否需要与个人信息保护法规定的个人信息删除权、携带权作同等处理，还存在争议。

2）有争议的财产权益。按照"数据二十条"，数据确权主要是确认数据处理者对数据享有财产权，并没有确认作为数据来源者的自然人享有数据财产权。关于数据的来源者是否享有数据的财产权益当前亦有多种观点，在此不赘述。诚然，由于数据来源者众多且单个个体的数据价值稀薄，主张数据来源者对数据的财产权益势必影响数据要素价值的实现,增加社会管理成本,但是不能因此完全否定数据来源者的财产权益,而全部赋予数据处理者。比较折中的主张是:数据来源者只能享有其自体产生的数据财产权益,不能据此主张对企业数据的整体享有权利,这样既肯定了来源者的数据财产权益,又避免了其权益超出个人信息权益的效力范围。

此外,还存在一些争议情况,例如企业制作的数据是否可以被视为个人信息,包括个人就诊病历、检查结果、企业收集的人脸数据等。目前,关于自然人是否能够通过许可使用等方式像处置自己的财产一样处理企业制作和占有的数据,也存在不同的观点。

(2)数据处理者权益

数据处理者是指对数据进行处理、加工和利用的组织或个人。数据处理者通过收集、存储、处理、分析等手段,对数据进行处理和加工,以实现数据的价值。数据处理者的角色和职责因不同的应用场景而异,通常包括数据的收集、清洗、整合、存储、分析和利用等方面。数据处理者需要具备一定的技术和管理能力,以确保数据的安全、准确和可靠。同时,数据处理者也需要遵守相关的法律法规和伦理规范,确保数据的合法使用和保护个人隐私等权益。具体来说,数据处理者可以是以下主体:

- 个人、企业、事业单位、社会团体等,在日常生产经营等各种社会活动中大量处理数据的主体,其中有个人数据也有非个人数据。
- 互联网平台运营者,为用户提供信息发布、社交、交易、支付、视听等互联网平台服务的数据处理者。
- 履行法定职责或提供公共服务时处理数据的国家行政机关等公权力机关(由于公共数据的特殊性,因此此类数据处理主体暂不在讨论范围内)。

数据处理者对其处理的数据享有财产权。"数据二十条"基于经济学概念提出数据处理者享有"数据产权",在《中华人民共和国民法典》中,没有规定"产权"的概念,而是使用"财产权利"或"财产"。关于数据权益的性质,是"所有权""知识产权"还是"数据财产权",当前尚有争议。虽然知识产权和数据同样作为无形财产，有完整的框架体系，但由于知识产权当下仅能覆盖数据财产的部分情境，因此我们暂且以"数据财产权"来探讨数据处理者的权益。这些权利具体包括以下几个方面：

- 数据资源占有权（一说持有权或所有权）。数据处理者对其处理的数据享有占有权，包括数据的收集、存储、加工、使用和公开等全流程环节，这些数据可以用于商业开发、产品推广、数据分析等方面。
- 数据财产收益权。数据处理者有权获得其处理数据的商业收益，例如基于数据挖掘和分析的商业利益、数据交易的收益等。
- 数据财产使用权。数据处理者有权对其处理的数据进行使用，包括数据查询、数据复制、数据使用等，这些数据可以用于商业活动、数据分析、产品开发等方面。
- 数据财产处分权。数据处理者有权对其处理的数据进行处分，例如将数据转让给其他组织或个人、将数据删除或销毁等。
- 数据隐私权。数据处理者有权保护其处理数据的隐私性，防止数据泄露、滥用和未经授权的访问。

（3）数据来源者权益与数据处理者权益的关系

数据来源者权益对数据处理者权益会产生强制约作用。数据处理主体在生成数据和行使数据财产权的过程中，不仅有必要遵守与数据来源主体的约定义务，而且要履行告知同意、更正、删除和携带等法定义务，以满足民法典和个人信息保护法等法律优先配置给个人的人格性权益。

有时候会存在数据来源者同样也是数据处理者的情况，比如在一些互联网平台上，非自然人作为数据来源者也会参与数据处理，那么在生产要素意义上，该数据来源者也有取得相应数据财产权的正当性。

3. "数据二十条"中的"三权分置"

企业和公共数据价值是政策关注重点。前文讲到数据财产权益的主体包含个人、企业、事业单位、社会团体等，其主张的权益根据其主体是来源者还是处理者而有所不同。虽然有许多值得关注的问题和群体，但是在数据要素经济建设中，"企业数据"因其本身蕴含的巨大价值或潜在价值对数据要素经济建设的推动作用，无疑成为关注的焦点。

"数据二十条"重点构建了企业数据权益。"数据二十条"的"三权分置"实质上就是企业数据财产权的权利⊖在数据不同形态下的概括性描述和呈现。如果从法学角度来分析，需要去辨析数据产权的性质究竟是物权、债权、知识产权或其他权利，这个权利的内涵又是什么。而"数据二十条"的"三权"，是基于经济学角度去定义的。从经济和政策的角度，只要数据上存在一组受法律保护的权利，这些权利又意味着权利人可以排他地处置作为资产的数据，并享受由此带来的收益，那么数据产权就形成了⊜。所以出于该经济适用的考虑，"数据二十条"基于"原始数据""数据资源""数据产品"三种不同处理程度的数据形态，提出了"数据资源持有权""数据加工使用权"和"数据产品经营权"。

因此，我们不能武断地用这"三权"去划分各类主体的数据权益，也不能孤立地用这"三权"去解释数据权益的法理问题。"数据二十条"所说的数据确权，并不是对各数据参与主体的权益进行的法律意义上的严格划分，而是为了区分从数据产生到处理的特定环节的特定主体的权益集合，明确各环节参与主体的经济利益，促进数据要素在经济活动中的价值实现。而且"数据二十条"中也只是对"三权"做了大概的释义和区分，虽然对数据相关立法有方向性的启示和参考意义，但是对于"三权"分别主张的具体权益细节和充分内容，还需要数据相关的法律进行支撑。

如图 4-1 所示，数据从生产到处理再到研发成产品并进入市场化，在这个数据要素化的过程中，数据的形态经历了三个阶段的演变：从最初步的原始数据采集，通过清洗、整合的标准化处理，汇集成数据资源；再经过分析、聚合等处理，转化为数据产品。这一系列过程在数据内部形成了一个层层递进、不断增值的价值链条，即"原始数据—数据资源—数据产品"。在每一个环节中，随着数据要素的形态转换，数据的产权主体、内容以及客体都会发生变化。因此，根据数据形态对不同阶段的数据处理主体享有的数据权益的集合进行界定，更易于在不同的数据要素发展阶段对各阶段的数据主体进行经济活动的管理。

⊖ 参考了《论数据权益》（作者：程啸）。

⊜ 参考了《经济学与法律的对话》2019 年版（作者：[美] 大卫·D·弗里德曼）。

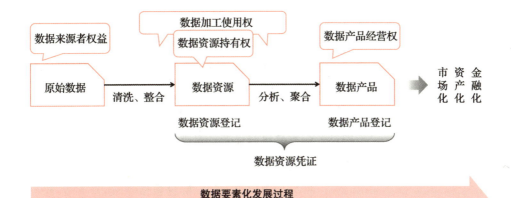

图 4-1　数据要素化发展过程

（1）数据资源持有权

"数据二十条"中提到，"合理保护数据处理者对依法依规持有的数据进行自主管控的权益"。就企业数据而言，数据资源持有权体现的是对数据资源的控制，即企业对其生产的或收集的数据进行管控的数据权益的集合。在尊重数据来源主体的法定在先权益以及相关法律法规的前提下，企业对其自行生产或收集的数据资源享有自主决定数据资源的使用和开发的权利、自主决定数据资源的共享和开放的权利、转让和抵押数据资源的权利以及禁止他人未经授权使用或开发数据资源的权利等。

（2）数据加工使用权与数据产品经营权

这两项权利是对企业就其数据享有的数据财产权中的使用权能、收益权能。"数据二十条"第 7 条中描述到，"在保护公共利益、数据安全、数据来源者合法权益的前提下，承认和保护依照法律规定或合同约定获取的数据加工使用权，尊重数据采集、加工等数据处理者的劳动和其他要素贡献，充分保障数据处理者使用数据和获得收益的权利。保护经加工、分析等形成数据或数据衍生产品的经营权，依法依规规范数据处理者许可他人使用数据或数据衍生产品的权利"。即在遵守法律法规和合同约定的基础上，企业可以自主决定如何经营新形成的数据以及数据衍生产品，可以有权自行或授权他人使用这些数据及其衍生品，可以有权向其他民事主体提供数据服务或数据产品，并以此获得经济回报。

具体来说，数据加工使用权是指数据主体在持有和使用数据时，对数据进行加工处理的权利。这种权利的目的是保护数据加工者的合法权益，确保他们能够对其加工的数据享有相应的权益。数据加工使用权主要涉及数据的清洗、整理、分析等处理过程，确保数据加工者有权对加工后的数据进行使用。

数据产品经营权是指对数据产品进行经营和管理的权利。这种权利的目的是保护数据产品的合法权益，确保数据产品的正常运营和管理。数据产品经营权主要涉及数据产品的开发、推广、销售等过程，确保数据产品的经营者和开发者有权对数据产品进行相应的经营和管理。

"数据二十条"勾勒了企业数据权益的大致面貌，对数据权益的立法起到了方向上的指引作用。前文中讨论的数据财产权，就是在经济学角度讨论的"数据产权"。虽然"数据二十条"没有为企业确立一个完整的、单一的、绝对的数据权利，但通过对数据资源持有权、数据加工使用权和数据产品经营权的分置描述，实际上已经勾勒出了一个企业数据财产权的大致面貌。因为在"数据二十条"中多处体现了数据财产权最重要的权能——处分权能："建立健全基于法律规定或合同约定流转数据相关财产性权益的机制""合理保护数据处理者对依法依规持有的数据进行自主管控的权益""在数据处理者发生合并、分立、解散、被宣告破产时，推动相关权利和义务依法依规同步转移"等。

4.2.2 数据资产入表与数据权益

1. 符合"资产"的确认条件是数据资产入表的基本前提

2024年1月1日，《暂行规定》正式施行，意味着企业可以将数据资源确认为企业资产负债表中"资产"一项，对于拥有丰富数据资源的企业，通过数据资产入表可体现其真实价值和业务贡献。

《会计处理暂行规定》删去了《征求意见稿》及起草说明中"发挥数据要素价值""合理反映数据要素价值"等表述，避免了"数据要素"这一经济学概念对会计学意义上"数据资源"（由"信息资源"衍生而来）的干扰。

在企业中，以电子形式存储的数据资源种类庞杂，《会计处理暂行规定》对"数据资源"并没有明确的定义，但是对可入表的数据资源的基本前提进行了明确：即企业入表的数据资源需符合《企业会计准则——基本准则》中资产的确认条件。

根据《会计基本准则》，资产是指企业过去的交易或者事项形成的、由企业拥有或者控制的、预期会给企业带来经济利益的资源。

2. 可入表数据资源的权益解读

根据《会计基本准则》对"资产"的定义，如果企业的数据资源能够被确认为资产，那么该数据资源首先应当由企业拥有或控制。我们对其中涉及的数据权益进行解读。

"拥有"是指企业享有某项资源的所有权，沿用到数据资源，可以是企业生产经营活动中原始生成的经营数据、生产数据、业务数据或企业根据原始数据加工后的衍生数据等第一方数据。但鉴于数据的特殊性，企业在某些场景中产出的数据可能涉及多个主体，这便涉及前文所说的"数据所有权"无法充分解释数据权益的情况，因此"数据二十条"提出"建立数据资源持有权、数据加工使用权、数据产品经营权等分置的产权运行机制"（简称"三权分置机制"），在一定程度上为将数据资源确认为资产厘清了方向。

"控制"是指企业虽然不享有某项资源的所有权，但该资源能被企业所控制。例如，对于企业通过外购等方式取得的数据资源，即使企业不拥有所有权，但是在遵守相关法律法规的前提下，企业也依然可以享有数据资源持有权、数据加工使用权以及对该合法拥有或控制的数据资源进行开发形成的衍生数据或数据产品的合法权利。在满足其他资产确认条件的前提下，该等数据资源便可以按照相关会计处理规定"入表"。

4.2.3 关于数据权益的几类探索

在"数据二十条"发布前，数据产权登记也被称为数据资产登记、数据要素登记、数据产品登记。现阶段，数据产权登记相关基础性制度、顶层指导尚在探索过程中。在理论研究中，对数据要素产权登记的探讨已经深入数据要素市场、数据产权和资产登记制度等多个层面。

在实际操作中，各地的知识产权局、数据局、财政局、司法厅、数据交易所及各类企业级数据平台都在积极探索数据登记的新形式。这些探索主要包括数据知识产权登记、数据资产登记、数据产品登记、数据要素登记及司法公证等多种方式。

这些实践不仅丰富了数据登记的形式，也为完善数据资源登记制度提供了宝贵的经验，为数据资源确权工作起到积极的引导作用。

1. 数据知识产权登记

知识产权是一种独立的权利，也属于财产权。知识产权是指人们对其智力成果所享有的法律权利，包括专利权、商标权、著作权等。知识产权虽然也是一种法律权利，但它与人格权不同，其保护的对象是智力成果，而非人的尊严、自由和平等权利。这些权利主要涉及个人的智力成果和创新成果。数据以知识产权的形式进行确权的理论前提，是数据符合知识产权的特性，可以作为知识产权的一种，持这种观点是因为数据具有知识产权的多种关键特性，且当前的知识产权框架可以基本实现对数据权益的确认和保护。

（1）数据的特性

数据和知识产权在许多特性上高度相似，除了无形性和财产性，数据同样也具备以下特性：

- 可复制性和共享性。数据的复制和共享都需要经过权利人的许可或授权，这表明数据具有可控制性和排他性，符合知识产权的可控制性和排他性要求。
- 创新性和创造性。数据的收集、处理、分析和挖掘都需要投入大量的人力、物力和财力，同时需要运用创新思维和技术手段。数据的创新性和创造性表明数据是智力成果的体现，符合知识产权的智力成果要求。
- 法律保护的必要性。数据和知识产权都具有财产性价值、可复制性和共享性、创新性和创造性，但不同于实物财产，它们可以通过实际占有来实现其权益，且都需要通过法律强制保护。目前，大数据集合中的绝大部分可以通过知识产权进行保护，如数据库作品可以依据《中华人民共和国著作权法》、商业秘密可以使用《中华人民共和国反不正当竞争法》、非独创性大规模数据集合可以通过有限排他权（如著作权法的发行权、广播权及传播权）等进行保护。

（2）数据知识产权主张的权益

知识产权主张的权益主要包括财产权利、创新保护、商业竞争、法律保护和文化传承等方面。知识产权的财产权利是指智力成果的创造者依法享有的以财产利益为内容的权利。虽然某些权益细节的部分暂时还没有明确的法律支撑，但是大致来说，数据知识产权包含以下方面：

- 数据所有权。数据所有权是指数据主体依法对其数据享有的排他性控制权。数据主体可以是个人、企业、政府机构或其他组织，他们可以对自己的数据进行控制、使用和支配，并排除他人未经授权地使用、复制、传播等行为。数据所有权是对数据的完整控制和支配，也是其他数据权利的基础。

- 数据使用权。数据使用权是指数据主体依法享有的使用他人数据的权利。这包括对数据的查询、检索、处理、分析等方面的使用。数据使用权的设定旨在保护数据提供者的合法权益，防止他人未经授权地使用其数据。

- 数据收益权。数据收益权是指数据主体有权获得因使用、转让、授权等所产生的收益。例如，数据处理者可以通过对数据的加工、分析、挖掘等方式获得新的信息或知识，从而获得经济利益或竞争优势。数据收益权的设定旨在保护数据主体的经济利益，鼓励数据处理者进行更多的数据处理和分析工作。

- 数据处分权。数据处分权是指数据主体有权决定数据的转让、授权等行为。例如，个人可以决定将其个人信息转让给其他组织或个人进行数据分析或研究；企业可以将其内部商业数据进行授权给其他组织或个人进行使用或开发。数据处分权的设定旨在保护数据主体的权益，促进数据的合理流通和利用。

（3）以"数据知识产权"进行登记

中共中央和国务院共同印发的《知识产权强国建设纲要（2021—2035年）》

以及国务院发布的《"十四五"国家知识产权保护和运用规划》，均对研究制定数据知识产权保护规则给予了高度重视，并将其作为推进数据基础制度建设在知识产权领域中的关键部署要求。

2022年11月起，北京、上海、浙江、江苏、山东、福建、广东以及深圳市八个地方开展数据知识产权试点工作，各地陆续发布了相关工作方案或管理办法，虽然在主管单位、管理细则上有细微差别，但各地的工作方案或管理办法基本类似。

在登记主体与登记对象方面，也基本一致明确登记主体为数据持有者或数据处理者，登记对象为依法取得，经过一定处理以及创造性投入，具有实用价值、商业价值和智力成果属性的数据集合。在主管部门与审查方式方面，依托知识产权保护制度对数据予以登记，由各省、市知识产权局作为统筹主管部门，在审查方式方面，各地由登记机构或登记平台进行形式审查，具体实施详情如表4-5所示。

表4-5 "数据知识产权登记"试点

登记类型	地区	机构	登记要求	凭证
数据知识产权登记	北京市	北京市知识产权保护中心	数据持有者或者数据处理者依据法律法规规定或者合同约定收集，经过一定规则或算法处理的、具有商业价值及智力成果属性的处于未公开状态的数据集合	数据知识产权登记证书
	广东省	广东省知识产权保护中心	依法依规获取的、经过一定规则处理形成的、具有商业价值的数据集合	数据知识产权登记证书
	江苏省	江苏省知识产权保护中心	数据资源持有人或处理者依法取得的数据进行实质性处理或创造性劳动获得的具有实用价值和智力成果属性的数据集合	数据知识产权登记证书
	山东省	山东省国家知识产权保护中心	权利主体对于依法依规获取，经过一定规则处理形成的，具有实用价值、智力成果属性及非公开性的数据集合	数据知识产权登记证书
	深圳市	深圳市标准技术研究院	依法依规获取的、经过一定规则处理形成的，具有实用价值的数据	数据知识产权登记证书
	浙江省	浙江省知识产权研究与服务中心	依法收集、经过一定算法加工、具有实用价值和智力成果属性的数据	数据知识产权登记证书

2. 新型数据财产权登记

基于"数据属于新型财产，企业对生产和合法收集、处理的数据享有不同于所有权、知识产权等既有民事权益的一类独立、新型的财产权"的理论基础，除了以知识产权的资产形式进行权益登记，各地数据局、财政局、数据交易所、司法机构等也进行了丰富的"新型数据产权"登记的探索，如表 4-6 所示。

表 4-6 "新型数据财产权"登记机构

类型	登记方式	代表地区	依托机构	登记证明文件
新型数据产权进行登记	数据资产登记	北京市	北京国际大数据交易所	数据资产登记凭证
		温州市	温州市财政局	数据资产确认登记
		青岛市	青岛数据资产登记评价中心	数据资产登记证书
		天津市	天津数据资产登记评估中心	数据资产登记证书
	数据产品登记	上海市	上海数据交易所	数据产品登记凭证
		海南省	海南省大数据管理局	数据产品确权登记凭证
	数据要素登记	贵阳市	贵阳大数据交易所	数据要素登记凭证
		北京市	人民网	数据资源持有权证书、数据加工使用权证书、数据产品经营权证书
	司法公证	江西省	江西省司法厅、江西省司法厅直属公证机关赣江公证处	数据资源登记
	公共数据资产登记	广东省	广东省政务服务和数据管理局	公共数据资产登记证书

（1）以"数据资产"进行确认登记

1）代表地区：北京市；依托：北京国际大数据交易所。结合数据来源、数据持有、数据运营发放数据资产登记凭证，支持数据包、数据 API、数据服务、数据报告等数据资产形式。

2）代表地区：温州市；依托：温州市财政局。2023年10月，浙江省温州市财政局以市大数据运营有限公司"信贷数据宝"数据资源为实例，成功实现了数据资产确认登记的第一单。

3）代表地区：青岛市，依托：青岛数据资产登记评价中心。2023年10月13日，青岛数据资产登记评价中心完成审批注册，主要致力于建立数据资产登记评价相关制度体系，为数据资产登记评价提供流程规范；依托现有数据资产登记平台、数据资产价值评价标准和模型，对数据资产进行登记和价值评价。2024年1月1日，青岛华通集团将公共数据融合社会数据治理的数据资源——企业信息核验数据集，列入无形资产–数据资源科目，计入企业总资产，成为青岛市首个实现企业数据资产入表的实践案例。

4）代表地区：天津市；依托：天津数据资产登记评估中心。2024年1月1日，河北区供热公司获得数据资产登记证书，成为首个具备数据资产入表条件的国有企业。

（2）以"数据产品"进行确认登记

1）代表地区：上海市；依托：上海数据交易所。2021年11月，上海数据交易所正式揭牌，首发数据产品登记凭证，通过数据产品登记凭证与数据交易凭证的发放，实现"一数一码"，在数据进入交易所挂牌交易前，需要取得产品登记证书和产品说明书。

2）代表地区：海南省；依托：海南省大数据管理局。2023年12月，海南省大数据管理局印发全国首部明确开展数据产品所有权确权登记的政策文件。审核通过无异议的数据产品，由省大数据管理局授权数据产品超市运营者发放数据产品确权登记凭证。

（3）以"数据要素"进行确认登记

1）代表地区：贵阳市；依托：贵阳大数据交易所。2022年5月，贵阳大数据交易所发布流通交易规则体系，并为数据商、数据中介机构颁发相关登记凭证。2023年1月，贵阳大数据交易所获国家OID注册中心正式授权，成为全国首个数据要素登记OID行业节点。下一步，将建设数据要素登记OID服务平台，面向全国提供数据产品登记、数据资产登记、数据交易登记等服务。

2）代表地区：北京市；依托：人民网·人民数据管理（北京）有限公司。2023年7月，由人民网·人民数据管理（北京）有限公司针对数据要素市场打造的数据资源持有权证书、数据加工使用权证书、数据产品经营权证书（三证）正式面向全国发放。

（4）以司法公证的方式进行确权

代表地区：江西省；依托：江西省司法厅、江西省司法厅直属公证机关赣江公证处共同打造的江西省数据资源登记平台。2023年8月21日，江西省数据资源登记平台正式上线，并完成全国首例依托全链路合规公证模式的数据资产入表，为全国首例数据资源公证案例。公证是一项国际通行的预防性法律制度，是国家司法制度的组成部分，能够对外产生对抗效力，能够有效防范民商事纠纷发生，保障交易安全。司法公证的方式为数据确权，不失为一个积极的探索。

（5）公共数据资产登记

代表地区：广东省；依托：广东省政务服务和数据管理局。2022年8月，广东省政务服务和数据管理局颁发全省首批公共数据资产登记证书，以促进公共数据资产入市流通。该凭证由省数据局监制，由数据供方凭供需双方的协议申领，数据主体授权需方使用其数据，数据需方基于授权向数据供方申请数据资产凭证，并加盖有效力的电子签章，形成实体——公共数据资产凭证。

3. 数据权益确认的技术探索

数据由于其无形性、高重塑性、无限可复制性和时变性等特质，使得其权利范围难以明确界定。随时间推移、数据组合增加以及参与主体变化，更加剧了这一问题。实体介质虽可协助存储数据，但可能影响数据流通和处理效率，且存在数据被非权利主体掌握的风险。

因此，立法与司法也实践开展了"数据权利"的技术探索。基于"数据是技术操作的产物，数据的来源和归属能够通过技术观察与测量予以描述，作为测量方法的数据机器和算法能够解释特定场景下的数据状态"的事实，技术处理痕迹成为追溯数据操作行为的重要依据。

在我国，技术性手段在实践中的应用已经为数字产品权属纠纷的解决提供了重要线索。目前，数字技术支持数字资产登记、授权、交易、使用和维权的服务体系，尤其应用到数据存证、版权授予、数字产品防伪追溯等领域，可以规范音乐、视频、图片、文字作品等数字产品市场。

数据权益确认的意义如下：

（1）数据权益确认是数据资产化和入表的基本前提，也是数据要素经济发展的基本前提

数据作为一种生产要素要纳入市场经济体系中，需要通过数据的交易和利用来实现数据的价值转化和经济增长。而要确定数据的价值，只有当数据的权益归属得到确认后，数据才能被视为一种资产，也才能进一步纳入企业财务报表中，进而实现其价值的转化和增值。

（2）提高数据安全水平，维护数据市场的秩序，增强社会对数据市场的信任和安全感

数据权益确认要求对数据进行合法、合规的处理和利用，这有助于提高数据的保密性、完整性和可用性，降低数据泄露、损坏和篡改的风险。同时，通过明确数据的权责关系，可以加强数据的追溯和监管、规范数据市场的交易和利用行为，防止数据的非法获取和滥用，维护市场的公平竞争和秩序。

（3）激励数据生产和数据共享意愿

数据权益确认通过为数据持有者明确权益提供法律保障，激发了组织和企业生产数据以及分享数据的积极性。在确权的框架下，数据的分享不仅可以促进合法、合规的数据流通，还可以确保数据拥有者在共享中得到应有的权益。

（4）解决数据孤岛

数据权益确认可以建立统一的数据标准和管理规范，明确数据的定义、格式和标准，确保各部门或组织之间的数据能够互通和共享，实现数据的整合和集中管理；明确并给予各数据要素参与主体相应的合理权益，使参与者更容易在一个合作的生态系统中共同繁荣，而不受数据孤岛的限制。

（5）保护各利益方的权益，增强数据要素市场信心

数据主体对自己的数据享有多种权益，如所有权、知情权、控制权、收益权等。数据权益确认通过明确的法规和政策框架，确保了数据的合法性和合规性。相关法规的制定可以帮助规范数据的收集、存储、处理和分享，保护数据持有者的权益，避免滥用误用、泄露等非法使用，保护数据主体的合法权益。

（6）促进数据要素流通

当个人和组织的权益得到有效保护时，他们会更愿意提供和使用数据，从而促进数据的流通和利用。同时，这也有助于增强社会的信任度和安全感，推动数字社会的健康发展。

4.3 本章小结

本章深入讨论了入表所需的法律知识，包括数据合规和数据权益两大核心议题。通过对数据合规的重要性、我国数据合规法律体系的概述，以及《数据安全法》和《个人信息保护法》的分析，全面理解了数据处理的法律边界和合规要求。同时，对数据权益的内涵、主体及"三权分置"理念的探讨，为数据资产入表提供了理论基础。

值得注意的是，当前关于数据权益的法律法规仍处于确认和探索阶段。随着数据经济的迅猛发展，数据权益的界定和保护成为亟待解决的问题。尽管现有的法律法规已经为数据权益保护提供了一定的基础，但仍然存在许多模糊地带和争议点。未来，随着技术的不断进步和市场的不断成熟，关于数据权益的法律法规将更加完善，为数据资产入表提供更明确的指导和保障。

| 第 5 章 | CHAPTER

入表所需的大数据技术知识

数据资产入表的实现依赖于先进的数据技术支持，涉及从底层的湖仓一体化、DataOps 的深入应用到数据建模、采集、清洗、稽核和共享等全生命周期的数据治理技术。此外，数据质量评估也至关重要，包括质量模型、规则、质检方案、质量监控及数据整改，以确保数据的可靠性和精确性。数据运营相关技术和平台，如合规评估、数据查验、登记存证等，在数据登记核验方面也起着至关重要的作用。这些大数据技术各有侧重，企业在实际应用中需根据自身需求进行选择和配置。

通过本章的学习，你将有以下收获：

- 深入理解数据资产入表的整体技术框架；
- 清晰认识不同技术工具在数据资产入表过程中的具体应用；
- 技术工具如何协同工作实现高效的数据资产入表操作。

5.1 入表技术框架

数据资产入表是一个涉及复杂管理流程和组织协同的技术作业，需要依赖相应的技术和工具来支持全流程工作。技术层面上，从数据资源到数据资产的转化涉及数据的采集、存储、计算、管理、流通和安全六大环节。每个环节的技术工作都必须扎实，以支持数据资产的确立。

本书所建议的技术框架（见图 5-1）主要由数据资产全生命周期的管理职能活动和支撑保障两部分构成。管理职能活动主要体现了数据治理管理体系各环节所需开展的具体工作，包括数据战略、数据运营、数据管理、数据流通四大模块下的二十四项管理职能。通过界定各项职能活动的定位和内在联系，这一框架较为完整地涵盖了各行业数据治理管理的工作方向。支撑保障部分明确了确保职能活动有效进行所需的前提条件和支撑能力，包括组织保障、技术支撑两大领域下的六项支撑手段。这些手段具备良好的协同性、扩展性和开放性，能够与管理职能活动紧密结合，提出针对性的管理要求，确保执行过程的准确性，实现各产业数据资产的有效入表。

- 数据战略模块为数据管理、数据流通、数据运营提供指导与监督。
- 数据管理模块是所有业务的基础，是数据运营模块、数据流通模块发挥作用的前提。
- 数据运营模块是在数据管理基础上，对数据应用和服务能力进行建设打造，包括对内支撑和对外服务。
- 数据流通模块是数据管理模块和数据运营模块职能健全优化的驱动力和动能。
- 组织保障是各企业开展数据资产入表工作的重要保障，为组织实施各项职能活动提供制度规范、管理机制和人才团队等基础资源，是数据资产管理得以开展的重要基石。组织保障包含组织架构、制度规范、管理机制和人才培养等方面。
- 技术支撑是保障数据资产入表的相关活动有效执行和配合组织管理机制正常运转的工具基础，它需要提供功能完善、技术先进、安全可靠和运行高效的支撑能力。技术支撑保障体系包括平台工具和技术创新两方面。

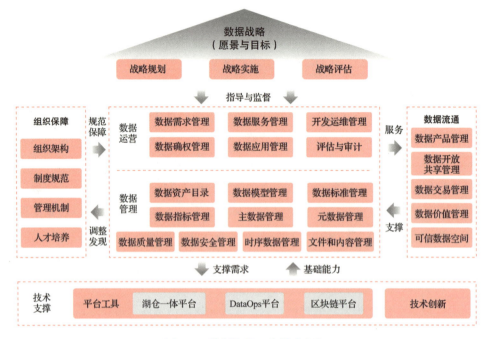

图 5-1 数据资产入表技术框架

5.2 技术支撑

5.2.1 湖仓一体

1. 什么是湖仓一体

湖仓一体是一种结合了数据仓库和数据湖优势的新型数据存储和处理架构。它利用分布式计算和存储技术,能够高效处理大量的结构化和非结构化数据,并支持多种数据处理和分析任务。这种架构以其高性能、高可扩展性、高安全性、低成本、高灵活性和高管理效率等特点,为数据存储和处理提供了优异的能力。

湖仓一体平台既有数据湖平台的灵活性,也有数据仓库的 OLAP 能力和查询效率。湖仓一体的一个典型场景是业务系统数据(IT 数据)、设备数据(OT 数据)实时流式写入湖仓一体平台,让 IT 和 OT 数据分析不再是割裂的,比如可以将订单与设备维护数据进行联合分析。

2. 湖仓一体平台的作用

湖仓一体主要解决以下问题。

- 数据在线化，降低数据应用的门槛。支持 BI、大屏以及应用系统直接访问，降低数据应用的复杂度，提升数据应用的效率。
- 数据治理"去 ETL 化"，提升数据治理效率。一般情况下，湖仓一体平台可以提供较强的数据处理能力，使数据治理可以直接通过 SQL 程序实现，不再需要搭建专门的 ETL 服务器。
- 异构数据整合与统一管理。湖仓一体通过数据源层在数据湖上实现全局数据的统一管理，将不同来源、格式和质量的数据进行整合。这有助于解决数据孤岛问题，使得企业能够更全面地了解自身的数据资产，提高数据的使用效率和价值。
- 数据存储与成本优化。湖仓一体结合了数据仓库和数据湖的优点，既具有类似数据库的数据管理特性，又具有数据湖的可伸缩存储特性。这有助于降低数据存储和管理的成本，同时满足不断增长的数据需求。

3. 技术架构

湖仓一体的参考技术架构如图 5-2 所示，除了数据源层之外，还应包括数据集成层、数据存储层、数据计算层、数据应用层。

- 数据集成层完成从数据库、API 等多种来源的数据接入。DBH（Data Base Hub）将各种各样的数据库按照统一的操作进行集成，MQ 将流式数据接入并实时进行结构化处理，RDI 将 API 数据接入平台并完成结构化处理。
- 数据存储层支持多种数据格式的统一存储，支持横向的弹性扩展，提供字典、内存、文件、合并树、物化视图、联邦数据库、分布式存储等多种数据存储引擎。
- 数据计算层提供流式数据计算、批量数据计算、流批混合数据计算、增量计算、自主计算等多种计算能力。
- 数据应用层支持数据门户、数据服务、商务智能、自主分析、资产管理等多种应用。

图 5-2 湖仓一体的参考技术架构

4. 核心功能

- 多源数据接入：支持结构化、半结构化、非结构化数据的统一接入，并具备数据自动转换的能力，比如在 ClickHouse 中，通过 JDBC 函数或表引擎实现异构数据库、API 数据的统一接入。
- 实时数据处理：集成 MapReduce、Spark、Impala 等多种计算框架，利用 YARN 资源管理做统一管理，可在海量数据集上同时进行离线计算和流式处理，满足高吞吐、大数据量和低时延等多方面的数据计算要求。
- 海量数据存储：采用分布式集群架构，具有很高的容错性、稳定性和可用性，可支持 TB、PB 级以上结构化与非结构化数据存储。
- 数据敏捷计算：采用 MPP 架构以及列式数据存储模型，结合存储分区、分布式缓存等技术，轻松实现 TB 级数据查询秒级响应，性能远超越传统商业 RDBMS 数据库。

5.2.2 DataOps

1. 什么是 DataOps

DataOps 是 Data and Operation（数据和操作）的缩写。DataOps 是一种面向

流程的自动化方法，由分析和数据团队使用，旨在提高数据分析的质量并缩短数据分析的周期。DataOps 的这一定义会随着时间的推移而变化，但其关键目标非常明确：提高数据分析的质量并缩短数据分析的周期。在 2018 年 Gartner 发布的《数据管理技术成熟度曲线》报告中，DataOps 的概念被首次提出。

DataOps 平台定位于"大数据视窗操作系统"，为大数据、数据仓库的开发、运维提供更直接、简单的操作界面。它通过可视化的操作界面，利用湖仓一体平台的计算能力，实现简单化可控的数据开发，保障从数据集成到数据应用全过程中，每一步是可见的，数据是可溯源的。

2. DataOps 的作用

- 数据开发在线化协同：DataOps 平台的一个重要特征就是数据的开发均可以在线化操作，即无需复杂的代码开发、编译、部署等环节，因此可以实现分布式团队的协作开发。
- 数据全生命周期可视化：基于湖仓一体化平台，从数据接入到数据应用的全过程都可以通过可视化的界面进行操作，所以对数据进行的每一步操作以及数据结构清晰可见，同时可以实现数据端到端追溯。
- 自动化数据集成：通过可持续的自动化方式对新的数据源和数据管道进行集成、准备、清洗、管控和发布。利用 CDC 和流处理技术，将数据管道转换成实时流，用于类似实时交互所用到的预测分析。业务人员使用数据目录和数据准备工具，进行数据的自动发现和自动编排，提高数据利用的便捷性。
- 持续交付可信数据：在整个数据管道中实施数据治理，从而确保交付的数据都是可信、安全和受保护的，并满足合规性要求。通过统一、智能的数据平台将数据治理、数据编目、数据质量及数据保密工作整合在一起，只有这样才能确保所有数据都是可信的和受保护的。运用人工智能、机器学习技术，助力企业全面实施数据治理。
- 数据服务更加完善：通过部署数据驱动型应用，贯穿数据管道所有阶段的每一个变化，都会分发给数据使用人员。运用人工智能和机器学习技术，监测和管理数据管道，使其持续运行，且性能和容量不断优化。

3. 技术架构及核心功能

图 5-3 所示为 DataOps 技术架构。下面介绍我们认为的 DataOps 平台必须具备的核心功能。

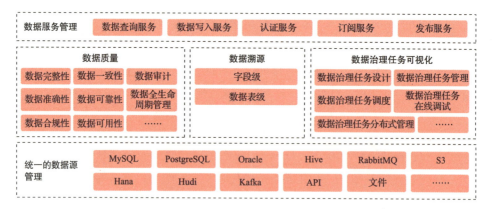

图 5-3　DataOps 技术架构

（1）数据治理任务可视化开发

数据治理任务模块支持数据治理任务可视化设计，支持批量执行、分布式任务调度。对于可视化数据治理任务定时策略，时间精度可以到秒级，以支持秒级重试。数据治理任务模块执行的各个动作能够实现有效的依赖控制和合理调度，同时支持图形化设计。

（2）支持数据溯源

DataOps 支持从湖仓一体平台中的任意数据表开始，实现表级和字段级数据溯源。

（3）数据质量

在数据加工的每一步，DataOps 都可配置数据质量检查，在数据处理过程中即时生成数据质量的相关报告，同时支持自定义规则实时查看湖仓一体平台中所有数据的质量。

（4）统一的数据源管理

DataOps 支持通过图形化界面对数据开发过程中用到的数据源进行统一管

理，让数据开发过程中直接对数据源进行引用，不用关注具体的配置；同时降低了由于数据源信息（如 IP、用户名、密码）等泄露的风险，解决了数据源端调整带来的数据处理、治理问题。

（5）统一的数据服务管理

DataOps 支持通过图形化界面，配置数据查询服务、数据写入服务。数据查询服务是将湖仓一体平台中的数据通过配置，转换成面向业务系统查询的 API。数据写入服务是通过配置对外提供用于数据收集的 API，实现外部系统实时向湖仓一体平台推送数据，当数据被接收时实时结构化落入湖仓一体平台。

5.2.3 区块链数据资产存证

1. 什么是区块链存证

了解区块链数据资产存证工具，首先要了解以下两个概念。

- 区块链：将数据区块顺序相连，并通过共识协议、数字签名、散列算法等密码学方式保证的抗篡改和不可伪造的分布式账本（参考 ISO 22739—2020，GB/T 42570—2023）。
- 区块链司法存证：为保证信息的完整性和真实性，实现司法证明力，采用区块链技术实现多节点共识的电子数据存证（参考 T/CIIA 037—2023）。

2. 区块链存证平台的作用

随着数字化转型的加速，行为主体的行为方式、权益凭证方式、创造成果形态等方面均发生了数字化变革。行为主体的动作环境互联网化，行为结果呈现为数字化形式（电子数据），进而产生大量虚拟账户行权活动。权益凭证方式从纸质转变为电子化、互联网化，涉及商务、政务、民生等各个领域。创造成果形态上出现数字音像、虚拟仿真、AI 生成内容及数字化的虚实场景等。资产价值及权益逐渐向数字化和线上化转移和沉淀，包括权责行为、主体、结果及凭证等，及服务载体、服务形态、流转模式均向数字化和线上化转型。这一转型同时引发了数字化司法实务问题，如数据权益的权责认定和保护问题，给溯源治理、多元纠纷调解、社会共治和立法支持等方面造成了巨大的司法和社会治理成本。

在中国数字法治建设趋势下，智慧政法成为基石，通过区块链这一新一代信息技术，提供新型的确权、行权、维权模式，解决数据权益的溯源认定问题，以推动数字经济发展和营商环境优化，构建法治和诚信社会。司法权威机构联合组织搭建联盟链，形成一个基于区块链的可信应用生态系统，确保数据权益得到司法的保障。通过区块链平台，将数据上链，借助节点上的权威认证机构见证，确保数据的生成时间、内容、存证主体和地点的可信性，满足数据资产权益在审计或司法举证时的真实性核验需求。

值得注意的是，并非所有基于区块链技术的系统都能满足司法审验的要求。2018年9月，《最高人民法院关于互联网法院审理案件若干问题的规定》首次将区块链技术纳入法律条文，为其在司法证明中的应用提供了法理依据，强调了电子数据必须通过电子签名、可信时间戳、哈希值校验、区块链等技术手段证实其真实性。该规定还指出，当出现异议时，法院应结合质证情况审查电子数据的生成、收集、存储、传输过程的真实性，包括依赖的软硬件环境、数据生成主体和时间的明确性、存储及保管方式的妥当性、数据提取和固定的主体、工具和方式的可靠性，以及数据的完整性和验证可能性等方面。

3. 技术架构

区块链生态包括司法鉴定机构、可信身份认证平台、授时中心、人民法院等。它们共同确保数据的真实性和完整性，并支持出具相关的证明文件，保障数据资产的权威性。区块链底层技术需要支持灵活配置，从存储到加密算法再到共识机制，为存证、追溯等场景提供内置合约，并进行存证、取证、检验操作。区块链存证平台支持数据存证和核验，提供相应接口。数据存证由区块链生态中的权威认证和司法机构出具证明文件，并可在平台下载。图5-4展示了T/CIIA 037—2023区块链数据资产存证平台架构。

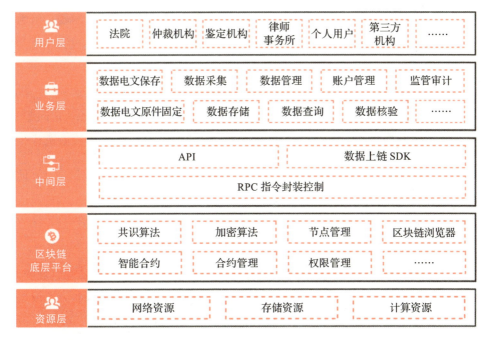

图 5-4 区块链数据资产存证平台架构

4. 核心功能

- 可信存证：提供标准 API，机构业务系统可调取 API，将文件材料、业务过程上链存证。权威机构在存证过程中全程见证并提供举证所需的印证材料。

- 存证结果展示：存证后，用户可登录存证通（存证平台）查看权威证书和存证结果。证明材料包括存证函、可信时间凭证认证证书、居民身份网络可信认证凭证等。

- 区块链核验：支持平台端、法院端的核验，包括存证平台核验、法院官网链接，并对外提供核验接口，如电子诉讼平台核验接口、法院内网核验接口、法院上链全流程追溯接口等。

- 企业端账户管理功能：提供电子证据查询、查看、管理、证书下载、账户管理等功能，支持设置短信预警通知。

- 司法端对电子数据的审验及追溯：可实现电子诉讼核验、审判系统核验、区块链追溯等功能，支持核实验证，实现案件关键操作链上溯源，从数据源头进行存证，实现区块链数据信息可追溯。

5.3 数据管理

5.3.1 数据管理概述

数据管理可以定义为摄取、处理、保护和存储组织数据的一系列做法，并使用这些数据进行战略决策，以改善业务成果。本节所讲的"数据管理"指的是广义上的数据治理。广义上讲，数据治理涉及一系列将数据视为企业资产的具体工作，旨在保证数据的可信、可靠和可用，以满足业务对数据质量和安全的需求。

广义的数据治理是关于企业业务、数据、信息化和组织架构的认知、理解、梳理和重定义的过程。这包括明确数据相关方的责任和权限、协调各方达成数据利益一致、促进采取联合数据行动等，通过有效的数据资源控制，实现对数据的管理和控制，提高数据质量，增强数据的变现能力，最终实现获得正确数据、采用正确方式、在正确时机传递给正确的人或设备。在此基础上，我们可以实现数据价值的变现和数据资产的入表。

因此，在本书中，数据管理等同于广义的数据治理。总之，数据治理是指组织中涉及数据使用的一整套管理行为，由企业数据治理部门发起并推行一系列关于如何制定和实施针对整个企业数据的商业应用和技术管理的政策和流程。数据治理是实现数据资产入表的基础，具体为通过对数据进行高度管控，生成高质量的数据，并通过数据运营和流通等环节，实现数据资产的入表。

5.3.2 数据治理

数据治理实施和管理涉及复杂的管理流程、组织协同，需要依靠相应的技术平台和工具。对企业来说，数据治理工具需要统筹规划，统一建设实施。通过对数据的采集、清洗、建模、加工直至应用的全生命周期管控，可以确保数据的高质量、低成本、安全性、价值最大化，为数据资产入表打下坚实的基础。图 5-5 展示了数据治理工具技术架构。

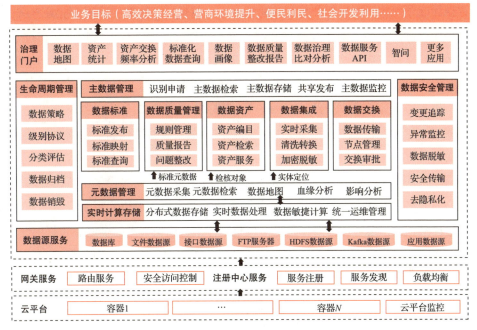

图 5-5　数据治理工具技术架构

由于数据治理涉及面广，本节内容主要侧重数据标准管理、数据质量管理、数据资产目录、元数据管理等相关技术。

5.3.3　数据标准管理

1. 什么是数据标准管理

数据标准是保障数据内外部使用、交换的一致性及准确性的规范性约束。数据标准管理的目标是通过制定和发布由数据利益相关方确认的数据标准，结合制度约束、过程管控、技术工具等手段，推动数据的标准化，进一步提升数据质量，为数据资产入表奠定基础。

数据标准管理包含数据标准发布和工具访问、模型设计中的应用数据标准及数据标准应用情况的自动检核等内容。

2. 数据标准管理的作用

数据标准从多个方面支撑企业的数字化转型，特别是在数据资产入表环节，数据标准管理的作用更加凸显。在业务方面，数据标准能够明确很多业务含义，使得业务部门之间、业务和技术之间、统计指标之间统一认识与口径。在技术方面，数据标准能够帮助构建规范的物理数据模型，实现数据在跨系统间敏捷交互，减少数据清洗的工作量，便于数据融合分析。

作为数据资产管理的核心要素，数据标准贯穿于多个活动和职能中，包括数据质量管理、主数据管理、元数据管理、数据模型管理和数据安全管理等方面。

在数据质量管理方面，数据标准为数据质量稽核规则提供了主要的参考依据。通过将数据质量稽核规则与数据标准相结合，我们可以实现字段级的数据质量校验，并构建通用的数据质量稽核规则体系，确保规则的全面性和可用性。

在元数据管理方面，当我们将元数据管理的对象定义为结构化数据时，元数据管理主要涉及对结构化数据及其相关信息的管理。数据标准作为结构化数据相关信息的一部分，也是元数据管理的内容。具体而言，这包括数据标准与结构化数据之间的关系映射（即"落标"的过程）。另外，当元数据管理的对象被定义为数据标准体系时，元数据管理主要涉及对数据标准的分类、数据项及其属性，以及数据项属性规则等进行管理。

在数据模型管理方面，当数据标准的对象包含实体、属性和关系及其相关规则时，这些标准可被用作数据库、数据仓库等系统的数据模型构建依据。对于本书所讨论的数据标准而言，整个数据标准体系可以作为构建概念数据模型和逻辑数据模型的业务参考。

在数据安全管理方面，数据标准可以包含业务敏感的数据对象和属性，从而帮助定义相关的数据安全管理规则。通过这种方式，我们可以确保数据的机密性、完整性和可用性。

3. 技术架构

数据标准管理主要包括系统管理、数据标准内容维护、数据标准查询浏览、数据标准流程管理、数据标准文档管理、数据标准统计分析、统一用户访问等模块。图 5-6 所示为数据标准管理工具技术架构。

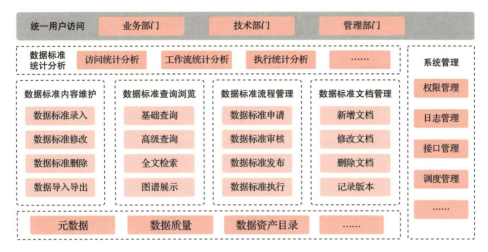

图 5-6 数据标准管理工具技术架构

系统管理模板主要涵盖权限管理、日志管理、接口管理、调度管理等基础配置。统一用户访问模块是面向企业的智能办公一体化门户，它实现了统一账号和密码，用户一次登录即可访问所有应用，具体为通过短信认证等方式加强安全性，以用户为中心，集中显示用户权限范围内的所有应用，提供便捷、全面、多样、智能的统一登录入口。数据标准统计分析模块负责对数据标准进行监控和统计分析，包括标准的发布审批情况、变更情况、落地映射情况和已生成标准的个数等关键指标。

数据标准内容维护模块主要负责数据标准的录入、修改、删除和导入／导出等功能。数据标准查询浏览则包含基础查询、高级查询、全文检索、图谱展示等功能，支持自动生成标准报告和看板，定期推送数据标准专题报告，展示关键数据标准 KPI 和数据标准执行排名，及时发布最新的标准信息。数据标准流程管理涉及数据标准的申请、审核、发布、执行等过程控制。数据标准文档管理模块包括新增文档、修改文档、删除文档、记录版本等功能，能够智能追踪数据标准的历史信息，便于对新增业务自动进行数据标准修订，以适应业务的快速变化。通过将数据标准与元数据、数据质量、数据资产目录等其他数据治理工具集成，我们可以确保数据标准的执行，实现数据标准化管理。这不仅提高了数据质量，而且能深入挖掘数据价值，促进数据资产的入表。

4. 核心功能

数据标准管理工具需要实现以下功能。

- 对各数据属性的标准进行规范管理，包括各数据属性的业务规范、管理规范，以及技术规范等相应内容的维护管理。
- 对各数据属性的值域进行维护管理，通过对值域的维护定义属性的值域内容，规范数据的属性值。
- 对标准规范的版本管理，便于记录标准规范的版本变更历史和变更信息，同时存储不同的标准规范版本。
- 对标准规范内容的维护流程管理，包括标准查询、变更申请、审批、发布等流程。

图 5-7 所示为某数据治理软件供应商的数据标准管理工具的主要功能。该工具提供了一套完整的数据标准管理流程及办法，通过统一的数据标准制定和发布等一系列活动，结合制度约束、系统控制等手段，实现企业大数据平台数据的完整性、有效性、一致性、规范性、开放性和共享性管理，为后续数据质量检查、数据安全管理等提供标准依据。

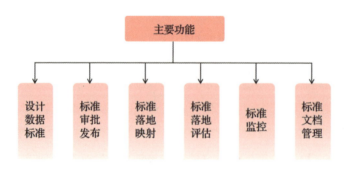

图 5-7 某数据标准管理工具的主要功能

该工具的主要功能包括支持配置灵活的数据标准属性，支持智能化的数据标准推荐，支持方式丰富的数据标准录入，可审批发布完备的数据标准，支持智能的数据标准落地映射，可实现精确的数据标准落地评估，支持灵活有效的数据标准监控。

5.3.4 数据质量管理

1. 什么是数据质量管理

数据质量是指在特定的业务环境下，数据满足业务运行、管理与决策的程度。它是衡量数据满足明确或隐含信息适用程度的标准，是保证数据应用效果的基础。

数据质量管理是指运用相关技术来衡量和确保数据质量的规划、实施与控制等一系列活动，以满足用户对数据的质量要求。数据质量管理应遵循"源头治理""问责管理"及"闭环管理"3个核心原则。

2. 数据质量管理的作用

衡量数据质量的指标包括完整性、一致性、准确性、有效性、唯一性和及时性。在数据的产生、流转、整合和应用等关键环节中，业务信息的录入、交换及传输、整合、技术及平台转换、加工和存储等操作可能会引发数据完整性、一致性、准确性和时效性等问题（不涉及系统基础环境及性能），导致数据无法满足现有业务数据应用的要求。这些都属于数据质量问题。数据质量问题具有相对性，数据质量控制得越好，数据的质量就越高。在数据运营和流通中，数据价值越高，越有助于数据资产的入表。

数据质量是企业成功的基石，对于企业做出明智的决策、提高运营效率和推动增长至关重要。这正体现了数据的价值。数据质量低可能会带来深远的后果，损害企业的利润。例如，基于不准确的客户信息或依赖过时信息的销售预测进行的营销活动可能会导致灾难性的后果，如资源浪费、错失机会和损害客户信任。也就是说，低质量的数据难以转化为数据资产，影响数据价值的实现和入表。

3. 技术架构

数据质量管理工具技术架构主要包括系统管理、统一用户访问、综合应用、数据质量管理等模块。图5-8所示为数据质量管理工具技术架构图。

通过数据质量管理工具将数据质量与元数据、数据标准、数据资产目录等其他数据治理工具集成，我们可实现智能化落地数据表和字段级别的数据质量检查规范，最大限度地管控数据质量，实现数据价值的最大化，进而促进数据资产入表。

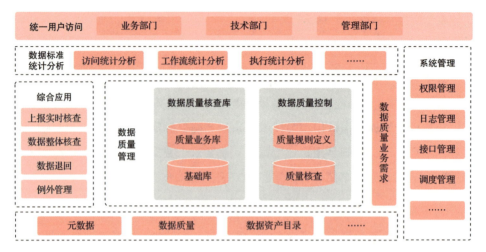

图 5-8 数据质量管理工具技术架构

4. 核心功能

数据质量管理工具需要实现以下功能。

- 构建数据质量规则库。定义数据验证方法，内嵌空值、值域等多种检查规则，基本覆盖目前数据质量相关问题。
- 发现数据质量问题。灵活定义多模型质检方案，多点监测、多模型质检方案，高效调度，并发和串行处理相结合，能快速精准地检查数据的质量。
- 出具全面的"体检报告"。内置常规质检分析报告，实时可视化呈现质检结果，质检结果模型灵活扩展，充分利用了 BI 工具的分析展现能力，提供图文并茂的质量检查结果报告。
- 数据质量全流程管理。提供从标准定义、质量监控、绩效评估、质量分析、质量报告、重大问题及时告警、流程整改发起、系统管理等数据质量管理全过程的功能，不仅能发现问题，还能将问题分发给数据负责人、管理者，在线跟踪问题处理进展。

图 5-9 是某数据治理软件供应商提供的数据质量管理工具主要功能。

该工具主要功能包括支持质量规则管理，可对质量检查方案规则进行定义，支持数据快速质检与写入，可设置质检方案，支持智能修复和全面监控，可根据数据质量管理及监控需要，对问题数据进行统计分析。该工具系统内置了多种形式的问题数据分析功能、统计报表功能及数据质量分析报告。

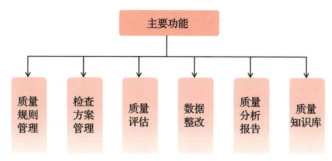

图 5-9　某数据质量管理工具主要功能

5.3.5　数据资产目录

1. 什么是数据资产目录

数据资产目录是依据规范的元数据描述，按照一定的分类方法对数据资产进行排序和编码的一组信息，用于描述各个数据资产的特征，以便对数据资产进行检索、定位、获取和使用。

2. 数据资产目录的作用

通过数据资产目录管控，我们可构建数据地图，高效地了解数据资产分布、评估数据资产，促进数据资产入表。数据资产目录贴近业务、标准统一，具有经济或社会价值。

3. 技术架构

数据资产目录工具主要包含系统管理、统一用户访问、数据资产统计分析、数据资源管理、目录管理、审批管理、资产监控和服务等模块。图 5-10 所示为数据资产目录工具技术架构。

4. 核心功能

数据资产目录工具以数据目录为结构导图，提供数据目录全生命周期管理服务，以及数据资产在组织内（包括系统维度、主题域维度、业务板块维度等视角）的全景分布视图。数据资产目录工具的功能主要包括目录分类管理、目录编制、目录管理等。

统一用户访问	业务部门	技术部门	管理部门	
数据资产统计分析	访问统计分析	工作流统计分析	执行统计分析 ……	系统管理
数据资源	**目录管理**	**审批管理**	**监控管理**	权限管理
预编目	目录属性	预编目审批	资产监控	日志管理
资产编目	标签管理	资产发布审批	服务监控	
资源挂接	资产编目规则	资产下架审批	**资产服务**	接口管理
	资产发布与撤销	接口发布审批	资产查询	
资源上下架	资产导出与迁移	服务申请审批	资产视图	调度管理
元数据	数据质量	数据标准	……	……

图 5-10　数据资产目录工具技术架构

目录分类管理功能主要是目录分类维护和目录分级授权。我们可根据数据管理的实际需求，进行目录分类和分级的变更与调整。

- 目录分类维护：注册新的目录分类，或对已注册的目录分类进行编辑、上线、下线操作。
- 目录分级授权：给用户分配或删除目录分类权限。

目录编制功能主要是实现目录的在线编制和填报，支持按照实际的业务及数据资产情况，对目录的基本信息、数据项信息、其他信息等进行编制并上报。

目录管理功能主要是实现目录各层级内容的审核、变更、发布、撤销、导出、迁移等操作。

- 目录审核：对提交的目录进行审核，包括对目录标准符合性、内容完整性和格式规范性等进行审核，并给出"审核通过"或"审核驳回"的决定。如果审核通过，目录进入待发布状态；如果审核驳回，目录进入驳回状态，可修改后重新提交。

- 目录变更：对已发布的目录进行变更，包括修改目录的基本信息、数据项信息、其他信息等。
- 目录发布：对待发布的目录给出"发布"或"驳回"的决定。如果发布，目录完成发布；如果驳回，目录进入驳回状态，可修改后重新提交。
- 目录撤销：对已发布的目录进行撤销，填写撤销理由并提交。
- 目录导出：导出不同分类下的所有目录到表格。
- 目录迁移：将现有分类下的目录统一迁移至选择的新分类目录下。

目录分类关联管理功能主要是对目录中数据资产关联度的识别和管理。

目录查询功能支持对目录的查询，可以快速、准确地查询数据目录。

目录视图功能主要是提供数据目录、数据目录中数据资产在组织内（包括系统维度、主题域维度、业务板块维度等不同视角）的全景分布视图，以及数据资产的发现和定位。

图 5-11 所示为某数据治理软件供应商提供的数据资产目录工具的主要功能。该工具为用户提供完整的资产视图，方便管理者概览企业资产，支持通过合理的方式实现管理内部数据和提供对外服务。

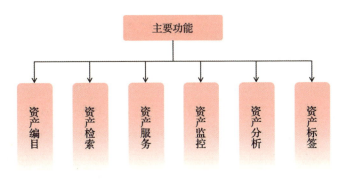

图 5-11　某数据资产目录工具主要功能

该工具主要功能包括支持灵活的数据资产目录定义，支持全场景的数据资产盘点，支持智能的目录活化管理，支持丰富的数据资产类型，可进行直观的数据资产监控，可实现可视化数据资产服务门户，支持多样的数据资产服务方式，可支持多应用的个人中心、便捷的 API 服务开发。

5.3.6 元数据管理

1. 什么是元数据管理

元数据（即关于数据的数据）描述了数据的各种属性（如数据库、数据表、字段、数据模型、索引等）、数据所代表的概念（如业务流程、业务术语、应用系统等）、数据之间的关系（数据的来源和使用者）、数据的历史版本、需遵循的质量标准、数据拥有者及其管理方式等，构成了数据与数据用户之间的桥梁。例如，元数据可以包含数据库的创建时间、创建人信息，数据表的用途描述、修改时间和原因、维护人员信息，字段的中英文名称、数据类型和长度，指标数据的定义和计算方法，报表的用途描述、责任部门和责任人，数据模型的主外键关系及数据模型是物理模型还是逻辑模型，以及某个数据的责任部门、责任人、使用目的、创建或变更时间等。这些描述数据属性的信息都属于元数据的范畴。

元数据相当于企业数据资源的应用字典和操作指南。元数据管理有助于统一数据口径、明确数据方位、分析数据关系、管理数据变更，支持企业级的数据治理，是实现数据自服务、推动企业数据化运营的有效途径，并为数据资产入表提供坚实的基础。

2. 元数据管理的作用

元数据是数据的说明书，对于了解企业所持数据、数据分布位置、业务含义及数据口径和颗粒度等方面至关重要。它在数据资产管理的整个流程中发挥着核心作用，支持数据资源化和数据资产化。元数据管理工具对企业数据资产化过程极为重要，能帮助解决数据查找和理解的难题，促进数据集成与共享。

首先，元数据管理帮助组织清晰理解其数据资源。在大数据时代，面对庞大而多样的数据资源，缺乏有效的管理手段将难以全面掌握这些数据。通过定义和描述数据的属性、特性和关系，元数据管理使组织能够全面了解其数据资产，为后续的数据管理和利用奠定基础。

其次，元数据管理有助于掌握数据的源头和流向，精确揭示数据的血缘关系。在数据资产化过程中，数据的血缘关系至关重要，影响着数据的准确性和可靠性。通过记录数据的生命周期、相互关系及转换加工过程，元数据管理能够准确反映数据血缘，为数据资产化提供可靠的评估和审计依据。

最后，技术元数据能自动从数据仓库、大数据平台和 ETL 中解析、存储和追踪数据流转过程，记录数据血缘关系，及时发现数据模型变更及其潜在风险，有效识别变更风险。元数据不仅能自动化维护数据资产和服务目录，而且是一个高效的工具。

3. 技术架构

元数据管理工具主要包含系统管理、统一用户访问、元数据分析、全景数据资产视图、应用开发、元数据访问服务、元数据仓库管理、元数据管理、元数据采集等功能模块。图 5-12 展示了元数据管理工具技术架构。

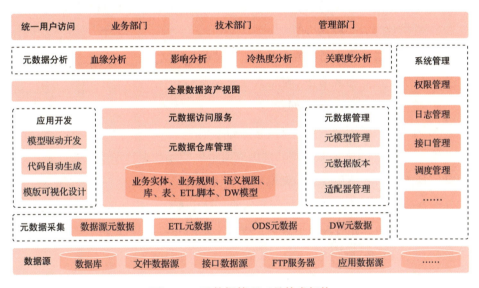

图 5-12　元数据管理工具技术架构

4. 核心功能

元数据管理工具所需的功能如下。

- 提供数据目录，能够自动识别相似属性、解决歧义，并检测与其他数据资产关系的数据清单。
- 通过自动发现、用户标记和评级来丰富元数据的内容。

- 数据血缘分析和影响分析，以跟踪数据历史变化和对下游数据及系统的影响。
- 主动元数据管理，通过人工智能、机器学习等技术实现元数据管理的自动化，以支持更广泛的数据管理活动，比如，通过机器学习来自动识别数据之间的关联关系。
- 界面直观易用，提供优秀的用户体验，以满足广泛的用户需求，如数据架构师、数据工程师、数据管理员和数据分析师均能通过图形化界面满足自己的需求。
- 提供协作工作流程，帮助元数据创建者了解元数据将如何使用，使得数据提供者、数据消费者、数据架构师、数据开发者、数据管理员和数据分析师等能够相互协作。
- 能够定义业务术语和数据字典来支持业务语义。
- 能够定义业务规则并自动检查业务规则。
- 与第三方工具进行元数据交换。
- 通过规则和策略管理来支持安全和隐私。

图 5-13 所示为某数据治理软件供应商提供的元数据管理工具的主要功能，包括支持规范的元模型管理、元模型查看、元模型版本查看、元数据采集，支持功能全面的元数据管理，支持端到端的自动化采集，可实现元数据变更管理、元数据变更订阅、元数据变更查询，支持丰富的元数据分析应用、完善的元数据检核，支持元数据监控。

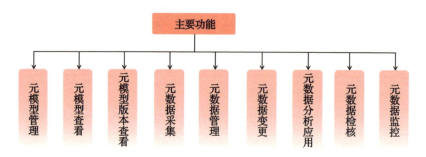

图 5-13　某元数据管理工具的主要功能

5.4 数据流通

可信数据空间

1. 什么是可信数据空间

可信数据空间是数据要素流通体系的技术保障，通过在现有信息网络上搭建数据集聚、共享、流通和应用的分布式关键数据基础设施，以体系化的技术安排确保所签订的数据流通协议能够履行和维护，解决数据要素提供方、使用方、服务方、监管方等主体间的安全与信任问题。可信数据空间的"可信"主要体现在 3 个方面。

（1）平台可信

平台可信主要包括两个方面：一是基础设施可信，即平台所采用的基础设施安全可信，包括服务器、网络设备、操作系统、中间件、大数据处理软件等；二是具有公信机制，平台具有存证、清算、审计、溯源等公信机制。

（2）数据可信

数据可信主要包括两个方面：一是来源可信，即平台上的每一个数据资源、数据产品都有明确的提供方，而且提供方的身份是经过平台认证的，是完全可信的；二是模型可信，即平台上运行的数据处理模型、数据分析模型，都是按照平台统一的机制经过验证的。同时，模型的生成、执行过程都是可被追溯的。

（3）行为可控

行为可控主要包括用户身份可控、数据流转行为可控和数据加工使用行为可控。

2. 可信数据空间的作用

可信数据空间是实现数据开放共享和可信流通的新型基础设施和技术解决方案，基于"可用不可见、可控可计量"的应用模式，为数据要素市场化提供了实现路径。可信数据空间的主要作用如下。

一是为数据拥有者提供数据使用对象、范围、方式的控制能力，满足对数据可用不可见、可用不可存、可控可计量的需求，消除流通顾虑。

二是为数据处理者提供数据流通处理的日志存证，实现数据资源有效管理，包括但不限于合规、清算、溯源、鉴证。

三是为数据要素流通提供必需的基础能力，包括但不限于以下几方面。

- 数据检索：解决在哪儿可以找到所需要的数据，提升查询效率。
- 数据模型：解决数据是什么，让数据可以被理解。
- 数据安全：解决数据加/解密、数据脱敏、隐私保护等问题。
- 集约治理：对于公共数据模型，平台统一进行治理输出，实现集约化。
- 在线应用：分析人员可直接利用平台的数据和工具进行分析，无须预处理。
- 知识共享：通过平台产生的模型、数据分析成果可被多次多人利用。

3. 技术架构

可信数据空间技术架构主要包括可信硬件、可信基础软件、运维平台、服务平台、存证平台等，如图 5-14 所示。

图 5-14 可信数据空间技术架构

- 可信硬件指可信的网络、服务器等。
- 可信基础软件指可信的操作系统、中间件、加密软件等。
- 运维平台主要包括安全管理、任务调度、故障管理、资源调度、资源监控等模块。
- 服务平台主要包括数据集成、存储计算、基础数仓、数据治理、数据挖掘、数据应用等模块。
- 存证平台主要包括评价、溯源、清算、审计、日志等模块。

4. 核心功能

- 数据发现：主要解决数据需方快速、便捷地找到数据问题，具体包括数据集市、服务集市、自主分析工作台等。
- 安全保障：主要包括文件加密、身份认证、数字签名、数据脱敏、反爬虫技术、传输网络技术、传输协议、传输安全以及可信执行环境等。
- 隐私计算：主要解决在原始数据不出本地的情况下发挥数据价值问题，具体包括安全多方计算、联邦计算、机密计算、差分隐私、同态加密等。
- 存证溯源：主要负责对数据全生命周期进行日志存证与溯源，具体包括日志采集、数据流转、数据溯源、清算等。
- 数据控制：实现数据提供方对数据全生命周期的掌控，例如数据撤回、使用次数与时间限制、用后即焚。
- 评估评价：风险识别与评估、合规评估、数据质量评估，以及价值评估等。
- 计算处理：负责对数据的清洗、存储、计算与处理提供支持。

5.5 数据运营

5.5.1 数据质量评估

1. 什么是数据质量评估

数据质量评估是基于一个完整的评估框架，按照既定的步骤和流程，全面考量数据在业务应用中的满足程度。该评估涉及完整性、准确性、一致性、实用性、可访问性和经济性等多个维度。

对于初入数据分析领域的分析师来说，他们往往会立即开始对数据进行探索和统计分析，希望能迅速揭示数据背后的信息和知识。然而，由于缺乏对数据质量的评估，他们可能会发现自己无法提炼出有价值的信息，从而浪费了大量时间和精力。

在进行数据分析之前，我们需要注意以下两点：首先，数据分析应紧密围绕业务需求，因为只有这样的分析才是有意义和有价值的；其次，数据分析旨在挖掘隐藏的知识和信息，以优化实际业务或产品，如果数据集质量不佳，难以得出有用的结论，甚至可能导致错误的结果，最终影响决策。

因此，进行科学、客观的数据质量评估极为重要。这不仅可以节省大量试错时间，降低错误结论的风险，还能缩短数据反馈流程，及时反映数据收集过程中的问题给数据生产部门，从而提高整体的协作效率。

2. 数据质量评估的作用

一般来说，企业有了全新的业务需求、重大的技术变更，或者从一个新的数据来源获取全新的数据，并期望将它应用在一个具体的业务时，都需要进行比较完整的数据质量分析。经过抽样、度量、评估之后，我们就可以得到评估结论了。获得数据质量评估报告不是最终的目的。这份报告对后续数据质量管理、数据治理等都具有非常重要的参考意义。数据质量评估步骤如下。

（1）需求分析，明确目标

对具体业务数据的数据质量评估是以业务需求为中心进行的，必须了解具体业务针对特定数据资源的需求特征，才能建立有针对性的评估指标体系。同时，同一份数据在不同的生命周期中，质量的关注点是存在差异的，因此很重要的一点就是明确当前阶段数据质量管理的目标是什么。有了明确的目标，我们才能开始对数据进行合理评估。

（2）确定评价对象及范围

确定当前评估工作应用的数据集的范围和边界，明确数据集在属性、数量、时间等维度的具体界限。需要说明的是，评估对象既可以是数据项也可以是数据集，但一定是一个确定的、静态的集合。

（3）选取质量维度及评价指标

数据质量维度是进行质量评估的具体质量反映，如正确性、准确性等是评估数据质量的主要维度。因此，我们首先要依据具体业务需求，选择适当的数据质量维度和评估指标。另外，要选取可测、可用的质量维度作为评估指标准则项。在不同的数据类型和不同的数据生产阶段，同一质量维度有不同的具体含义和内容，我们应该根据实际需求和生命阶段确定质量维度。

（4）确定质量测度及评估方法

在确定评估具体维度和指标对象后，我们应根据每个评估对象的特点，确定其测度及实现方法。不同的评估对象一般存在不同的测度，需要不同的实现方法支持，所以我们应该根据质量对象的特点确定质量测度和评估实现方法。

（5）实施质量评估

我们可根据前面4步确定的质量对象、质量范围、测量及实现方法来实现质量评估。评估对象的质量应当由多个质量维度的评估来反映，单个维度的数据质量测量是不能充分、客观评估由某一数据质量范围所限定的信息的质量状况的，也不能为数据集的所有可能的应用提供全面的参考。多个质量维度的组合才能提供更加丰富的信息。

（6）撰写结果分析报告

经过抽样、度量、评估之后，我们就可以得到评估结论了。最后，我们需撰写一份质量评估报告。这份报告中除了包括最后的结论，还应当包括对这个结论的分析和解读，并通过一些可视化的方式展现。

3. 技术架构

数据质量评估工具将依托数据分析的技术手段，采用自主研发方式，支持进行数据质量评估，包含数据上传、评估指标管理、评估规则设置、数据质量评估、问题数据管理等一系列功能。数据质量评估工具技术架构如图5-15所示。

图 5-15　数据质量评估工具技术架构

在实际应用中，数据质量评估工具可结合各行业的数据质量业务规则、数据质量评价规则，创建数据质量评估规则，支持创建基于行业规则、常识等的规则，在导入数据后，支持通过评估任务与具体评估规则绑定，形成数据质量评估报告。

4. 核心功能

- 数据质量评估：对数据资产进行质量评估，包括数据的准确性、完整性、一致性、及时性等方面。通过设定数据资产质量标准和指标，系统可以对数据资产进行质量检查，并提供相应的评估结果和报告，帮助企业了解数据资产的质量状况。
- 数据清洗和校验：自动识别和修复数据中的错误和不一致之处，包括数据重复、缺失、异常等问题。通过数据清洗和校验，系统可以确保数据的准确性和一致性，提高数据资产的质量水平。
- 数据资产质量监控和预测：实时监测数据资产质量指标，并生成相应的报告和警报。这样可以帮助企业及时发现潜在的数据质量问题，并采取纠正措施。同时，通过预测分析，系统可以帮助企业预测数据资产质量问题的趋势，提前做出相应的决策。
- 数据集成和共享：支持跨部门和团队的数据集成和共享。通过统一的数据接口和标准，可以确保不同系统和团队之间的数据一致性和完整性，提高数据的可用性和协同效率。

5.5.2 数据资产登记核验

1. 什么是数据资产登记

在中国信通院《数据资产管理实践白皮书（6.0版）》中，数据资产是指由组织（政府机构、企事业单位等）合法拥有或控制的数据，以电子或其他方式记录，例如文本、图像、语音、视频、网页、数据库、传感信号等结构化或非结构化数据，可进行计量或交易，能直接或间接带来经济效益和社会效益。在组织中，并非所有的数据都构成数据资产。数据资产是能够为组织产生价值的数据。数据资产的形成需要对数据进行主动管理，并形成有效控制。数据资产登记是指对数据要素、数据产品及其物权进行登记的行为。

2. 数据资产登记的作用

数据资产登记的主要目的是对数据资产进行确权（持有权、经营权、使用权），确定数据的权利主体和内容，即谁对数据拥有权利、享有什么类型的权利。经登记机构审核后，登记权利人获取数据资源或数据资产登记证书，以作为后续数据交易、融资抵押、数据资产入表、会计核算、争议仲裁的重要依据。数据资产登记是数据权属确认的首要依据，也是企业数据资源转化为数据资产的关键环节，是数据安全流通的重要前提。

3. 技术架构

数据资产登记核验工具依托大数据、人工智能等前沿技术，功能包括数据资产录入、受理、审核、公示、转移、变更等。

数据资产登记核验工具技术架构如图5-16所示。

图 5-16 数据资产登记核验工具技术架构

4. 核心功能

数据资产登记核验工具主要包含如下功能。

- 登记申请。数据资产登记申请活动包括数据资产信息登记、数据资产权利登记、提供合规证明等。
- 登记受理。在数据资产权利方将数据资产信息提交后,登记机构受理,核查资产录入信息,并按照登记要求对资产进行通过或者驳回。
- 资产审核。审核人员会对录入的数据资产进行详细审核,确认其合规性、安全性以及是否满足相关标准和规范。
- 资产公示。审核通过后,需要对数据资产进行公示,所有用户可以查询到该资产的基本信息和权利信息。公示期间,可以提出异议,管理人员对提出的异议进行处理。
- 资产管理。为用户提供便捷的操作和管理方式,方便登记方进行数据资产的状态管理、权利变动和授权管理,所有操作信息全部留痕,提升数据资产的安全性和可追溯性。
- 证书管理。登记方可以便捷地进行证书的查看、下载、换证和补证等操作,实现对已获得证书的数据资产的有效管理。

5.5.3 数据资产入表会计工具

1. 什么是数据资产入表会计处理

数据资产入表会计工具是一种专门设计的以协助企业将其数据资产有效纳入财务核算体系的先进工具。数据资产入表会计工具旨在实现高效、准确的数据资产识别、确认、计量。

2. 数据资产入表会计工具的作用

数据资产入表会计工具作为辅助手段，应能够有效地支撑数据资产入表工作，它的主要作用体现在以下几个方面。

（1）操作简便易用

数据资产入表会计工具应该具备简单易用的操作界面，完整、清晰易懂的数据资产入表功能，让非数据管理专业用户也能快速上手。

（2）维护成本低

数据资产入表会计工具作为支撑企业数据要素建设战略实现的组成部分，需要长期运转，应该具备维护成本低的特性，至少包含几个特点。

- 工具生命周期长，无须频繁升级或更换软件。
- 升级迭代操作简单。
- 技术成熟，减少不必要的 Bug。
- 功能完整，减少二次开发工作量。
- 开箱即用。

（3）完整的审核审批流程

1）审核：在录入数据时和上报数据前，自动对报表数据进行审核，并在未通过审核时，方便用户查错；支持部分内置校验实时审核（输入后即审核）。

2）审批：审批流程主要包括申请单提交、审批环节设置、审批环节监控、审批结果反馈等，实现资产入表过程中的审批流程透明化，使得所有审批环节都可以被记录和追踪，保证了审批的公正和公平。同时，审批系统可以通过权限控制机制，确保只有授权人员才能进行审批操作，保证了企业数据安全。

（4）高效对接财务软件

数据资产入表会计工具应能够高效对接财务部门，方便进行摊销、增值、减值、审计等财务口径的统计、操作事项。

（5）完善的数据资产项目管理

数据资产入表会计工具应该以某一数据资产（包括数据产品、数据集、数据服务等）为基本单位进行管理，形成、升级和维护该数据资产期间发生的事件（例如采购、出差、住宿、消耗工时等），消耗的成本应该计入该数据资产建设项目中。

（6）可靠的成本归集

如以成本法进行数据资产价值评估，数据资产入表工具需要有准确、高效、可追溯的成本归集手段。

3. 技术架构

图 5-17 所示为数据资产入表会计工具技术架构，从下往上分为数据源层、入表业务层、数据管理层、门户统计层。

图 5-17 数据资产入表会计工具技术架构

- 数据源层：包含对于工具本身运行所需的技术组件，例如数据库、中间件、操作系统、浏览器等；此外考虑到数据资产入表时的数据源，还需要对接到已有的包括财务系统在内的各个业务系统。该层的技术路线选择应基于企业自身的实际情况综合判断。
- 入表业务层：入表业务层作为数据资产入表时事件录入、成本归集的核心层，需要具备项目管理、方案管理、事件管理、审批管理、财务集成、存证管理以及字段管理等模块。
- 数据管理层：数据资产形成过程中至少要做数据质量管理和数据合规管理两方面的管控。
- 门户统计层：在企业数据资产规划、开发、运维过程中，数据资产入表会计工具应该提供全面直观的统计模块，例如项目统计、方案统计、质量情况、工时统计、成本分析、摊销情况、趋势分析等各项统计指标监控。

4. 核心功能

- 项目管理：建立以数据资产为目的的项目，后续发生的一系列事件和方案均归集到该项目下。具体操作步骤为：新建数据资产项目、评审立项通过、项目管理维护、项目暂停或结束。
- 入表方案管理：在项目下建立入表方案，收集和统计某一特定统计期内在该项目下形成的一系列数据集合、数据产品费用。
- 事件管理：具体的活动事件，例如为开发某一数据产品消耗的人员工时、差旅活动、外购活动等，以及上述活动所花费的成本以及相应凭证。
- 审批管理：对活动事件以及形成的入表方案进行审批。审批状态包括通过、拒绝、驳回等。该活动的关键在于审批流程的设计，应该有明确的责任人以及流程制度，定岗定责，落实好数据资产入表时的业务信息收集、财务信息补充、各项数据审核工作，严格保证数据资产入表时的合规性，尽可能减少风险。
- 财务集成：将入表时形成的记录对接到财务系统，以实现会计分录。在对接过程中，我们需要对业务数据和财务数据进行映射和转换。这包括确定业务数据中的哪些字段对应财务系统中的哪些科目，以及如何进行数据的格式转换和单位统一等，确保企业业务活动与财务记录的准确性和一致性。现阶段的大多数财务软件有对接接口，支持自动化对接到数据资产入表工具，能减少人工对账的工作量以及错误情况。

- 存证管理：通过区块链平台将数据进行上链，由节点上的权威认证机构见证，确保数据产生的时间、内容、存证主体、存证地点可信，满足后续数据资产权益在审计或司法举证时，可以进行真实性核验的需要。它可以保证数据的安全性、透明性和不可篡改性，为各种应用场景提供强大的支持。
- 数据质量引擎：以质量六性为评估维度的质量评估模块，能够对接不同类型的数据资产（例如数据集、数据服务、文本数据等）；同时支持自定义质量引擎低成本扩展质量评估规则。
- 数据质量评估报告和整改建议：基于数据质量评估结果出具质量评估报告以及整改意见，例如数据资产中某部门产生的数据质量较差，是空值较多（即数据完整性不足）导致的，该工具可以快速定位责任部门以及给出整改意见，并能记录趋势以反映整改前后的数据质量情况。
- 合规性评估：能够根据国家法律法规、政策的要求灵活调整，坚持法律底线、避免违规风险，在形成数据资产过程中进行数据合规性评估，例如：有没有损害公共权益的风险，有没有侵犯他人信息隐私的风险，有没有合理可信的记录数据资产价值等，最终形成数据合规性报告。
- 数据资产监控：能够提供覆盖全面的数据资产监控，直观展示和预警数据资产的各项状态指标。

5.6　本章小结

本章重点讲解底层技术支撑（湖仓一体、DataOps、区块链等），在数据管理层面介绍包含数据标准、数据质量、数据资产目录、元数据等的相关技术，在数据运营层面从数据质量评估的必要性，数据质量评估维度、步骤、工具等方面对数据质量评估进行阐述，从数据资产、数据资产化、数据资产的判断条件、权属、核验工具等方面对数据资产登记核验进行阐述，对数据资产入表会计工具进行详细介绍，以便全方位支撑数据资产入表工作。

第三部分

实操指南

通过前两部分建立知识体系之后，本部分将介绍数据资产入表的具体操作，全面展示数据资产入表的实际操作步骤和注意事项，旨在帮助读者系统掌握数据资产入表的实施方法，确保在实际操作中能够高效、准确地完成数据资产入表工作。

本部分包含第 6~9 章。第 6 章将从数据资产入表项目战略的制定开始，详细阐述数据资产入表的具体实施方案，包括从项目调研的开展，到确保入表项目所需的人力资源和技术资源的充足配备，提供详尽且细致的实施方法介绍，力求呈现一个系统的数据资产入表实施框架。

第 7 章专注于入表前的准备工作，深入讨论数据资产入表的最终目的，并从经济效益与社会效益两方面进行全面分析；通过提出数据资产入表的 3 个阶段划分和价值创造理论，帮助读者深入理解入表过程中的价值变化及实现途径；同时，详细阐述入表所需符合的前提条件，如会计条件、时间条件等，帮助读者全面理解入表前提；此外，还介绍了入表准备工作的具体内容与流程。

第 8 章主要介绍数据原始资源单独入表的重要性及优势，并通过对数据原始资源的定义和分类，明确其范围和特性；同时，结合相关规定，总结数据原始资源初始计量成本的构成要点，并详细讨论入表方法和步骤，包括无形资产路径和存货路径的关注点，提供实操指导。

第 9 章专注于数据产品单独入表的相关内容，阐述单独入表的目的与优势、基础概念和分类,并详细介绍数据产品入表的步骤和方法论,包括确认、计量、记录及报告等阶段的具体任务和方向。此外,本章提出入表过程中需关注的重点,如预定用途确定、完整证据链提供等,帮助读者避免潜在风险。

通过本部分的学习,读者将全面掌握数据资产入表的操作流程及关键技能,为企业数据价值化提供坚实的支持。无论数据准备、入表流程,还是注意事项,本部分都将为读者提供详尽的指导和实用建议,帮助读者在实际操作中达到更好的效果。

第 6 章 CHAPTER

入表实施方法论

本章的重点在于构建一个全面、系统且可持续优化的数据资产入表实施方案，以便组织更好地管理和利用数据资源，为决策提供有力支持，进而在数据驱动时代保持竞争优势。

本章将从数据资产入表项目战略的制定开始，详细介绍数据资产入表的实施路径，从如何开展项目调研，到如何保障入表项目所需要的人力资源和技术资源，都进行细致的实施方法介绍。

通过本章学习，你将有以下收获：
- 制作一份数据资产入表项目实施日程表；
- 规划适合数据资产入表项目的资源保障；
- 了解数据资产入表项目的实施步骤。

6.1 入表实施方法论总纲

数据资产入表通过将企业的数据资源转化为数据资产，推动企业提升数据管理能力乃至企业的管理能力。数据资产入表是企业原始生产力向数据要素迈入的最佳契机和推进器。因此，数据资产入表在企业中究竟应该置于何种高度，数据资产入表到底需要经历哪些阶段和步骤，究竟从哪里着手，要做好哪些准备，什么人去实施，实施哪些项目，才能最终实现。我们先通过图6-1来从宏观上了解一下。

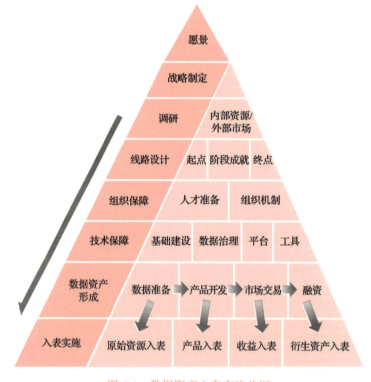

图 6-1 数据资产入表实施总纲

6.2 制定战略——打造"一把手"工程

6.2.1 入表需提到战略层高度

数据资产入表作为企业数据资产化的关键过程，其成功实施依赖于组织高层领导的支持和重视。将数据资产入表项目视作"一把手"工程并从战略层面推进，有助于确保资源投入、决策迅速实施和问题及时解决。

作为"一把手"工程，数据资产入表项目在战略层面获得了极高的重视，这意味着该项目不仅仅是技术或操作任务，更是涉及组织未来发展的核心议题。从上至下的战略推进可以确保项目在整个组织内得到广泛认同和支持，形成强大的执行力和推动力。

此外，高层领导的支持还能确保问题的及时解决。项目实施过程中难免会有各种挑战和困难。作为"一把手"工程，这些问题将直接得到高层的关注和协调，从而保障项目的顺利推进和实施。

6.2.2 入表战略的制定

1. 明确愿景

管理层将数据资产入表项目列入战略规划，首先要回答的问题就是：推动数据资产入表项目的终极目的是什么？

这要求战略不仅存在于领导层思考中，而应具体化为文件、思想、精神乃至企业文化，并通过明确的方向、指标及奖惩机制层层传递，确保落实到每一个人。

2. 宏观的阶段性计划

确定数据资产入表的起点和终点，以及必经的里程点，是制定宏观阶段性计划的关键。数据资产入表在企业数据资产价值化过程中的作用至关重要。

如前文所述，数据资产入表的终极目标是增加企业收益。与其他生产要素相似，在数据经济发展中，企业必须将数据转化为具有实际经济价值的资产。

数据资产入表是实现数据价值化的重要环节。它使得数据资产被纳入企业的财务报表，提升数据的透明度和管理效率，准确反映数据的经济价值。这有利于优化资源配置、提高决策效率，并为企业的长期发展带来新动力。因此，数据资产入表是企业实现数据资产价值化的重要手段和必然选择，贯穿企业数据价值实现的各个阶段，如图 6-2 所示。

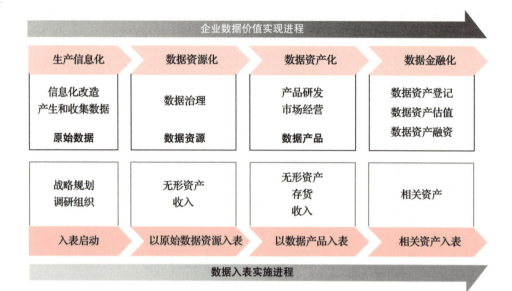

图 6-2 企业数据价值实现各阶段的"数据资产入表"进程

（1）生产信息化阶段

在企业的生产信息化阶段，首要任务是进行全面的信息化改造。这一阶段旨在通过引入先进的信息化系统，实现生产流程的数字化和智能化。同时，企业还需建立有效的数据收集和存储机制，确保生产过程中产生的数据能够被准确记录并妥善保存，以完成企业原始数据的积累。

（2）数据资源化阶段

在数据资源化阶段，完成信息化改造的企业通过数据采集、挖掘、清洗、标注、分析等步骤，形成可采可信的高质量数据资源，为数据资产化提供坚实的基础。在这一阶段，数据的真实性、完整性和准确性至关重要，直接影响到后续数据资产的价值评估和应用效果。

数据资产入表在这一阶段主要涉及数据的收集、整合和标准化。企业需要整合分散、多样化的数据资源，形成统一、标准化的数据集，从而构建数据资源并进行入表。

（3）数据资产化阶段

数据资产化阶段是将数据通过市场流通交易，为使用者或所有者带来经济利益的过程。在这一阶段，数据的确权是前提，需要明确数据的所有权、使用权和经营权等，以保证数据交易的合法性和公平性。而数据定价则是关键。数据资产化将数据从资源转化为具有经济价值的资产。

在数据资产化阶段，企业需要对数据资产进行明确的价值认定，确保其经济价值的准确体现。

（4）数据金融化阶段

数据金融化阶段是实现数据价值的核心阶段，标志着数据成为可以交换和流通的资本，实现更大价值。数据金融化促进了数字经济的发展，推动了数据与其他生产要素的深度融合，通过交换和流通实现数据价值的最大化。

3. 明确资源保障

当我们为了实现数据资产入表时，数据治理和财务后勤资源怎么保障？是否需要投入额外的人力、物力？这些资源该如何调配？

关于资源保障的考虑，我们需要分析战略所需的人力、物力、财力等，包括但不限于以下方面。

（1）人力资源需求

- 专业技能需求：评估项目所需的专业技能和知识，包括数据分析、数据工程、数据治理、数据科学等领域。
- 人员数量和角色：确定需要多少员工参与项目，以及他们各自的角色和职责。
- 培训和技能提升：为员工提供培训或技能提升课程，以满足项目需求。

（2）技术资源需求

- 软件和硬件需求：评估项目所需的技术工具和平台，如数据仓库、数据湖、数据治理软件、数据分析工具等。
- 系统集成：考虑现有系统与新技术的集成问题，确保数据能够顺畅流动。
- 技术支持和维护：确保有专业的技术支持团队或服务提供商，以便在需要时提供帮助。

（3）财务资源需求

- 预算制定：明确项目的预算需求，包括人力资源成本、技术投资、培训费用等。
- 成本效益分析：评估项目的投资回报率，确保资源投入与预期收益相匹配。

- 资金来源：确定资金的来源，如公司内部预算、外部投资、政府补助等。

（4）后勤资源需求

- 办公设施：确保有足够的办公空间、设备和网络设施来支持项目团队的工作。
- 数据安全和合规性：考虑数据保护、隐私合规和信息安全等方面的需求，确保符合相关法律法规和标准。

（5）资源调配和管理

- 项目管理办公室：考虑是否设立专门的项目管理办公室，负责资源的统一调配和管理，详见 6.4.1 节。

4. 达成共识

建立数据战略的利益相关分析矩阵，明确制定数据战略过程中的利益相关者及其职务、联系方式等，分析其在数据战略中的角色以及对于数据战略的影响和影响力的大小等。我们可以采用"利益相关者分析"等工具进行记录和分析。表 6-1 展示了利益相关者分析矩阵示例。

表 6-1 利益相关者分析矩阵示例

利益相关者分析						
序号	利益相关者	重要程度	利益相关者立场	需求	收益	损失
1	主管数据的副总	高	支持	• 能够整合全公司的数据 • 要求数据质量高 • 能够统一管理各类项目的数据需求 • 数据团队建设	• 提供数据工作的资源保障 • 获得领导支持	无
2	IT 负责人	高	抵制	• 管理项目交付进度、质量 • 管理各系统数据的质量	公司层面统一的数据标准	数据团队介入项目管理，可能会影响项目进度
3	营销部负责人	高	抵制	• 确定自己在合同数据方面的权威性 • 提升合同统计数据的准确性	提升数据的质量	合同数据对领导部门、数据部门透明，降低自己的权威性

(续)

利益相关者分析						
序号	利益相关者	重要程度	利益相关者立场	需求	收益	损失
4	规划部负责人	高	支持	• 快速获取其他部门的数据 • 提升数据的准确性	能够方便获取其他部门的数据，并且保证数据质量	无

6.3 制定具体的入表实施路线

我们首次提出数据的"三次入表理论"：以原始数据资源入表、以数据产品入表及相关资产入表。实际上，这三次入表体现了企业对数据价值挖掘过程中，不同阶段、不同形态的数据资产入表。(详见图6-2。)图6-3所展示的路线主要是从企业的数据形态发展顺序，围绕这三次入表来规划和制定企业数据资产入表的全流程、详细实施路线。

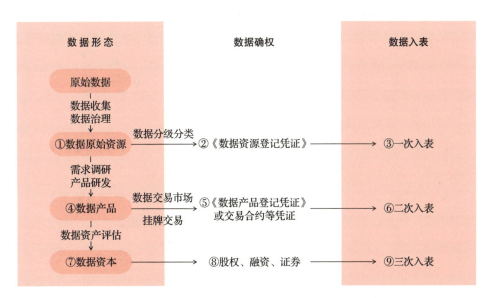

图6-3 企业数据资产入表的全流程实施路线

1. 原始数据收集

（1）信息化是基础

企业完成数据价值化的第一步是收集数据，收集数据的前提是完成信息化。我们可以通过调研来了解企业的信息化水平。在后文中，我们将会详细介绍调研的内容。

（2）数据准备

建立数据需求管理制度，确保数据需求能得到集中和系统的管理，从源头上保障原始数据的系统性、完整性和一致性，具体如下。

- 数据溯源：了解数据的来源，确保数据的权威性。
- 源头数据评估：对源头数据进行评估，包括异常值、不正确、不一致、缺失等情况的评估。
- 建立数据模型：结合数据类型、规模、时效性、应用场景等，设计数据存储模型。
- 数据标准：建立统一的数据维度，对相关数据进行规范、标准化管理，确保数据质量。
- 数据接入和流转：对数据的流转、存储、计算、展示等环节进行设计，形成数据接入及流转的设计方案。

2. 形成数据资源

（1）原始数据形成数据资源

数据资源是指来自不同产生源的数据集，在物理上按照一定的逻辑归集后达到一定规模，形成可重用、可应用、可获取的数据集合。

企业数据资源化需要在企业数据战略的指导下，构建数据能力体系和数据治理体系，从而在内部形成与数据驱动型业务模式相适配的人才、技术、组织安排和系统等。

（2）数据集成

- 数据模型优化。将业务数据和组成结构进行可视化表达，使用结构化语言将收集到的组织业务经营、管理和决策中使用的数据需求进行综合分析，按照模型设计规范将需求重新组织。
- 数据集成。建立组织内各应用系统、各部门之间的集成共享机制，通过组织内部数据集成共享相关制度、标准、技术等方面的管理，促进组织内部数据的互联互通。常见的数据集成模型有点对点模式、中心辐射式、发布订阅式等。

3. 可入表数据资源识别

《暂行规定》中明确了可以入表的数据资源的条件。我们也可以将登记的数据权益，作为企业数据资产入表的佐证资料。关于数据权益的登记，当前各试点城市和地区都在积极尝试，相关内容已经在 4.2 节详细介绍。

4. 一次入表

一次入表是指对企业中产生的数据资源进行梳理和盘点，以成本法进行初始计量，步骤如下。

1）将数据从信息系统中分离出来，并体现在会计报表—资产负债表—无形资产项下。

2）将数据资源作为企业权益进行会计确认。

3）会计计量和记录。

具体实施过程和内容详见第 8 章。

5. 数据产品研发和生产

（1）数据产品研发

1）分析目标客户的数据需求和应用场景（模型化需求、非模型化需求）。

2）选择合适的第一个试验型开发的客户。

3）组织数据产品及其服务终端的开发。

（2）数据产品的分类

数据产品是指对数据资源投入实质性加工或者创新性劳动形成的、可满足内外部用户需求的、可持续提供的、以数据为内容的可辨认的服务形态，即

$$数据产品 = 数据资源 + 数据算法模型 + 服务终端$$

其中，服务终端指实现数据产品的交付 App、网站、API、SaaS、VPN 等。

数据产品根据数据的需求特征和服务方式进行分类，分为如下几种类型，如表 6-2 所示。

表 6-2　数据产品分类矩阵

需求特征	服务方式	
	非界面类（接口调用、数据库传输等）	界面类（查询终端、SaaS 应用）
模型化需求（机器学习等）	数据集	数据应用（联合建模功能服务）
非模型化（查询等）	数据信息服务	数据应用（功能服务）

一般，我们能看到的数据形态包含以下几种。

- 数据集：以数据库形式提供，以满足客户模型化需求的数据产品。
- 数据信息服务：以数据资源库为基础，为客户提供满足其特定需求的信息类服务。
- 数据应用：以应用程序的方式，基于统一的用户界面，提供基于数据资源和模型应用的数据产品。

6. 数据交易达成

数据产品实现其外部价值主要通过场内交易和场外交易两种方式。场内交易通常在专业的大数据交易平台上进行。这些平台为数据交易提供规范、透明和安全的环境，保障了交易的公正性和有效性。在大数据交易平台上，买卖双方能够进行高效的对接和交易，实现数据资源的优化配置。与此相对，场外交易主要依赖买卖双方之间的直接协商和建立的信任关系，具有更高的灵活性和自主性，但同时也要求双方具有较强的风险识别和管理能力。无论采用哪种交易方式，我们都必须遵守相关的法律法规，确保数据交易的合法性和安全性。

场内交易大致涉及以下操作。

（1）数据要素市场登记

"数据二十条"从国家层面推行了统一的数据要素市场运行体系，明确了三类场内交易市场的建设主体——国家数据交易所、地方数据交易中心和行业数据交易平台。它们与场外数据交易市场互联互通，为其提供交易场所和基础设施，具体内容在第 4 章和第 10 章中有详细介绍。

（2）通过数据产品登记和交易，获得数据资产凭证

企业选择合适的数据交易市场进行产品登记，并最终获得唯一标识符。数据产品唯一标识符会记录每次链上交易信息，并将电子订单、数字签名、发票等信息上链保存，以确保交易信息的真实可靠，关键是可靠性。这些凭证可以是数据资产入表的有力佐证。

7. 二次入表

数据资产凭证真实记录了数据产品交易合同、交付情况以及清/结算情况，为数据资产确认为无形资产、存货，甚至单独的数据资产类别提供依据，为初始计量、后续计量的公允市场价提供了可靠依据，具体实施和内容见第 9 章。

8. 数据资产评估

数据资产评估是对组织的数据资产进行价值、潜在利益、风险及机会的全面评估与定量分析的过程。

除了对外售卖和提供数据服务来赚取价值，我们还可以通过数据资产的评估，参与数据出资入股、数据信贷等融资活动，实现其金融价值。

数据资产评估主要包括以下步骤。

1）由专业评估机构制定数据资产评估方案，依据合理的评估假设，结合数据使用场景，出具数据资产评估报告。

2）列报和披露。

9. 数据金融

数据资产评估完成后，就可以参与到金融活动中，例如，进行以下活动。

当数据资产评估完成后，数据即被确立为无形资产，可以顺利参与到数据金融活动中，具体如下。

（1）增信和融资

数据资产作为一项无形资产，不仅自身具备物权价值，还可以发挥担保物权的价值。具体而言，企业可以凭借这些数据资产对接银行，将其作为抵质押物，从而获得金融机构的融资支持。通过这种方式，持有数据资源的企业能够有效利用数据资产，实现资金的融通和增值。

（2）金融创新

通过数据资产，企业可参与完成质押融资、数据信托、数据保险等金融活动。具体实施过程和内容见第 12 章。

10. 三次入表

当资产通过交换或其他途径转换成以货币计量的金融资产后，我们可将其衍生资产进行第三次入表。

6.4 确认起点和目标，制定各部门实施时间表

在实施数据资产入表项目之前，企业需要明确各参与方的起点和差距，以及最终的方向和目标。深入调研是确保项目成功实施的关键步骤。它不仅有助于全面了解企业当前的数据状况，还能确保入表计划基于实际情况制定，明确实施阶段、时间表、成本预算和所需资源，使计划更加切实可行。

6.4.1 现状调研

为保障数据资产入表项目的成功，企业需要全面进行现状调研，覆盖技术资源、数据资源、人力资源和市场情况等多个方面。这有助于明确技术需求、数据状况、人力资源配置、成本收益和市场策略等关键要素，为项目顺利推进打下坚实基础。

1. 技术资源调研

技术资源调研是数据资产入表规划的基础环节。企业需要评估当前的信息化水平，包括是否建立了完善的信息化系统，这些系统的运行效率及数据集成能力。同时，企业应评估自身的数字化程度和数据管理能力，确保能够应对数据资产入表过程中可能遇到的技术挑战和优化需求。这一评估可以通过企业内部的摸底调查问卷等方式进行，如图 6-4 所示。

\multicolumn{2}{c}{**数据入表和价值实现项目**}
\multicolumn{2}{c}{**摸底调研表 R01-001（初次入表）**}
填报人单位	
填报人部门	
填报人姓名	
填报人职务	
填报人手机号码	

第一部分：公司情况摸底

Q1 公司主营业务介绍
（主要介绍公司主营业务，在下框内填写）
「

」

Q2 公司是否有专门的信息科技部或数据分析部？
（单选，如果是，前往 Q3）
　　【 】是
　　【 】否
Q3 公司信息科技部或数据分析部情况。
　　信息科技部：人（如果没有该部门，请填 0）
　　是否独立法人：（是 / 否）
　　信息科技部公司内名称：（全称）

图 6-4　企业技术资源摸底调查问卷（节选）

对于评估企业的信息化水平或数据管理水平，我们可以采用国内外多种方法和指标。以下是一些常用的评估方法和指标。

1）企业信息化指标评估。2022 年，中国工业和信息化部办公厅发布了《中小企业数字化水平评测指标（2022 年版）》（以下简称《评测指标》）。这套《评测指标》针对不同行业特点，将评估分为制造业、生产性服务业和其他行业的数字化水平 3 个类别。评估从数字化基础、经营、管理、成效 4 个维度出发，综合评估企业的数字化发展水平，并将数字化水平划分为 4 个等级。

2）软件能力成熟度评估。CMMI 是由美国卡内基梅隆大学软件工程研究所组织全世界的软件过程改进和软件开发管理方面的专家开发出来的，并在全世界推广实施的一种软件能力成熟度评估标准，主要用于指导软件开发过程的改进和软件开发能力的评估。

3）数据管理能力成熟度评估。作为中国首个数据管理能力评估的国家标准，DCMM在数据生命周期管理的各个阶段进行分析、总结，并提炼出数据战略、数据治理、数据架构、数据标准、数据质量、数据安全、数据应用、数据生命周期八大能力域，每个能力域下设有二级能力项（共28个能力项），并对这些能力项划分了5个成熟度等级。在国际标准和框架中，ISO/IEC 27001（信息安全管理体系）和COBIT（信息及相关技术控制目标）也是评估企业信息化水平的重要工具。这些标准和框架涵盖信息安全、信息技术治理、业务流程管理等多个方面，帮助企业全面评估和提升信息化水平。企业可以根据自身的具体需求和状况选择合适的评估机构或管理咨询机构进行评估。

2. 数据资源梳理

盘点企业的数据资源，是实现数据价值最大化的基础性工作。在数据资源梳理工作中，我们主要需要了解数据的数量和质量两大方面。这里有一个详细的流程可供参考。

（1）明确盘点范围

首先，考虑数据资源的可控性和可用性，确保企业能有效掌控和使用这些数据资源，以满足实际业务需求。

其次，在系统维度划分时，应以不同的业务系统或数据管理平台为单位，进行数据资源的分类和盘点。这种划分方式有助于组织和管理数据资源，提高盘点的针对性和效率。

最后，按照业务场景划分盘点范围可以更好地满足不同业务需求。企业可以根据各业务领域的特点，确定不同的盘点标准和要求，确保盘点工作更加精准地满足业务运营的实际需求。

总体而言，明确盘点范围需要在充分理解企业数据资源格局的基础上，结合业务系统、数据管理平台和业务场景等因素，确保盘点工作有针对性、全面性，为后续数据资源认定和资产化提供坚实的基础。

（2）收集基本信息

在数据资源盘点阶段，关键任务之一是全面收集与数据相关的基本信息。

这些基本信息包括但不限于数据的名称、描述、所有者、数据类型、格式、来源、更新频率以及处理活动等关键要素。在盘点工作开展的过程中，我们应结合数据资产入表的具体路径，明确外购和内部开发数据资源的区别。同时，在梳理数据处理活动时，对加工处理、开发等过程形成数据资产路径中的项目信息进行记录，包括项目的名称、项目的周期等关键信息。此外，详细记录项目在特定周期内发生的计量信息，确保能准确反映在限定的项目周期内实际发生的收入和支出等关键数据。这一步是数据资源盘点过程中的重要环节，为后续的确认和计量提供了关键依据，确保数据资产入表工作的准确性和完整性。

（3）数据分类分级

数据分类分级是数据资源管理中的关键步骤，主要目的在于根据数据的敏感性和重要性进行细致的划分，以实现有针对性的管理和保护。企业在这个过程中需综合考虑多方面的因素。

首先，进行敏感性评估，明确不同数据对业务运作和企业整体的影响程度。这方面的考量包括个人隐私、商业机密和法规合规等因素。通过综合考量，我们需为数据划定敏感性级别。

其次，确定数据的重要性级别，涉及数据在业务流程中的作用以及对企业决策和战略的贡献。部分数据对业务的正常运作至关重要，而其他数据可能是支持性的。通过综合考量数据在业务中的角色，我们可确定其重要性级别。

在数据分类分级过程中，考虑合规性要求尤为重要。不同行业或法规对数据有特定的要求，因此企业需要确保数据分类符合相关法规和标准，如金融行业对客户信息的保护规定、医疗行业对患者数据的保护标准等。

同时，根据不同业务场景的需求对数据进行分类分级。某些业务活动可能需要使用更为敏感和关键的数据，而其他活动可能使用较为一般的数据。我们需结合具体业务场景对数据进行分类分级。

最后，考虑不同级别数据所需的安全措施。高敏感性和高重要性的数据可能需要更强的加密、访问控制和监控措施，以确保其安全。

通过合理的数据分类分级，企业可以更有针对性地制定数据管理策略，优化数据的使用和保护策略，提升数据资源的管理效率和安全性。这有助于确保企业充分利用有价值的数据，同时合规地管理及保护敏感信息。

（4）评估数据质量

针对数据资源进行数据质量评估，包括但不限于通过管理和技术措施检查数据的准确性、完整性、一致性、及时性等方面，实践中可使用数据质量度量指标来帮助评估。

在数据资源管理过程中，评估数据质量是至关重要的一环。这个过程涉及多个方面，其中包括准确性、完整性、一致性和及时性等关键要素。

首先，确保数据的准确性是保障数据质量的核心。企业可以采用验证规则、算法以及数据质量度量指标（如误差率和精确度等）来评估数据的准确性，确保数据与实际情况一致。

其次，数据的完整性涉及数据记录是否完备且不缺失。通过检查数据记录的完整性、查漏补缺的过程以及设定数据完整性的标准，企业可以有效评估和维护数据完整性的水平。

此外，数据的一致性是指在不同数据源、不同时间点以及数据内部各字段之间保持一致。通过采用数据匹配和比对技术、制定一致性检查规则，以及借助版本控制等手段，企业可以确保数据在各个维度上保持一致性。

最后，数据的及时性则关注数据的更新和传递速度。企业可通过设定数据更新的频率和时限，监控数据的更新周期、时间戳等方式来评估及时性，确保及时提供最新的数据。

为了更有效地进行数据质量评估，企业可以借助各种度量指标，如数据准确性的百分比、数据完整性的得分、一致性的匹配率等。运用先进的数据质量管理工具和技术，如数据质量监控系统、数据清洗工具等，也是提高评估精确度和效率的有效手段。

综上所述，全面的数据质量评估能够帮助企业及时发现并解决数据问题，从而提高数据的可靠性和有效性。

（5）确定数据资源

通过前文分析，企业构建了数据资源盘点清单。该清单列出了所有潜在的数据资源，并确保涵盖了所有关键业务领域的数据。在此过程中，企业需结合数据处理活动的整个生命周期（即从数据采集、存储、加工、分析到最终应用），明确数据资源在企业内部的流动路径。

（6）建立更新机制

数据资源盘点是一个持续的过程，数据资源状况也会随企业运营状况发生动态变化，因此企业需要建立定期更新机制，以反映新的数据资源、变更并进行相应的调整和响应，确保能有效追踪数据资源的变化情况。

这一机制的建立包括以下几个方面。

首先，确定数据资源的更新频率，根据数据资源的特点和企业运营状况制定合适的更新计划。因不同数据资源可能需要不同的更新频率，故企业应根据实际情况灵活调整。

其次，对数据资源的变更进行及时响应是更新机制的重要组成部分。业务的变化可能导致新数据资源的产生、旧数据资源的变更或淘汰。随着数据资源变更，它的基本信息、分类分级、敏感性评估等也可能需要更新，因此企业要及时记录、调整和更新数据资源信息，保持盘点清单的准确性。

再次，同步更新数据处理活动是确保更新机制全面性的关键。更新时，企业不仅应关注数据资源的基本信息，还应与数据处理活动同步进行，及时掌握数据在各处理阶段的流动和变化。

最后，持续改进更新机制是确保其有效性和适应性的关键。通过定期评估更新效果、识别问题并制定改进措施，企业可以持续优化更新机制。

建立这样的定期更新机制，有助于企业有效应对数据资源的动态变化，确保盘点清单与实际情况的一致性。这对于后续精准追踪和管理数据资源的变化，保证企业数据管理的效率和有效性具有重要意义。

3. 人力资源调研

（1）当前可调用人力资源的摸底

随着阶段推进，数据资产入表的工作会涉及信息科技（IT）管理部门、数据管理部门、业务部门、内部合规部门、财务会计部门，以及可能的资产负债部门和审计部门等。因此,企业需要了解自身是否具有相应职能的人力供调度,同时各岗位设计和员工技能是否能应对数据资产入表的需求。人力资源清单示例如表 6-3 所示。

表 6-3　人力资源清单示例

单位名称	合计	管理人员岗位						管理人员岗位				工勤技能人员岗位				不在岗人员		其中,双肩挑	备注
		小计	董事长	总经理	副总	经理	主管	组长	小计	高级	中级	初级	普通	小计	高级	中级	初级	普通	小计	停薪留职	岗休		

通过人力资源的摸底,企业对后续的人才招聘、培训、外聘等人力资源调配计划才能做到恰当和精准。

(2)岗位技能水平及需求调研

数据资产入表作为发展数据要素比较超前的实践,对专业知识的更新程度要求高,通常需要安排专业的能力培训,以在全企业内部普及入表知识,达成统一的认识,完成技能和入表项目的匹配。

企业数据管理需要多个岗位协同工作,每个岗位所需的技能也有所不同,比如财会部门和技术部门的工作技能要求是截然不同的。企业应该按照部门和岗位职责分开进行调研。以下是一些常见的数据管理岗位及其所需的技能举例。

数据分析师所需的技能如下。

- 数据收集和处理能力:能从各种来源收集数据,并清洗、整理、转换等。
- 数据分析能力:运用统计方法、数据分析工具进行数据的探索性分析、预测建模等。
- 数据可视化能力:使用可视化工具将数据呈现给相关人员,便于理解和分析。

- 沟通能力：与团队成员和业务部门有效沟通，理解业务需求并将其转化为数据分析任务。

数据工程师所需的技能如下。

- 编程能力：熟悉至少一种编程语言，如 Python、R、SQL。
- 数据处理能力：能够使用大数据处理工具（如 Hadoop、Spark）进行大规模数据处理。
- 数据库管理经验：熟练使用 SQL 语言进行数据查询和操作。
- 系统集成能力：能够将不同的数据源、工具和系统集成在一起，实现数据的流畅传输和处理。

数据运营专员所需的技能如下。

- 数据监控能力：负责数据的日常监控和异常处理，确保数据的准确性和完整性。
- 数据报告能力：定期生成数据报告，向相关部门和领导汇报数据情况。
- 数据分析能力：运用数据分析工具和方法，分析用户行为、产品性能等，为运营决策提供支持。
- 沟通协调能力：与数据工程师、数据分析师等人员协作，共同推动数据运营工作的开展。

以上仅是部分岗位的技能举例，企业需要根据自身情况定制岗位技能。总之，企业数据资产入表需要多个岗位协同工作，每个岗位都需要具备数据资产入表必备的相关技能和知识。企业需要通过合理的岗位设置和技能培训来实现入表项目的实施。

4. 成本收益评估

数据资产入表的过程，也是数据对于企业来说内部价值和外部价值实现的过程。为了实现数据资产入表，以及相应的价值实现，投入和收益分别是什么，这也是企业在做入表项目决策时重点参考的部分。

（1）数据的内部价值调研

数据在企业内部具有显著的价值潜力，能够通过提升内部使用效率，增加一次价值。为了更好地理解并提升这种价值，企业可以寻求咨询机构的帮助，进行数据内部价值评估。这种评估可以从以下几个方面进行。

- 在运营方面，通过数据分析和监控，企业能够优化运营流程，提高资源使用效率并降低成本。具体评估指标包括：资源利用效率和工作流程的优化程度；成本降低和成本效益提升程度；通过数据分析和质量控制手段提高的产品或服务质量，满足客户需求，提升市场竞争力的程度。

- 在业务方面，数据分析和监控帮助企业理解市场需求，制定有效的营销策略，拓展业务规模。评估内容可以包括：数据资产入表或数据利用所带来的收入增加和业务增长；通过有效的数据管理和成本控制，业务效益和盈利能力的提升程度；通过优化业务流程、提高任务流转效率及加强信息同步等方式，提升业务运营整体效能。

- 在管理方面，数据分析和监控能够提高管理效率，优化决策过程，推动企业的持续发展。评估内容可以包括：制度制定、流程设置、目标管理等方面的规范化管理；通过数据分析和信息收集，为企业管理层提供的科学、准确决策支持的价值。

（2）数据的外部价值调研

企业数据的外部价值，即企业通过数据产品或相关交易产生的收益和经济利益，也被称为数据的"二次价值"，是数据以收益的形式进行二次入表的基本前提。要了解企业数据的外部价值，我们可以尝试采用以下方法。

- **市场研究**：通过收集和分析市场数据，了解当前数据交易市场的趋势、规模、主要参与者、交易模式等。这可以通过查阅行业报告、市场研究报告、新闻报道等方式实现。

- **竞争分析**：分析竞争对手在数据交易市场上的表现和策略，包括它们的数据产品、定价策略、客户群体等。这有助于了解市场的竞争格局和企业在市场中的定位。

- **用户调研**：通过问卷调查、访谈、焦点小组等方式，了解目标用户对数据的需求、购买意愿、支付意愿等。这有助于确定数据产品的市场需求和潜在的市场规模。

- 数据资产评估：通过对企业自身数据资产的评估，包括数据质量、安全性、可访问性等的评估，来确定数据产品的价值和市场竞争力。

调研的主要内容如下。

- 市场需求：了解目标用户对数据的需求和购买意愿，以及他们愿意支付的价格范围。
- 竞争态势：分析竞争对手在数据交易市场上的表现和策略，以及它们的优势和劣势。
- 数据资产价值：评估企业自身的数据资产的价值和竞争力，以及与其他数据产品的差异。
- 法律法规和政策环境：了解与数据交易相关的法律法规和政策环境，以及它们对数据交易的影响。
- 技术趋势和创新：关注数据交易领域的技术趋势和创新，以及它们对数据交易价值和市场的影响。

以上内容仅供参考，实际上由于数据要素发展才刚刚开始，虽然许多优秀的模型基于长期的实践被提出，但其广泛的适用性和有效性仍然有待验证。企业需要根据自身情况挑选适合自身的模型，或者寻求可靠的咨询管理机构的协助。

（3）成本分析或预估

在数据资产入表前的调研中，成本分析或预估是至关重要的。这有助于企业理解项目的经济影响，确保资源得到合理分配，并做出明智的决策。企业可以从以下几个方面展开关于成本分析或预估的调研。

现行成本调研如下。

- 基础设施成本：评估当前所需的基础设施（如服务器、存储设备和网络设备等）的购置、维护和升级成本。
- 人力资源成本：计算与数据资产入表相关的员工薪酬、培训和其他人力资源相关费用。
- 软件和技术许可成本：分析所需软件和技术的购买或租赁成本，以及任何相关的许可费用。
- 时间成本：考虑项目所需的时间资源，包括开发、测试、部署、维护等阶段所需的时间，以及这些时间对业务运营可能产生的影响。
- 数据清洗和整合成本：评估清洗和整合现有数据以满足入表要求所需的成本，包括人工成本和自动化工具的使用成本。
- 数据质量改进成本：分析提高数据质量所需的成本，如数据验证、去重、错误修正等产生的成本。
- 数据存储和管理成本：计算存储和管理入表数据所需的成本，包括硬件、软件购买和维护费用。
- 数据安全和隐私保护成本：计算确保数据安全和符合隐私法规所需的成本，如加密、访问控制和合规性审计等产生的成本。

新需求实现的预估成本调研如下。

我们在企业数据内部价值的调研过程中，很容易收集到企业内部或外部关于数据的新需求。因此，预估新需求实现的成本也是必要的。

- 未来扩展成本：预测随着数据量的增长和业务需求的变化，可能需要进行的系统扩展和升级的成本。
- 新技术或工具的投资成本：预估为满足未来数据需求可能需要投资的新技术或工具的成本。
- 培训和知识更新成本：预估随着技术和数据需求的变化，员工培训和知识更新所需的成本。
- 合规性和法律成本：预估未来可能因法规变化或法律要求而产生的合规性成本。

通过全面分析这些成本，企业可以更加准确地评估数据资产入表项目的总体成本，并制订相应的预算和计划。这有助于确保项目的经济可行性，并为企业的决策提供有力支持。

6.4.2　目标确定

现在，有了战略，有了实施路线，也评估了企业的资源和预算，我们就可以开始制定符合企业实情的数据资产入表的实施路线和阶段性目标。图6-5是一个简单的甘特图示例。

数据入表项目		第一周 立项	第二周 阶段1：资源调配	第三周 阶段2：……	第四周 阶段3：……
IT 部	岗位 A		任务 A	任务 B	
	岗位 B				
	岗位 C		任务 A	任务 B	
	……				
数据管理部	岗位 A		调岗/培训		任务 S
	岗位 B		调岗/培训		任务 S
	岗位 C	调研			
	……				
业务部	A 分组	调研			
	B 分组	调研			
	……				
财会部	岗位 A		技能培训		
	岗位 B		技能培训		任务 M
	……				
合规部	岗位 A		技能培训		
	……				
人力资源部	岗位 A	调研	招聘/培训		
	……	调研	招聘/培训		

图 6-5 数据资产入表项目推进甘特图示例

6.5 为入表实施提供资源保障

入表需要的资源保障如图 6-6 所示，包括组织结构保障、技术资源保障、后勤保障、财务保障等。

6.5.1 组织结构保障

1. 组织机制

（1）指定独立的决策人

随着数据治理被提升至公司治理层面，数据资产入表也必须由企业自上而下推进。考虑到数据资产入表涉众之广，建议指定独立的数据管理决策人，将数据资产入表作为数据管理阶段性目标，统一推进数据资产入表项目。

图 6-6 数据入表的资源保障体系

作为企业内部的新业务，数据资产入表必然牵涉到各部门的新授权和分工，因此需要一个高于部门管理者的决策管理者来统筹。决策人需从公司整体发展的高度出发，制定数据资产入表项目的阶段性目标，并指定各阶段的责任人。

（2）指定阶段性项目的负责人

数据资产入表涉及众多部门，容易引发关于项目领导权的争议，尤其是在财务部门与技术部门之间。为避免这种由单一部门领导而导致的沟通缺失和低效执行问题，可以制定阶段性实施目标，并指定各阶段的负责人。

例如，在数据资源形成的初期阶段，首先要完成数据治理相关工作，然后才是数据入表工作。因此，在企业信息化和数据收集的前期阶段，技术部门牵头，同时与财会部门、业务部门、风控合规部门协调，明确相关标准、要求和需求。

在数据资源已经形成阶段，财会部门负责领导，技术部门提供技术支持，业务部门负责实施，其他部门协作配合。

2. 不同阶段涉及的参与部门

数据资产入表不是单一部门的工作，牵扯到集团、企业内部的各个部门。只有这些部门在统一的协调下共同参与，加上外部服务商的配合，数据资产入表工作才能真正落地。

不同阶段的项目重点也是不一样的，企业需要根据制订的实施规划，阶段性地调整工作及管理重点。

表 6-4 列举了几个关键性阶段所涉及的主要职能部门及合作中涉及的主要任务，以供参考。

表 6-4 入表关键性阶段的主要任务和主要职能部门

入表项目决策人			
关键性阶段	主要任务	主要职能部门	
数据资源形成阶段	生产环境信息化 技术环境部署 数据资源梳理	★IT技术部门 生产部门 数据管理部门 风控合规部门	风控合规部门
数据资产入表阶段	数据资源盘点 数据资产确认 数据资产计量	★财务会计部门 业务部门 数据管理部门	
数据产品开发和设计阶段	产品需求调研 产品商业模式设计 产品研发 产品试用	★业务部门 IT技术部门 数据管理部门 财务会计部门	
数据产品流通阶段	数据资源登记 数据产品运营规划 数据流通风险控制	★数据管理部门 业务部门 财务会计部门 IT技术部门	
数据资产金融化阶段	数据资产评估 数据资产披露 数据资产融资	★董事会 财务会计部门 审计部门 数据管理部门	

（1）数据资源形成阶段

- 主要参与职能部门：IT技术部门、生产部门、数据管理部门、风控合规部门。
- 阶段负责人：IT技术部门负责人。
- 主要任务：完成生产环境信息化改造，部署技术环境，归集和整理数据，形成有价值的数据资源。

说明：生产部门作为数据源头，会产生大量原始数据；IT技术部门需要根据企业的生产需求，负责企业的信息系统建设和管理，包括数据的收集、存储、处理和分析等；数据管理部门是专门负责数据管理的部门，负责数据的收集、清洗、整合、存储等工作，确保数据的准确收集和处理；风控合规部门需要确保数据的合规性和安全性，防止数据泄露和非法访问。

由于大部分企业的数据管理处于起步阶段，故一般在企业发起数据资产入表项目时，由于需要先完成数据资源的梳理，往往需要IT技术部门牵头做起。

（2）数据资产入表阶段

- 主要参与职能部门：财务会计部门、业务部门、数据管理部门。
- 阶段负责人：财务会计部门负责人。
- 主要任务：数据资源盘点、数据资产确认、数据资产计量。

说明：在该阶段，财务会计部门需要确保数据资产入表过程的合规性、准确性和高效性。它们负责协调各部门之间的合作，确保数据资源按照既定的标准和流程入表，使企业能够将海量的数据资源有效地整合和利用起来。

（3）数据产品开发和设计阶段

- 主要参与职能部门：业务部门、IT技术部门、数据管理部门、财务会计部门。
- 阶段负责人：业务部门负责人。
- 主要任务：产品需求调研、产品商业模式设计、产品研发、产品试用。

说明：通过业务部门的市场调研和业务需求确定，对数据产品或者服务模式进行商业设计，并将设计需求提供给IT技术部门进行技术实现；数据管理部门提供数据支持，共同推动数据产品的成功开发；财务会计部门需要对开发过程中产生的各项支出进行入表项目的判断和计量。

（4）数据产品流通阶段

- 主要参与职能部门：数据管理部门、业务部门、财务会计部门、IT技术部门。
- 阶段负责人：数据管理部门负责人。
- 主要任务：数据资源登记、数据产品运营规划、数据流通风险控制。

说明：数据管理部门作为数据资源的管理者，负责数据资源的登记，确保数据的合规性和可追溯性，为数据产品的市场流通提供充分条件；业务部门负责数据产品的运营规划，包括市场推广、销售策略制定以及客户关系维护等，以推动数据产品的流通和应用；财务会计部门关注数据产品的财务表现，负责成本核算、收益分析以及风险控制等工作；IT技术部门提供技术支持，确保数据流通顺畅和安全，包括数据平台的维护、数据交易的技术支持以及数据安全的保障等。

（5）数据资产金融化阶段

- 主要参与职能部门：董事会、财务会计部门、审计部门、数据管理部门。
- 阶段负责人：董事会。
- 主要任务：数据资产评估、数据资产披露、数据资产融资。

说明：数据资产金融化是数据价值释放的重要途径，也是企业资产增值的重要手段。作为企业的最高决策机构，董事会负责监督数据资产金融化的整体方向和策略，审查并批准关键决策，以确保数据资产得到合理的估值和应用。财务会计部门和审计部门将对企业的数据资产进行全面、客观的价值评估，由董事会通过适当的披露，增强企业的透明度和公信力，吸引更多的投资者和合作伙伴。

3. 人员培训

在数据资产入表项目中，几乎所有的企业都不同程度地需要人员培训。所以，培训计划也是重要的一环。我们基本可以遵循以下几个基本流程来完成。

（1）需求分析

- 通过前期的市场调研，与管理层、部门经理和员工沟通，收集他们对培训的期望和需求。
- 分析数据资产入表各阶段的实施规划和参与部门，确定培训的时间、对象和重点领域。

（2）设定培训目标

- 明确培训的目的和预期成果，例如提高技能、提高生产效率等。
- 确保培训目标与企业的整体战略、员工个人职业发展目标相一致。

（3）制订培训计划

- 根据需求分析结果，设计培训课程和主题。

- 确定培训的时间、地点、参与人员以及培训方式（线上、线下或混合式）。
- 编制详细的培训计划表，包括课程安排、讲师分配、资源准备等。

（4）选择培训方法

- 根据培训目标和内容选择适合的方法，如讲座、研讨会、案例分析等。
- 考虑使用现代技术工具，如在线学习平台、虚拟现实等，提高培训效果。

（5）确定培训师资

- 选择具备丰富经验和专业知识的内部或外部讲师。
- 确保讲师能够针对企业的具体需求和员工的特点进行有效的教学。

（6）预算规划

- 评估培训所需的成本，包括讲师费用、场地租金、材料费、技术支持成本等。
- 制定预算并寻求管理层的批准，确保培训计划的顺利实施。

（7）实施、评估与反馈、调整

- 按照培训计划表进行课程安排，确保所有参与者按时参加。
- 监控培训过程，确保培训质量和效果。
- 在培训结束后收集参与者的反馈，了解培训效果和改进空间。
- 使用问卷调查、面谈或测试等方法，评估员工在培训后技能的提升和行为的改变。
- 根据评估结果，对培训计划进行必要的调整和优化。

6.5.2 技术资源保障

1. 基础技术建设

作为数据收集的基本前提，信息化是企业至少需要完成的。因此，企业的技术建设至少要达到以下水平。

（1）技术选型和系统集成稳定

企业能根据自身的需求和资源状况，选择适合的技术和系统进行集成。这包括硬件设备的选购、软件系统的选择和集成、网络架构的设计等。同时，企业还需要考虑系统的可扩展性和可维护性。

（2）数据整合和管理规范

企业需要对内部数据进行整合和管理，确保数据的准确性、完整性和一致性。这包括建立统一的数据管理平台、制定数据标准和规范、实施数据质量管理等。

（3）数据存储和安全保障

企业需要建立健全的信息安全体系，确保内部数据的安全性和隐私性。这包括采取必要的安全措施、制定信息安全政策和规范、实施安全审计和监控等。

2. 数据治理框架

数据治理实际上并不是某一个阶段的工作，而是贯穿整个数据价值化进程。从我们意图对数据进行收集、整理，数据治理就已经开始了。数据治理在国内外已经有广泛的讨论和实践，并且有了可靠的实施框架。

（1）建立数据标准

数据标准旨在解决数据使用和流转过程中出现的标准不一致导致的问题，具体如下。

- 口径标准不统一导致的数据生产、采集、存储不规范。
- 数据标准缺失或不明确导致的数据生产、采集有遗漏。
- 缺乏统一的数据存储和管理标准导致的数据生产、存储成本高。
- 跨系统数据不一致导致的统计报送困难。
- 数据标准不一致导致的数据流通不畅，成本高，过程效率低等问题。

建立数据标准的工作主要围绕以下几大部分。

- 企业内部制定统一的业务术语，包括中文名称、英文名称、术语定义等。理清各个术语之间的关系，形成方便查阅的业务术语关系。
- 管理主数据和参考数据。区分主数据和参考数据，保障主数据的跨系统高共享能力，以及相对稳定性。编制主数据的业务标准和代码体系表。
- 学习国标、省标、行标，结合自身实践，梳理出合适的数据元标准。
- 建立企业各层级指标数据的分类框架等。

(2)提升数据质量

提升数据质量的工作从详尽的数据质量分析开始,找到影响数据质量的根本原因。我们可以使用故障树图等方法对其进行梳理。

当找到数据质量问题后,我们便需要依靠企业制度对数据质量进行提升。图 6-7 为某大型平台企业数据质量提升流程。

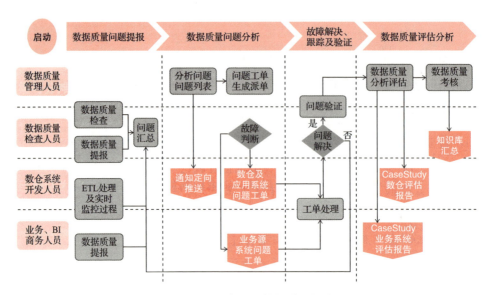

图 6-7 某大型平台企业数据质量提升流程

(3)保障数据安全

1)数据合规与信息安全技术的采用。数据安全策略首先需要符合国家法律法规,如《个人信息保护法》《国家安全法》《网络安全法》《数据安全法》《密码法》等,如图 6-8 所示。

2)数据分类分级。业务部门对各自负责的数据进行分类分级初步判定,并按照某种方式进行汇总整理,最终根据数据的保密性、完整性、可用性,对分类分级完成后的数据进行安全等级划分。

3)数据保护与访问限制。

- 访问权限分离:对安全管理人员、数据操作人员、审计人员的角色进行分离设置。

- 重要操作设置审批流程：对高密级数据访问或对数据的重要操作设置内部审批流程。
- 访问权限保证及审计：对数据应用的访问权限进行严格管理，确保其访问的及时性、有效性、合法性、并保证审计记录的可追溯性和可取证性。

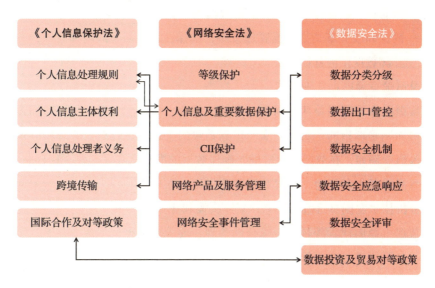

图 6-8 数据安全相关法律法规

4）安全风险防范。加强数据安全风险管理，对组织已知或潜在的数据安全进行分析，制定防范措施并监督落实。

（4）构建数据架构

数据架构是描述和管理数据的框架，涵盖元数据管理、存储、模型和使用方式等。作为企业 IT 基础设施的核心，数据架构对信息管理效能和业务决策具有重要影响。

构建数据架构时，我们需考虑业务需求、数据生成和存储、数据处理与提取等多方面问题。技术层包括数据存储、处理技术和算法，如各类算法框架和存储技术。

（5）挖掘数据应用

数据应用展现了数据的价值，这种价值的实现主要包含数据分析、数据服务和开放共享三大途径。

- 数据分析常见的应用包括报表开发、多维分析、动态预警和趋势报告等。
- 数据服务是指通过统一处理和分析内外部数据,并结合公众、行业和组织需求,提供跨领域、行业的数据支持。
- 数据开放共享是指根据管理策略,选择性地向外开放内部数据,并引入外部数据供内部使用。

（6）数据生命周期管理

数据生命周期涵盖数据采集、存储、整合、应用、分析、归档和销毁。数据生命周期管理指的是对数据从产生到销毁的全过程进行有效管理,以最大化数据价值。例如,在数据采集阶段,确保数据的准确性和完整性;在存储阶段,实现可靠的备份和恢复,确保数据得到保留;在分析和应用阶段,运用数据挖掘和分析技术发掘有价值的信息,支撑决策和业务发展。

数据生命周期管理是一个综合性管理,要求对数据的生成、存储、使用和销毁等各阶段进行全面管理和控制,确保数据价值最大化,并满足企业业务和合规需求。

3. 技术平台与工具

以上对数据资产入表的技术资源保障,需要多种平台与工具的支撑,具体的技术平台与工具介绍见第 5 章。

6.6 本章小结

本章的核心在于提出了数据资产入表实施的具体方案,并探讨了保障数据资产入表项目顺利进行所需的资源。

数据资产入表是实现数据价值化的关键步骤,必须与企业的数据价值化策略紧密结合。通过实施数据资产入表项目,企业能够逆向推动数据管理能力的提升及数据价值化的实现。

从企业管理层视角出发，要启动数据资产入表项目，首先需进行现状调研和目标设定，明确入表的起点和目标。接着基于企业的实际情况，构建有效的组织机制，确保项目高效进行。达成前期条件后，进入数据资产入表的具体步骤。技术建设，尤其是数据治理，对提升数据质量和安全性至关重要，是数据资产入表过程中不可缺少的环节。最终，通过持续的执行与优化循环，企业将不断完善数据资产入表的实施方法论，确保其与组织的发展和变化保持同步。

第 7 章 CHAPTER

入表的准备工作

以终为始，明确目标，不要为了入表而入表。

我们相信读者阅读本书的目的在于寻找答案和思路，而非仅仅学习概念，虽然理解相关概念是充分掌握数据资产入表的基础。在通过前几章的学习掌握了必要知识后，我们来看实操方法论和经验总结。其中，首先要回答的问题便是"为什么要进行数据资产入表"。

本章将从明确入表目的入手，帮助读者理解入表的意义，然后介绍如何判断企业是否适合进行数据资产入表，最后详细阐述入表所需的准备工作。

通过本章的学习，你将有如下收获。

- 结合企业自身的实际状况，明确入表的最终目的。
- 深入了解入表实现的目标。
- 掌握入表准备工作的落地方法。

7.1 明确入表的目的

7.1.1 入表是数据资产化的核心

1. 入表的最终目的

入表的最终目的是与企业的使命和战略目标紧密结合，创造最大效益。这里的效益不仅指经济效益，如通过生产和销售产品或服务获得利润，支持企业的持续发展和扩张，还包括社会效益，如企业对社会和环境的积极贡献，如提供就业机会，支持社区发展等。因此，数据资产入表需要与企业的战略目标紧密相连，旨在实现经济效益与社会效益的最大化。

（1）经济效益表现

1）产生数据收益。数据作为资产存在的主要目的是为数据所有者或持有者带来经济利益。作为资产的数据必须证明其价值创造的合理性，即能够为企业带来直接收入或减少相应的成本，从而产生经济效益。例如，数据可以通过增加销售收入、降低生产成本或提高工作效率等方式产生经济收益。具体的数据收益产生方式见图 7-1。

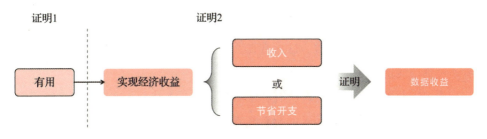

图 7-1 数据收益产生方式

2）解决企业生产中遇到的问题。在解决企业生产中遇到的问题时，一个尤为突出的挑战是前期投入，这具体体现在融资方面的困难与复杂性上。

资产的融资属性意味着它可以作为抵押品或担保品用于融资，这对于解决企业或个人的资金短缺问题至关重要，并能助力扩大经营规模和提升经济效益。关键在于证明某项生产资料（如机器设备、土地、技术专利或数据等）能否作为资产计入企业财务报表，这取决于能否证明其具备实用性和实现经济收益的可能性。

实用性，指的是生产资料是否能在企业的日常运营或生产活动中发挥实际作用，进而产生经济利益或价值。这通常与生产资料的使用价值紧密相关，即生产资料是否能满足企业的实际需求或解决特定问题。

实现经济收益的可能性，则着重于生产资料在未来可能带来的经济利益，涉及其潜在价值，即未来是否能通过销售、租赁、使用或其他方式转化为实际经济收益。

这一证明过程是对生产资料未来收益价值的验证。只有当生产资料同时具备实用性和实现经济收益的可能性时，才能吸引投资者关注，才能为企业提供解决融资问题的新途径。

3）解决企业所有者遇到的收益问题。资产所有者持有资产的根本目的在于实现预期的收益。资产与所有者收益之间的关系可以用以下公式表达：所有者收益 = 资产运营收益 + 资产处置收益 − 成本费用。这一公式直观地展示了资产运营和资本处置在增加所有者收益中的重要性。

具体来说，资产运营收益指的是通过资产的日常使用和有效管理所产生的收入，反映了资产在生产或经营过程中的价值。资产处置收益是指通过转让或出售资产所得到的经济利益，这通常在资产生命周期的末期发生，是资产所有者通过资产变现获得的经济回报。

在追求收益的同时，资产所有者还需要考虑成本费用的影响。成本费用包括与资产运营和资产处置相关的所有开支，如维护成本、折旧、摊销以及可能产生的税费等。对于无形资产，例如数据无形资产，其成本通常通过摊销的方式在资产的使用寿命内分摊，从而影响每个会计期间的成本费用。

（2）社会效益表现

1）提供数据就业机会。2023 年 12 月 23 日，国家发改委和国家数据局联合发布的《数字经济促进共同富裕实施方案》中提出"建设一批面向数字经济、数字技术的专业性国家级人才市场"，反映了政府对通过数字化手段和数字经济行业解决就业问题的高度关注。人类劳动投入到数据产生过程中是形成数据资产价值的关键因素，这不仅体现了数据资产的价值源泉，也为企业将数据资产计入财务报表提供了更多的动力和合理依据。

2）支持所属社区的发展问题。支持所属社区的发展是每个企业和组织（尤其是国有企业）应尽的责任和义务。企业在社区内发展数字经济，可以为社区创造更多的数字和数据相关的就业机会及经济收益。通过购买本地的数字或数据产品和服务，支持社区数字经济的发展，是企业支持社区发展、实现社会效益的有效手段。

2. 入表阶段划分和价值创造

入表过程本身涵盖多个不同的阶段。在实践中，我们总结得出，"三次入表理论"。读者可以依托我们提供的这一套方法工具来判断企业目前处于入表的哪个或哪几个阶段，进而为后续的工作部署和推进提供明确指导。数据资产入表三大阶段详见图 7-2。

（1）初次入表：底层资产入表

初次入表主要指的是企业将已实际形成的底层原始数据资源，按照《暂行规定》的要求，首次纳入会计层面的企业资产库。这一阶段工作的完成，意味着企业建立了坚实的数据资产基础，为后续基于底层资产形成更多其他类型的资产打下了坚实的基础。

（2）二次入表：增值资产入表

底层数据资产在经过加工和应用之后，必然产生新的附加值。二次入表就是将这部分增值以货币形式体现在财务报表中。数据资产的增值途径多种多样，由于本书的重点在于介绍资产入表的过程，我们在此不再深入讨论具体的增值途径。

（3）三次入表：金融资产转化后入表

三次入表是指当数据资产通过交易或其他方式转化为以货币计量的金融资产后，将其纳入财务报表的过程。在本书的后续章节中，我们将对数据资产的金融化进行简要介绍。

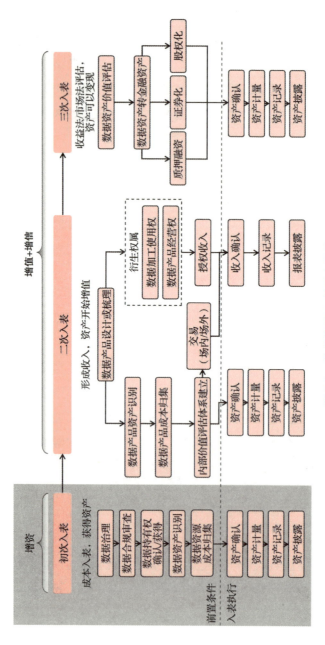

图 7-2 数据资产入表三大阶段

7.1.2 入表的业务目标

接下来,我们将从业务层面深入剖析数据资产入表所能带来的实际效益,帮助读者全面理解其重要性和价值所在。

1. 直接目标

(1)数据资源盘点

数据资源盘点是对组织内信息化系统产生的数据的数量、质量、重要性及利用效率进行全面记录、核查、评估和报告的过程。这不仅构成数据管理的基础,也是数据资产化趋势下企业日常运营的关键环节。通过盘点,企业可以深入了解数据资产的现状,识别潜在风险和机遇,为数据治理、利用和交易提供强有力的支持。

尤为重要的是,数据资产入表工作必须以完成数据资源盘点为前提。若企业未能对自身拥有的数据资源进行清晰、全面的了解,那么数据资产入表便无从谈起。毕竟,只有明确了手中的数据资源,企业才能有效地进行后续的入表操作,确保数据资产得到合理、准确的会计处理。因此,强烈建议企业在开展数据资产入表工作之前,先进行详尽的数据资源盘点,为数据资产化的顺利进行奠定坚实的基础。

企业在开展数据资源盘点时,通常需要着重关注以下两个方面:一是构建清晰的数据系统画像,以便全面了解数据与信息系统之间的关联,这有助于构建更为精准的数据资产管理框架;二是推动深化数据治理工作,通过识别并解决数据质量、安全性和一致性等问题,提升数据治理水平,确保数据资产的安全、合规和高效利用。

1)构建清晰的数据系统画像。构建数据系统画像是一个系统性工作。它基于分析信息系统的使用目的、特性和协作关系,对系统及其附属数据进行分类和特征化,从而精确地描绘和展示数据层面的关键信息。这一过程的核心在于,通过对系统与数据的深入分析,提炼出关键信息并形成信息画像,为企业的数据产品分类、价值评估、产品优化等工作提供有力支持。此外,数据系统画像也是数据驱动型决策的关键要素。它能够帮助企业更好地理解数据资产,从而做出更为准确、高效的决策。

首先,数据系统画像的构建使得系统与数据之间的复杂关系明晰化,不仅为后续的程序迭代和数据优化工作提供坚实的理论支撑和实践指导,也为数据资产组的辨别提供详尽的基础信息,有助于构建更为精准的数据资产管理框架。

其次,数据系统画像明确了不同系统之间的相互关系。这有助于更准确地划分业务边界,为业务决策提供有力的支持。

最后,数据系统画像理清了数据的流向和用途,能够更全面地评估数据的价值,为数据资产的合理定价和交易提供重要的参考依据。

2)推动深化数据治理工作。我们发现,在数据资源盘点的过程中,不再局限于程序设计者的视角,而是从使用者的角度出发来审视数据。这一转变揭示出在系统设计和开发阶段未曾显现的诸多问题,具体如下。

- 数据的质量和完整性问题。这要求我们加强数据质量管理工作,通过实施一系列质量管理措施,确保数据的准确性和完整性,从而避免因数据错误或遗漏而带来的潜在风险。
- 数据的一致性和标准化问题。我们需要制定并执行统一的数据标准和规范,确保数据格式和命名的一致性,进而提升数据的可读性和可用性,为数据的有效利用奠定坚实基础。
- 数据的安全性和隐私保护问题。我们必须加强数据保护措施,通过采用先进的数据加密技术、实施严格的访问控制策略等方式,确保数据的安全性和合规性,防止数据泄露或滥用的情况发生。

特别是在大型企业集团中,巨量数据在不同内部主体之间共享和服务提供方面面临诸多挑战。由于数据量庞大,传统的人力盘点和分析方法往往难以在限定时间内完成任务。这种压力促使数据持有者积极寻求自动化数据治理工具的支持,以提高数据治理的效率和能力。通过采用自动化工具,企业能够更快速、更准确地完成数据盘点和分析工作,进一步推动数据治理工作的深化和发展。

综上所述,数据资产入表推动了企业数据资源的全面盘点,并在构建清晰的数据系统画像和深化数据治理方面发挥了重要作用。这一举措有助于企业更全面地了解自身数据资产状况，提升数据治理水平，为数据的长期价值发挥奠定坚实基础。

（2）数据价值构成层面

1）数据内循环价值评估。《暂行规定》虽提及了"企业内部数据资源"的概念，却未给出具体定义。基于在实践中的理解，我们对此进行阐释，并引入"数据内循环"概念，旨在帮助读者在数据资产入表实践中更有效地识别和应用数据。

根据我们的实践经验，企业内部数据资源是指企业在构建和完善信息系统、深度处理数据以支撑业务需求的过程中，逐渐积累形成的具有潜在经济价值的数据。需要注意的是，内部数据资源并非仅限于企业内部使用。在现实中，这些数据资源不仅服务于企业的日常运营和决策，也被用于外部销售或对外提供服务。为了确保达到外部主体可接受为服务或交付物的标准，数据资源通常需要经过企业内部的精细加工和专业化处理。因此，企业内部数据资源是企业对外销售的数据的前置阶段的产出物。换言之，没有对内部数据资源的加工和使用，企业往往难以实现内部数据资源对外的潜在价值。

数据内循环是指企业为了通过数据赋能内部业务目标或形成可对外产生收益的数据存货或数据服务，在企业内部或关联企业间对数据资源进行加工、使用和生成新数据的一系列活动。这一过程是企业有效利用数据推动核心业务发展的关键环节，也是实现数据对外经济价值的重要前置阶段。

数据内循环价值评估是对企业数据资源在内部循环流转过程中所蕴含的价值进行定性和定量的评估，旨在为后续的产品合理定价、资产准确估值等提供坚实可靠的依据和支撑材料。特别需要强调的是，对于数据资产这类无形资产而言，其价值的证明过程尤为关键，需要充分且确凿的证据。在实际操作中，企业若想通过资产评估为自身的数据资产获取合理的估价，就必须向评估机构提供完整且有力的证据链，以证明该资产的真正价值。

《中华人民共和国资产评估法》将资产评估定义为"评估机构及其评估专业人员根据委托对不动产、动产、无形资产、企业价值、资产损失或者其他经济权益进行评定、估算，并出具评估报告的专业服务行为"。资产评估是一项专业服务行为。其中，评定环节作为核心部分，要求有充分的佐证材料作为支撑，以确保评估结果的准确性和权威性。同时，资产评估的鉴证性也强调评估机构及其专业人员需要对资产价值进行深入的鉴别和举证，以确保评估结果的公正性和可靠性。

企业数据资产入表工作应紧密围绕以下3个核心方向展开。

- **证明企业内部数据资源的形成过程**。这一方向着重阐明企业如何逐步积累形成具有潜在经济价值的数据资源。这包括详细描述企业在构建和完善信息系统、深度处理数据以支撑业务需求的过程中所进行的工作，以及数据资源的来源和处理过程，从而确立企业内部数据资源的形成路径和价值基础。
- **证明存在数据内循环**。证明存在数据内循环，强调数据在企业内部的利用和流转情况，着重展示数据的实际应用和内部循环的存在。这包括描述数据在企业内部如何被收集、存储、加工和利用，以及数据的流向和应用场景。
- **证明数据内循环创造了价值**。证明数据内循环创造了价值强调评估数据内循环对企业的实际经济价值，以量化数据循环的价值贡献。这一方向更加强调数据内循环所带来的具体经济效益或业务提升。除了描述数据的流转和利用情况外，我们还需要进一步评估和量化数据内循环对企业的贡献，例如推动企业的决策优化、提高生产效率、降低成本、优化营销策略等。重点在于确定数据内循环对企业的实际经济价值。为了证明这一点，企业需要提供数据内循环与业务成果之间的关联证据，如通过数据内循环实现的业务增长、成本节约、客户满意度提升等具体指标和数据。

在实施这三个方向的同时，所需的入表材料通常会自然形成。整个工作流程旨在提供充分的证据支持，因此后续的资产评估工作可以直接利用前期产出物作为依据，从而确保评估结果的准确性和可靠性。

2）数据对外产生经济利益评估。《暂行规定》的"关于适用范围"部分指出："本规定适用于企业按照企业会计准则相关规定确认为无形资产或存货等资产类别的数据资源，以及企业合法拥有或控制的、预期会给企业带来经济利益的、但由于不满足企业会计准则相关资产确认条件而未确认为资产的数据资源的相关会计处理。"可见，能为企业带来经济利益是相关数据资源实现入表的重要前提。那么，怎样才能证明数据资源能为企业带来经济利益呢？

《暂行规定》给出了答案："企业应当按照企业会计准则相关规定，根据数据资源的持有目的、形成方式、业务模式，以及与数据资源有关的经济利益的预期消耗方式等，对数据资源相关交易和事项进行会计确认、计量和报告。"

持有目的是指企业持有数据资源的意图及其试图实现的经济目标。持有目的通常与数据资源的形成方式和业务模式相结合，共同描述数据资源如何产生经济利益。

形成方式是指事物或概念的形成过程或方式。具体来说，它涵盖了某个事物或概念从产生、发展、变化到最终确立的整个过程。在数据行业中，形成方式通常包括数个关键步骤和因素，如需求分析、设计、实现、测试、反馈和修改等。

业务模式也被称为"商业模式"，涉及企业如何赚钱的问题，包括企业的盈利模式、收入来源、成本结构等。简单地说，业务模式描述了企业通过何种方式创造和销售产品或服务，如何从客户处获得回报。它从策略性的、长期的、整合的、动态的视角，在客户、价值、伙伴和利润之间建立最优的关系。业务模式的内涵非常丰富，涉及商业产品、服务、客户、渠道、市场、供应链、物流、信息技术等多个方面。它囊括了企业整合各种资源、能力和技术以实现商业成功的全部方面。此外，制定业务模式时，我们还需要考虑企业的财务目标、组织文化和战略定位，以应对不断变化的市场环境和竞争格局。

学习完概念后，让我们通过分析实际案例来说明如何在数据资产领域应用"持有目的＋形成方式＋业务模式"分析框架，完成数据资源带来经济利益的初步证明。

例如，某电商企业持有大量用户行为数据，其持有目的是更好地理解用户需求，优化产品设计和营销策略，从而提升销售额。在形成方式上，该企业通过对用户行为数据进行深度挖掘和分析，形成了用户画像和市场趋势预测等有价值的信息。在业务模式上，该企业利用这些数据资源优化商品推荐算法，提高用户购物体验，同时针对不同用户群体制定个性化的营销策略，有效提升了销售额和用户满意度。

为了更好地阐明如何运用“持有目的 + 形成方式 + 业务模式”分析框架来证实数据资源为企业创造的经济利益，我们选取爱企查企业商标信息查询服务（见表 7-1）作为具体案例进行解析。

表 7-1 爱企查企业商标信息查询服务（数据产品）

数据资源	持有目的	形成方式	业务模式	带来经济利益
目标企业商标基础信息（数据集合）	通过持有对应的商标数据，为用户提供所调研企业的商标基础信息（见图 7-3）	在企业的相应数据库中存储相应的商标图片、商标名称、注册号、国际分类、申请时间数据	以网页 App 或移动端 App 作为终端，并以表格形式展现给用户（见图 7-4），通过嵌入式广告的方式向平台访问用户推送商标咨询服务商（见图 7-5）	形成广告收入

首先，从持有目的来看，爱企查持有企业商标基础信息数据资源的目的非常明确，即为用户提供便捷、高效的商标信息查询服务。这种服务需求在市场上广泛存在。这些信息不仅能帮助用户更好地了解企业的品牌建设、经营策略和法律合规情况，还可以为商标咨询服务商提供潜在的客户线索。因此，爱企查通过持有这些商标数据资源来满足用户的实际需求，进而实现商业价值。

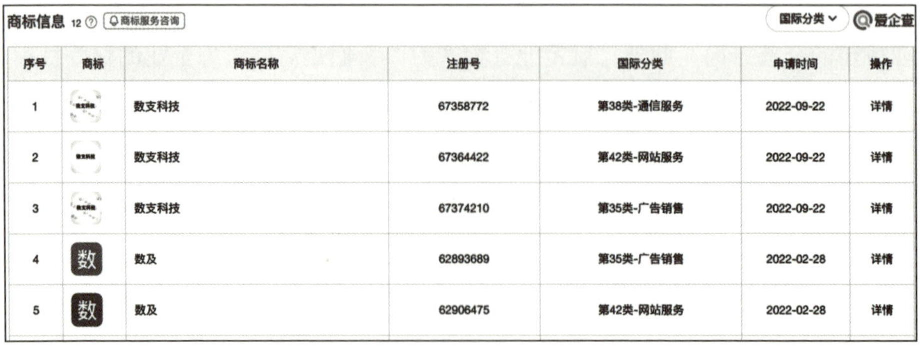
商标信息 12 ⓘ 商标服务咨询　　国际分类　爱企查

序号	商标	商标名称	注册号	国际分类	申请时间	操作
1		数支科技	67358772	第38类-通信服务	2022-09-22	详情
2		数支科技	67364422	第42类-网站服务	2022-09-22	详情
3		数支科技	67374210	第35类-广告销售	2022-09-22	详情
4	数	数及	62893689	第35类-广告销售	2022-02-28	详情
5	数	数及	62906475	第42类-网站服务	2022-02-28	详情

图 7-3 企业商标基础信息示例

图 7-4 信息记录与查询示例

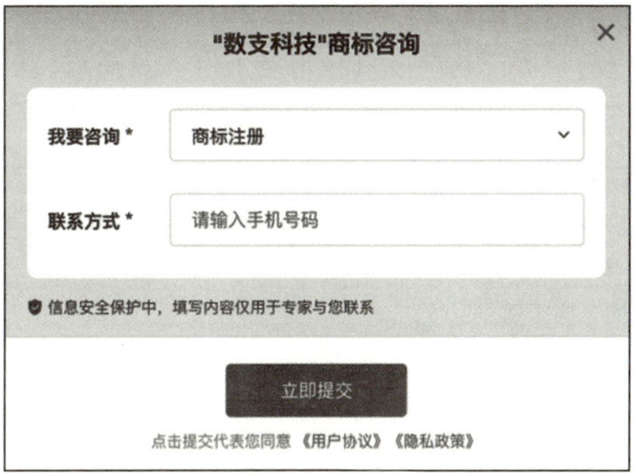

图 7-5 广告推送服务示例

其次，形成方式对于数据资源的价值实现至关重要。爱企查通过专业的数据收集、整理和存储流程，确保了商标数据的准确性和完整性。这种严谨的数据形成方式不仅提升了数据资源的质量，也增强了其在市场上的竞争力。用户在使用爱企查的服务时，能够获取真实、可靠的商标信息，因而服务的用户满意度和口碑得以提高。

最后，业务模式是实现数据资源经济利益转化的关键环节。爱企查采用网页 App 或移动端 App 为终端，以表格形式直观展示商标信息给用户。这种便捷的信息查询方式吸引了大量用户，提高了平台的访问量和用户活跃度。同时，通过嵌入式广告的方式向平台访问用户推送商标咨询服务商，爱企查实现了广告收入的增加。此外，爱企查还考虑了拓展增值服务，如商标监测、预警等，进一步挖掘数据资源的商业价值。

通过这个案例，我们可以看出，持有目的、形成方式和业务模式的有机结合，使数据资源能够为企业带来实际的经济利益。因此，在数据资产入表过程中，企业应充分展示这三方面的信息，以证明数据资源的经济价值。同时，这也为后续的资产评估和决策制定提供了有力的依据。

2. 间接目标

（1）发掘潜在数据业务增长点

许多从事商业贸易的企业主在盘点库存和计算存货成本时，经常会在仓库中发现一些压箱底的宝贝。这些宝贝在市场上有大量需求，但企业主们由于未进行库存盘点，并没有意识到自己手头拥有这样的宝藏。

除了发现宝藏的情景，更多时候，企业主们会发现存在大量在主业经营过程中产生的衍生产品。这些衍生产品占据了宝贵的库房空间，产生了费用，但没有带来直接收益。这时候，企业主们肯定会考虑如何将其利用起来，以产生新的收益。

在现实中，柏油就是一个很好的例子。柏油是炼焦工艺的副产品，但它被广泛应用于道路建设和防水绝缘材料，从而实现了二次价值。

同样的事情也发生在数据资产领域。例如，南方电网将其管理用户用电的信息系统中产生的数据提供给金融机构，帮助金融机构通过分析对象企业的用电模式，反推对象企业的生产情况是否匹配其在申请信贷时提交的材料，从而评估对该企业进行放贷的风险。在这个案例中，南方电网有效开发了其内部管理系统产生的数据的二次价值，实现了新的营收。

那么，正在阅读本书的读者要怎样复刻南方电网的成功案例呢？我们提供了以下建议和方法。

首先，我们之前提到过数据资源盘点，这是数据资产入表的必备工作。企业在展开数据资产入表工作时，实际上就在进行"掏箱底"工作。因此，读者可以参考本书在数据资源盘点中提到的方法论，先梳理好自己的数据资源目录。

其次，我们可以进行数据资源的潜在用途分析。潜在用途分析是一种研究和分析产品或服务可能的应用场景和潜在用途的方法，旨在了解产品或服务可能被使用的情况，以及这些使用情况可能带来的影响和效果。其中，最重要的部分是筛选出最有可能为企业带来经济利益的市场或客户群体。我们建议从数据流向和数据使用程度两个维度来展开分析。

- 数据流向。使用的数据用户和调用数据的系统都是数据流向的主体。
- 数据使用程度。数据的使用程度是指数据被调用、加工的频度和量级。

（2）数据部门职能转变

我们在为客户提供服务的过程中，发现一个普遍的现象：数据资产入表工作通常首先由数据部门牵头，负责前期的调研，并与服务商进行接触；在向领导层汇报并获得批准后，推动工作的责任往往会转交给财务会计部门；但在会计确认和计量的过程中，IT技术和业务部门往往对具体成本和收入的发生情况更为了解，这就要求它们与财务会计部门紧密配合，推进入表工作。

这一现象不只发生在数据资产入表的特定环节，还发生在其他环节，体现出数字化过程中多部门协作的趋势。这里的协作指的是不同部门之间通过数字化技术、工具和方法的合作，共同实现数字化转型和升级，以达到业务目标。这要求各部门之间加强沟通、协调和合作。针对数据资产入表及其后续数据要素的变现工作，向数据部门提出的职能转变要求如下。

1）建立跨部门协同机制。

建立数据和财务会计部门之间的协同机制，明确各部门的职责和任务。对于数据资产入表工作而言，我们需要明确数据部门在配合财务会计部门进行财务事件填报时应提供的信息，以及在信息不完整或缺失时的临时处理方法。需要指出的是，企业首次进行入表时，应寻求专业服务机构的指导，以降低试错成本和避免潜在的合规问题。

2）共享数据和信息。

打破部门间的信息孤岛，实现数据和信息的共享与交换。对于数据资产入表而言，这可能包括实现财务凭证与入表工具之间的数据共享，以及数据和财务会计部门间入表信息共享，从而赋能数据相关财务报表项的生成。同样，这一过程也建议采用专业服务机构或工具来实现。

3）信息化系统资本化的财务工作配合。

与财务会计部门合作，找到可资本化的信息化系统和数据资本化比例的平衡点。以金融行业的融资租赁为例，由于监管要求，数据不能对外销售，而是主要供内部使用。同时，金融行业需要持续对信息化系统投入，这就驱使信息部门将信息化系统资本化，从而将自己从一个纯支出的部门转变为能够为企业增加资产的部门。然而，对于一些企业而言，虽然信息化系统资本化优化了利润表和资产负债表，但实际现金流量并未改变，故财务会计部门可能无意愿主动实施信息化系统资本化。这时，信息部门和财务会计部门共同寻找平衡点成为首要任务之一。

7.1.3 入表的财务目标

接下来，我们会从财务层面介绍数据资产入表可以实现的效果。

1. 直接目的

（1）财务报表优化

财务报表优化是指企业通过会计账务处理手段，使财务报表数据重点体现企业在某一业务领域的经营成果，而不影响财务数据真实性的行为。例如，企业为了加强数字化改造从而进一步赋能主业的降本增效，需要研发一套新的数字化系统并长期对其产生的数据进行维护和分析。虽然该系统在未来可以通过赋能主业的方式给企业带来经济利益，但是在短期内会增加企业的支出（费用），从而影响企业的利润表/损益表中的财务数据表现。

通过数据资产入表，企业能将信息化系统的建设费用和随后产生的维护和使用（分析）费用进行不同的资本化处理，以达到对资产的有效计量；同时，通过将费用转化为资产来达到降低利润表中的支出、增加资产负债表中的资产的优化财务报表的目的。

（2）资产结构优化

资产结构优化是指企业通过调整其资产项目组成部分的种类和比例，实现资产整体收益最大化的一种资产配置策略。

具体来说，在数据资产领域，资产结构优化通常包括以下几个方面。

- 信息化建设变成投资：信息化建设本身变成投资行为，因为它是通过投入资源形成数据资产的行为。
- 调整负债结构：由于信息化建设后数据和使用（分析）费用是持续产生的，将这部分成本费用资本化就意味着企业在现金流量不变的情况下增加了资产，降低了资产负债率。

需要注意的是，资产结构优化是一个动态过程，需要根据企业的实际需求在各个财务周期中进行调整。

2. 间接目的

（1）数据产品定价依据

对于已经或将要把所持有的数据资产转化为外部收益（实现经济利益流入）的企业，尤其是公共数据运营企业，如何对其数据产品或服务进行合理定价是一个关键问题。有效的定价依据不仅关乎企业的经济效益，还影响市场的接受度和数据的价值实现。

数据资产入表之所以能够成为数据产品定价的依据，主要有以下几方面原因。

- 价值认知深化：通过数据资产入表，企业能够系统性地审视和评估自身所持有的数据资源，从而更全面地认识到这些数据的价值所在。这不仅包括对数据的来源、质量、稀缺性的评估，还涵盖数据对业务决策的支撑作用以及对创新能力的驱动作用。这种深化的价值认知为企业制定数据产品定价策略提供了更加客观和准确的依据。

- 成本结构明晰：通过数据资产入表，企业能够清晰地核算数据资产相关的成本，包括数据收集、处理、存储、分析等各个环节的成本投入。通过明确成本结构，企业可以更加合理地制定数据产品的定价策略，确保产品定价能够覆盖成本，实现盈利。

- 市场需求洞察：数据资产入表有助于了解市场需求和竞争态势。入表过程中，企业需要对数据资源的流通情况、使用频率以及市场需求进行细致的分析。这种分析有助于企业了解市场上对数据产品的需求程度、竞争对手的定价策略以及客户的支付意愿等信息。基于这些信息，企业可以更加精准地制定数据产品的定价策略，以满足市场需求并提升竞争力。

综上所述，数据资产入表通过深化价值认知、明晰成本结构、洞察市场需求等方面，为数据产品定价提供了全面而有力的依据。这有助于企业制定更合理、更有竞争力的定价策略，实现数据资产的价值最大化。

（2）数据资源价值评估举证准备

对于众多有意将数据产品或服务推向市场的企业来说，如何实现数据价值的最大化一直是一个难题。其中，将数据作为资产进行融资变现，如通过资产抵押贷款的方式，成为一种可行的策略。然而，为了获得更高的融资额度，对抵押资产进行准确估价至关重要。这就需要向资产评估机构提供充分的证据来佐证该资产的价值。

在此过程中，我们不应局限于数据资源的成本入表，而应更多地关注数据资产收入的确认。《暂行规定》明确："企业利用数据资源对客户提供服务的，应当按照收入准则等规定确认相关收入，符合有关条件的应当确认合同履约成本。"

这样的数据资产收入的会计计量为后期的数据资产评估提供了最为有效的佐证材料。例如，资产评估机构可以通过分析几个财务周期内同一数据资产所产生的收入及其变化趋势，更准确地评估数据资产的预期收益。这种基于实际收入数据的评估方法，能够为资产评估机构提供更可靠的依据，从而更准确地给出资产的估值。

7.2 入表的条件

7.2.1 会计条件和我们的建议

接下来，我们会介绍入表的会计条件，并给出对入表路径选择的建议。

1. 无形资产入表的条件

《暂行规定》对于可作为无形资产入表的数据资源类型进行了明确界定，主要集中在以下两方面。

- 企业使用的数据资源，符合《企业会计准则第 6 号—无形资产》（财会〔2006〕3 号）规定的定义和确认条件的，应当确认为无形资产。
- 企业内部数据资源研究开发项目的支出，应当区分研究阶段支出与开发阶段支出。研究阶段的支出，应当于发生时计入当期损益。开发阶段的支出，满足无形资产准则第九条规定的有关条件的，才能确认为无形资产。

这两条给出的指导方向如下。

方向一：依据《企业会计准则第 6 号——无形资产》，数据资源能否成为资产重点在于是否符合定义和确认条件。

首先是无形资产的定义。《企业会计准则第 6 号——无形资产》第三条对无形资产的定义进行了明确的阐述："无形资产，是指企业拥有或者控制的没有实物形态的可辨认非货币性资产。"

"数据二十条"提出的数据资源持有权，其目的是通过使用"持有权"，淡化"所有权"，从"物权"中的"用益物权"路径上确认"控制"事实，以满足会计中"拥有或者控制"的条件。

《中华人民共和国民法典》第三百二十三条认为，"用益物权人对他人所有的不动产或者动产，依法享有占有、使用和收益的权利。"

其次是无形资产的确认条件。《企业会计准则第 6 号——无形资产》明确指出，无形资产的确认需满足两大核心条件：可辨认性和可确认性。

资产满足下列条件之一的，符合无形资产定义中的可辨认性标准：

1）能够从企业中分离或者划分出来，并能单独或者与相关合同、资产或负债一起，用于出售、转移、授予许可、租赁或者交换。

2）源自合同性权利或其他法定权利，无论这些权利是否可以从企业或其他权利和义务中转移或者分离。

从第一条中可以看出，如果可以出售、转移、授权许可、租赁或者交换，资产就是可辨认的。第二条则是说通过合同形成的权利也是可辨认的资产。

无形资产同时满足下列条件的，才能予以确认：

1）与该无形资产有关的经济利益很可能流入企业；

2）该无形资产的成本能够可靠地计量。

第一条中需要关注的三点是"有关""经济利益""很可能"，其中"经济利益"是基础。这些对企业内部数据资源尤为重要，因为我们之前提到过在现实场景中，存在很多同时被内部使用又被用于对外销售或提供服务的数据。这也就意味着，内部数据资源"相关"的、面向外部销售或服务的"经济利益"，"很可能"流入企业，保证了内部数据资源是可确认的无形资产。另外，《数据资产评估指导意见》也给出了相似的定义："本指导意见所称数据资产，是指特定主体合法拥有或者控制的，能进行货币计量的，且能带来直接或者间接经济利益的数据资源。"

方向二：企业内部数据资源的开发阶段支出满足《企业会计准则第6号——无形资产》第九条的才能归集到该数据资源中。

也就是说，企业内部研究开发项目开发阶段的支出需同时满足下列条件，才能确认为无形资产。

1）完成该无形资产以使其能够使用或出售在技术上具有可行性。

2）具有完成该无形资产并使用或出售的意图。

3）无形资产产生经济利益的方式，包括能够证明运用该无形资产生产的产品存在市场或无形资产自身存在市场，无形资产将在内部使用的，应当证明其有用性。

4）有足够的技术、财务资源和其他资源支持，以完成该无形资产的开发，并有能力使用或出售该无形资产。

5）归属于该无形资产开发阶段的支出能够可靠地计量。

其中，重要的是以下几点。

- 证明数据资源的可行性，即需要有可行性报告作为佐证。
- 证明数据资源的完成和使用意图，即需要证明数据资源的使用目的并证明运用其的意愿。
- 证明数据资源的有用性，即证明有主体愿意使用该数据资源。
- 证明数据资源的可用性，即证明有能力保证数据资源处于可使用状态且满足相应的交付质量标准。

2. 对于无形资产入表的建议

根据对政策的研究以及和众多客户的探讨，我们对有意愿进行无形资产入表的读者建议如下。

1）确保需要的资产可辨认、可确认证据链的完备。

数据资产入表不仅仅是会计的记录工作，其实相当一部分工作，并且是最重要的工作会发生在对资产的辨认、确认，以及辨认和确认证据的准备上。这些工作之所以重要，是因为能避免入表后发现入表的资产不符合会计规定（合规），能帮助梳理出数据资源之间，数据资源和业务、软件系统之间的关系。

2）确保数据资源和数据产品的血缘关系清晰。

对于所有数据资源来说，保有清晰的血缘关系不仅是审计人员在审计工作中对企业提出的要求，因为其是证明"流入经济利益"和数据资源的"相关性"的重要依据，也是未来在对数据资源做资产评估时，对相应数据资源产生的经济效益的重要佐证。因此，针对需要入表的数据资产，我们必须做好数据血缘追溯工作。建议采用自动化数据治理工具完成此任务。

3）对于从外部获得的数据资源，确保获得其用益物权。

用益物权人对他人所有的不动产或者动产，依法享有占有、使用和收益的权利。该权利的重点在于确保"可占有"，授权"可使用"和允许"可用于获得收益"。最佳的实践路径是通过合同或协议的方式以确认数据被授权可存储于我方主体所控制的存储设施内，且被存储的数据可以被进行加工（使用），同时我方有获得加工数据过程中所创造出来的增加价值的权利。其中的具体实施方法可以咨询相关的专业人士，例如律师和咨询师。

3. 对于以存货入表的观点

目前，数据资源以存货入表存在较多的问题，主要体现在以下方面。

（1）排他性问题

《中华人民共和国民法典》第一百一十四条认为："民事主体依法享有物权。物权是权利人依法对特定的物享有直接支配和排他的权利，包括所有权、用益物权和担保物权。"此处明确指出了对持有物的"排他的权利"。然而，这一原则给数据作为货物（或会计学上的存货）带来了一定的挑战。

根据《暂行规定》，企业日常活动中持有、最终目的用于出售的数据资源，如果符合《企业会计准则第1号——存货》规定的定义和确认条件，应当确认为存货。这意味着，企业在出售了相应的数据之后，必须将所出售数据在自有系统中进行删除，以符合排他性要求。然而，这一做法与数据的可复制特性相背离，并会极大地削弱数据对企业持续产生效益的能力。

（2）生产过程相关问题

《企业会计准则第 1 号——存货》对存货的定义是"企业在日常活动中持有以备出售的产成品或商品、处在<u>生产过程</u>中的在产品、在<u>生产过程</u>或提供劳务过程中耗用的材料和物料等"。

而在现实情况中，很多数据产品或服务往往涉及众多开发阶段。这些开发阶段一是往往已经根据无形资产准则确认过；二是能否被定义为生产过程没有相应的依据；三是就算其能被认定为生产过程，但是开发项目往往是一项目一定制，这会导致对生产过程的认定需要每个项目、每个系统，甚至每个数据库重新确认，直接增加了入表的成本，大幅降低了可操作性。

4. 对于以存货入表的建议

依据上述观点，从为企业带来效益的角度出发，我们给出的以存货入表建议如下。

1）《暂行规定》中对数据资源的存货处理存在法理依据和资产本身天性的矛盾。因此在现阶段，不建议采用存货路径入表。

2）数据产品或服务具备定制、快速迭代、生命周期（可能）短的特征，如果使用存货入表，很可能导致入表成本大于入表收益。因此在现阶段，不建议采用存货路径入表。

7.2.2 时间条件

时间条件是指达成入表目标所需的实施时间，主要影响因素有项目目标时间、会计周期、预算周期。

1. 项目目标时间

项目目标时间是指具体完成入表工作的目标时间点。

2. 会计周期

会计周期是指会计年度，即从每年的 1 月 1 日起至 12 月 31 日止。会计周期是会计工作的时间单位，与企业的经营决策密切相关。它不仅影响企业财务数据的收集和加工，还影响企业财务报告的编制和披露。

在选择会计周期时，企业通常会考虑以下几个因素。

- 企业的经营周期：不同的企业有不同的经营周期，有的季节性生产企业甚至存在明显的淡季和旺季。因此，选择适当的会计周期可以更好地反映企业的经营状况，并为企业的决策提供更加准确的信息。
- 会计准则的要求：会计准则对会计周期的确定也有一定要求，如按照日历年度、财政年度等不同方式进行核算。企业需要根据会计准则的要求选择适当的会计周期。
- 财务报告的使用目的：财务报告的使用者可能会对会计周期提出不同的要求。如果财务报告需要用于融资、投资等商业决策，企业需要考虑使用者的需求，选择合适的会计周期。

会计周期是一个非常重要的概念，对企业财务报告的编制和披露具有重要意义。

3. 预算周期

预算周期是指财政预算的编制、审批、执行、调整、监督和决算等环节按照时间顺序依次排列所形成的周期。各环节之间相互衔接，形成一个完整的预算周期。在预算周期中，每个环节都有特定的任务和要求，需要按照一定的程序进行。预算周期是财政预算管理的基础，是预算管理的基本规范，也是财政决策的基本依据。

7.2.3 其他条件

为了完成数据资产入表，主体还需要具备一系列必要的条件和能力。

1. 使用数据资源的软件系统

一个功能完善的软件系统是实现数据资产入表的基础。这样的系统应当具备数据导入、存储、处理、分析和可视化等功能，以便高效地管理和利用数据资源。同时，软件系统还应具备良好的稳定性和安全性，确保数据资源在入表过程中的完整性和保密性。

在选择软件系统时，主体需要根据自身的业务需求和技术实力进行综合考虑，选择适合自己的数据资源管理系统。不具备自主开发能力的主体，可以选择购买市场上的成熟产品，或者与专业的软件开发商进行合作，定制符合自己需求的数据资源管理系统。

2. 支撑软件运行的硬件基础设施或云服务

软件系统的运行离不开硬件基础设施或云服务的支持。主体需要确保有足够的服务器、存储设备、网络设备等硬件资源来支持软件系统的正常运行。随着数据资源的增长和业务需求的变化，主体还需具备对硬件基础设施的扩展和升级能力。

除了自建硬件基础设施，主体还可以选择使用云服务以支持软件系统的运行。云服务具有弹性扩展、按需付费、维护简便等优点，有助于降低硬件成本和维护难度，提升系统的可用性和灵活性。

3. 入表系统的相关技术文档

技术文档是入表系统的重要组成部分，记录了系统的架构、功能、操作流程、数据标准等关键信息。对于数据资产入表来说，技术文档尤为重要。它有助于主体了解系统的整体情况，指导数据资源的入表操作，确保数据的准确性和一致性。

主体在建立入表系统时，应同步编制和完善相关技术文档，包括系统说明书、操作手册、数据标准规范等。这些文档应随着系统的升级和改造而不断更新和完善，以适应不断变化的业务需求和技术环境。

4. 完整的数据资源支出/收入凭证

数据资产入表涉及数据资源的采购、加工、利用等多个环节，因此主体需要有完整的数据资源支出/收入凭证作为支撑。这些凭证记录了数据资源的来源、成本、使用方式等信息，是评估数据资源价值、制定数据资源策略的重要依据。

主体应建立健全数据资源财务管理制度，规范数据资源的采购、加工、利用等流程，确保每一笔数据资源的支出和收入都有明确的凭证记录。同时，主体还应定期对数据资源的财务情况进行审计和评估，以确保数据的真实性和准确性。

5. 数据开发加工能力或通过数据资源实现经济价值的能力

数据资源的价值在于其能够被有效地开发和利用。因此，主体需要具备强大的数据开发加工能力，能够将原始数据转化为有价值的信息和知识。这包括数据清洗、整合、分析、挖掘等多个环节，需要专业的数据专家和工程师进行操作。

除了数据开发加工能力外，主体还应具备通过数据资源实现经济价值的能力。这包括将数据资源应用于业务决策、产品创新、市场营销等多个方面，以提升企业的竞争力和盈利能力。主体可以通过与业务部门的紧密合作，共同发掘数据资源的应用场景和价值点，实现数据资源的最大化利用。

综上所述，完成数据资产入表需要主体具备多方面的条件和能力。只有在这些条件和能力的支持下，主体才能够高效地管理和利用数据资源，实现数据驱动的业务发展和创新。

7.3 入表前的准备工作

接下来，我们将就首次数据资产入表前企业需要做的准备工作进行介绍。

在首次数据资产入表前，企业需要做好充分的准备工作，以确保数据的准确性、完整性和安全性。入表准备工作主要分为两大阶段，第一个是可行性评估阶段，第二个是入表准备阶段，具体内容可以参照图 7-6。

7.3.1 可行性评估阶段

首先介绍客户企业在项目最早期的行为路径，即可行性评估。

1. 消息获得

特征：企业通常通过政府公告、媒体报道或同行交流得知数据资产入表和数据要素的概念，初步认识到其可能带来的机遇。然而，由于信息来源的多样性和不确定性，企业对于所接收到的信息的可靠性存在一定的疑虑。在这一阶段，企业对于数据资产入表的具体内容、实施步骤以及可能带来的影响还不够清晰，需要进一步了解和验证。

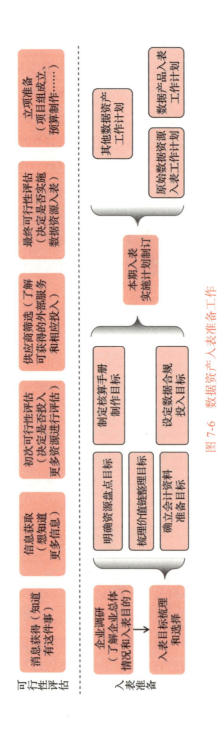

图 7-6 数据资产入表准备工作

需求：企业渴望验证这些信息的真实性、可靠性和权威性，并全面理解数据资产入表的具体内涵、实施的具体步骤，以及可能对企业产生的影响。

2. 信息获取

特征：在确认数据资产入表相关信息的真实性后，企业会积极搜集更多资料，如权威的研究报告、行业成功案例、专家解读等，以形成对数据资产入表全面、深入的认识。

需求：企业期望构建一个完整的数据资产入表知识体系，以精准指导后续决策，并规划出切实可行的实施路径。

3. 初次可行性评估

特征：在综合考虑企业自身情况和已获取的知识后，企业对于是否适合进行数据资产入表已有了初步判断。然而，由于缺乏实际操作经验和具体成本数据，企业对于数据资产入表的实际投入产出比难以做出准确的预估。在这一阶段，企业对于数据资产入表可能带来的经济效益和潜在风险仍存在疑虑。

需求：企业渴望获取数据资产入表的实际操作方法论，以便了解整个实施流程。同时，企业也希望详细了解数据资产入表的投入成本构成（包括人力、物力、时间等各方面的投入），以便更准确地评估数据资产入表的经济效益。

4. 供应商筛选

特征：在充分掌握数据资产入表的相关知识和信息后，企业会积极与不同的供应商进行接触，并通过多种途径测试供应商的专业水平和服务能力。

需求：企业希望全面了解不同供应商的技术实力、行业经验、服务质量和实施成本等方面的能力，以便选择最适合自己需求的合作伙伴，并了解数据资产入表的具体实施步骤和成本预算。

5. 最终可行性评估

特征：企业经过综合评估，形成了供应商预选名单，并初步制订了内部实施落地规划。同时，企业已获取各供应商的详细报价，为最终决策提供了重要依据。

需求：企业将根据供应商提供的报价，结合自身的预算和预期收益，判断数据资产入表是否符合企业的长期发展战略和短期利益需求，最终决定是否进行数据资产入表，并选定合适的供应商进行合作。

6. 立项准备

特征：企业在决定进行数据资产入表后，随即启动立项准备工作。这一阶段的关键任务包括选定项目负责人、组建高效的项目团队、制订详细的项目实施计划，以及合理分配所需资源。

需求：为确保数据资产入表项目的顺利实施，企业需要组建一个由各领域专家组成的专业团队，并制订详尽的预算计划。通过明确的分工和合理的资源配置，企业能够确保项目的顺利进行，并达成预期的入表目标。

建议：供应商在这一过程中应积极与客户保持沟通，提供专业的咨询和建议，帮助客户更好地了解数据资产入表的价值和潜在风险。同时，供应商还应根据客户的需求和实际情况，提供定制化的解决方案和实施计划，以增强客户的信任和满意度。通过积极提供服务，供应商可以为后期立项和实施做好铺垫，为项目的成功实施奠定坚实的基础。

7.3.2 入表准备阶段

接下来，我们将详细阐述在正式开展数据资产入表工作之前所需进行的一系列准备工作。

1. 企业调研

围绕企业的总体目标，深入企业进行实地调研，细致了解企业的信息化和数据治理现状。在调研过程中，我们需要重点关注以下几个方面。

（1）对企业现有的信息系统进行全面梳理

通过与企业 IT 部门的深入交流，了解各个系统的功能、架构、集成情况以及使用情况，评估系统的稳定性和可扩展性。

（2）调研聚焦企业数据资源的分布、权属和权益情况

详细了解数据的来源、存储位置、格式、规模以及访问权限等，明确数据资源的所有权和使用权归属，确保数据资源的权属清晰、使用合规，同时保障

数据的安全性。

（3）关注企业数据人员的配置和能力情况

通过访谈数据人员，了解其专业背景、工作经验以及当前的工作内容和面临的挑战，评估企业数据团队的整体能力和需求，为后续的数据资产入表工作提供人才保障。

（4）收集企业对于数据资产入表工作的期望和需求

了解企业对数据价值的认知以及希望达到的目标，为后续制订入表计划和实施方案提供参考依据。

通过以上调研工作，全面了解客户企业的信息化和数据治理现状，为后续的数据资产入表工作提供有力支撑和保障。

2. 入表目标梳理和选择

（1）明确资源盘点目标

工作任务：明确本期数据资产入表所需盘点的具体内容、范围以及方法。具体而言，详细列出需要盘点的数据资源类型，如原始数据、数据产品等，并确定每种资源的盘点范围和具体要求。此外，明确盘点的方式和方法，包括数据采集、整理、清洗等环节，确保盘点结果的准确性和完整性。

（2）梳理价值链整理目标

工作任务：明确本期入表数据资源的可用性与经济价值证明材料的内容方向和覆盖范围。根据企业的业务特点和数据资源情况，确定哪些数据资源具有可用性和经济价值，并制定相应的证明材料要求。这些证明材料应能够充分展示数据资源的来源、处理过程、应用场景以及经济价值等信息，为后续的数据资产入表和价值评估提供有力支撑。

（3）确立会计资料准备目标

工作任务：详细列出会计部门需要配合准备的材料和其他配合工作的内容。会计部门需要提供的资料可能包括财务数据、成本数据、收益数据等。这些数据将用于支持数据资产入表的会计核算和价值评估。此外，会计部门还需要协助完成相关的凭证制作、账簿登记等工作，确保会计记录的准确性和完整性。

（4）制定核算手册制作目标

工作任务：全面评估入表工作对现有财务会计核算流程的影响，并精确预估所需进行的修改工作量。针对数据资产入表的具体需求和企业的现实状况，系统梳理当前的财务会计核算流程，细致分析其中需调整或优化的关键环节。同时，综合考量修改工作的复杂性、所需耗时及人力资源投入，为核算手册的后续编制提供详尽的参考依据，进而推动核算工作的规范化进程。

（5）设定数据合规投入目标

工作任务：深入评估为了实现数据资产入表所要进行的数据和信息化系统的整改投入及其必要性。对企业的数据治理现状和信息化系统进行全面分析，找出存在的问题和不足，并提出相应的整改建议。对整改投入的必要性进行评估，综合考虑整改的效益和成本，为企业决策提供参考依据。此外，关注数据安全和隐私保护等方面的要求，确保数据资产入表工作的合规性和安全性。

3. 本期入表实施计划制订

在制订本期数据资产入表实施计划时，我们将重点关注以下几个方面的工作计划，确保入表工作能有序、高效进行。

（1）制订原始数据资源入表工作计划

首先，明确数据原始资源的收集范围、标准和方法。这包括确定需要入表的数据类型、来源和采集方式，以及数据的清洗、整合和标准化流程。同时，制定数据质量监控措施，确保入表数据的准确性和完整性。

其次，规划数据原始资源的入表时序和步骤。根据数据的重要性和紧急程度，合理安排数据资产入表的先后顺序，并明确每个步骤的具体工作内容和时间节点。

最后，考虑原始数据资源的存储和管理问题。选择合适的存储介质和存储方式，确保数据的安全性和可访问性，并制定相应的数据管理策略（包括数据备份、恢复和归档等）。

（2）制订数据产品入表工作计划

首先，明确数据产品的定义和分类。这有助于我们更好地了解数据产品的特点和价值，为后续入表工作提供指导。

其次，确定数据产品的入表标准和要求。这包括数据产品的质量、完整性、可用性等方面的评估标准，以及入表所需提供的证明材料和文档。

然后，规划数据产品的入表流程和操作步骤。这包括数据产品的提交、审核、评估和入表等环节，以及各个环节的责任人和协作方式。

最后，考虑数据产品的市场推广和商业化问题。这包括制定相应的市场策略和推广计划，推动数据产品的价值实现和商业化运营。

（3）制订其他数据资产工作计划

除了原始数据资源和数据产品外，我们还将关注其他数据资产入表工作。这包括关注企业拥有的其他有价值的数据资源，如由合同和协议确定的数据权益等。

我们将考虑其他数据资产的管理和利用问题，并建立相应的数据资产管理体系，包括数据资产的登记、分类、评估和监控等，以及制定数据资产的开发利用策略，推动企业数据资产的最大化利用。

综上所述，通过制订具体的原始数据资源入表工作计划、数据产品入表工作计划和其他数据资产工作计划，我们将确保本期数据资产入表工作的顺利进行，并为企业数据资产的管理和利用提供有力支持。

7.4 本章小结

在 7.1 节中，我们首先深入探讨了入表的最终目的，从经济效益和社会效益两个方面进行了详细介绍。我们指出，入表不仅能够在经济层面带来效益，还能在社会层面产生积极影响。随后，我们提出了入表的三个阶段划分和价值创造理论，即初次入表、二次入表和三次入表。这一理论框架有助于我们更好地理解入表过程中的价值变化和实现路径。

同时，我们从数据资产入表在业务层面和财务层面的效果进行了归纳与阐述。在业务层面，数据资产入表直接推动了企业数据资源盘点的实施，使企业能够充分认识和利用自身数据资源，从而实现数据的内部价值和外部价值。在财务层面，数据资产入表不仅有助于企业财务报表和资产结构的优化，还为数据产品的定价和价值评估提供了重要依据，从而增强企业的财务稳健性和竞争力。

在 7.2 节中，我们详细论述了入表的前置条件。这些前置条件主要包括会计条件、时间条件和其他条件。在会计条件方面，我们着重说明了无形资产入表的条件，并提出了相应的建议，同时分享了关于存货入表的观点和建议。在时间条件方面，我们强调了项目目标时间、会计周期和预算周期的重要性。而在其他条件方面，我们介绍了完成数据资产入表所需的其他必要条件，为读者全面了解入表的前提条件提供了指导。

在 7.3 节中，我们介绍了入表准备工作，涉及可行性评估阶段和入表准备阶段。通过详细阐述这些阶段流程，我们为读者提供了实际操作的指导和参考，有助于在实践中顺利完成数据资产入表的准备工作。

第8章 数据原始资源入表

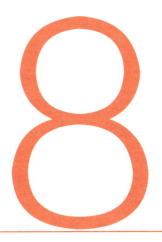

在介绍完入表准备工作之后,我们将开始介绍具体的入表实施工作。

本章将首先介绍数据原始资源单独入表的目的,以及数据原始资源及其细分类别,接着会阐述数据原始资源入表的具体方法论。

需要指出的是,大多数企业的大量数据资产是以数据原始资源的形态产生并被持有的,所以本章提供的知识和方法论能很好地帮助这些企业的首次入表实施。

通过本章的学习,你将掌握以下内容:
- 数据原始资源单独入表简介。
- 数据原始资源的相关概念。
- 数据原始资源的初始计量构成。
- 数据原始资源入表的方法。
- 数据原始资源入表的关注点。

8.1 数据原始资源单独入表简介

8.1.1 数据原始资源单独入表解决的问题

在实际的信息系统建设或软件开发中，信息系统和数据两者往往是分离的，正如烹饪，烹饪技法由厨师掌握，而食材则由不同的商家持有，厨师购买食材并短期持有，将其加工烹饪后成为美味佳肴。信息系统的运作就如同餐馆一样，数据作为食材，唯一不同的是企业在获得数据后通常并不是短期持有而是长期持有，且数据随着时间的推移还会不断增加。这也增加了将信息系统和数据本身进行会计操作分离的必要性。而具体方法就是在二级会计科目数据资源下设置数据原始资源和数据产品两个三级会计科目。

数据原始资源用于管理纯粹的数据形态的资产，这能方便地处理数据在整个生命周期中的成本归集、增值、减值、摊销和处置，也能更好地将不断生成的数据匹配上不同的财务周期。对于数据原始资源的定义，我们会在后文中予以介绍。

数据产品用于管理传统意义上的软件无形资产和数据相关的权益性质的无形资产。对于数据产品的定义，我们会在下一章予以介绍。

会计科目是对会计要素对象的具体内容进行分类核算的类目。它是复式记账的基础，也是编制记账凭证的基础，为成本核算及财产清查提供了前提条件，也为编制会计报表提供了方便。

8.1.2 设置数据原始资源三级会计科目的优势

1. 有效区分不同条件下形成的数据形态的资产

将数据和使用数据的信息系统分离并进行单独的会计处理，有以下好处：

1）确保数据独立扩展性的同时避免重复入表，即数据在未来被其他信息系统使用时，数据的成本不会被重复归集到新系统中。

2）确保不同时期的数据成本能被准确记录，即不同时间段产生的数据能以成本发生时的准确价格进行入账。

3）不同会计周期形成的数据能按需组成资产组，满足不同的资产管理需求。

2. 方便有效地归集数据的开发、采购、维护、加工成本

由于数据会在不同的时间内形成，而形成数据的成本在不同时期又是不同的，因此将不同时期产生的开发、采购、维护、加工成本归集到当期形成的数据之下，更加科学合理，也更好进行会计处理。

8.2 数据原始资源

要定义数据原始资源，首先需要明确什么是数据资源。数据资源是指对于其持有主体而言有可能产生价值的数据。数据资源通常存储在数据库管理系统或其他软件（例如电子表格）的数据库中。由于数据的可加工性、易加工性和多用途性，很难区分一个数据是否会在未来被加工或者被其他系统使用而产生附加经济价值。同时为了区别于数据产品这类数据资源，我们将那些以结构化形式存储、尚未被系统终端使用且未呈现在最终用户面前的数据资源称为数据原始资源。

通过将数据资源划分为数据原始资源和数据产品，我们能更方便地根据数据资产的本质归集不同类型的历史成本。具体来说，数据原始资源主要用于归集系统每时每刻不断产生的数据的维护和加工成本。会计存在周期，不同会计周期内产出的数据需要一个载体，用来记录该周期下的成本发生和构成情况。

8.2.1 数据原始资源的相关概念

1. 基础概念

（1）数据集合

数据集合是指一组相关的数据元素的组合，通常用于大数据处理和分析。数据集合通常由多个数据元素组成，这些元素可以是数字、文本、图像、音频等不同类型的数据。数据集合可以用于各种目的，如数据挖掘、机器学习、数据分析等。数据集合是数据原始资源的一般构成形式。

（2）外部获取的数据

外部获取的数据通常指的是从其他来源获取的数据，这些来源可能是公开的数据库、API、网页、文件等。这些数据可能是结构化的、半结构化的或非结构化的，可以根据需要进行处理和解析。

（3）数据加工

数据加工是指对数据进行采集、传输、整理、分类、统计、存储等操作，以满足各种数据应用的需要。数据加工具体包括数据的采集、清理、转换、加载和归档等步骤。

（4）数据产成品

产成品是指已经完成生产加工阶段，随时可以向顾客交货的产品。工厂生产的产成品就是经过加工后的产品，而销售部门出售的商品也是经过销售人员的努力而形成的产成品。产成品是生产过程中最重要的产出物。数据产成品是指那些不再需要进一步加工，可以被终端系统直接使用的数据。

（5）成本构成类型

成本构成类型是描述成本的组成部分和这些组成部分各自所占比例的术语。了解成本的构成有助于判断公司的运营效率和盈利潜力。

成本构成类型通常包括直接成本和间接成本。直接成本与特定产品或服务有关，而间接成本与生产过程有关，但与特定产品或服务无关。成本还可以分为固定成本和变动成本。固定成本是在一定时间内相对固定的，例如租金、员工工资、设备折旧等，而变动成本随产量的变化而变化，例如原材料、燃料和电力等。

总的来说，理解成本构成对于企业的运营管理、决策制定、财务分析以及制定有效的成本控制策略至关重要。

2. 数据原始资源的分类

（1）未加工的数据集合

①外部采购或交换的数据集合

外部采购的数据集合指的是外部采购取得的数据集合。举例：征信机构从电商平台采购的商家或者交易、支付、信贷数据。

外部交换的数据集合指的是外部交换取得的数据集合。举例：征信机构通过提供优惠价格服务从电商平台交换来的商家或者交易、支付、信贷数据。

②外部爬取的数据集合

爬取是指从一个网站或网页上抓取、收集、下载信息的过程，通常是通过编程语言和相应的爬虫工具来实现的。爬取的数据可以用于各种目的，如数据挖掘、数据分析、机器学习等。外部爬取的数据集合举例：征信机构通过软件从网络上抓取的可以免费获得的公开数据。

③自主采集的数据集合

自主采集是指通过一定的技术手段，从自有系统、数据产生者处生产或取得数据的过程。

自主采集的数据集合举例：征信机构通过自有的问卷收集系统从其客户那里以电子表单问卷的方式获得的数据。

（2）加工中的数据集合

加工中的数据集合主要是指中间态数据集合。

中间态数据是指处于不同状态之间的过渡状态的数据。中间态数据具有过渡性特点，意味着它最终会被更新到另一个状态或者成为数据产成品的原料数据。在具体运用中，中间态数据大量出现在分布式系统中。例如在数据同步和合并的过程中，不同的节点之间可能会存在中间态数据，以便进行协调和同步操作。从经济价值创造的角度看，中间态数据具体是指那些能够被其他系统用作数据原料，并能产生直接经济利益流入或内部使用价值的数据。

中间态数据集合举例：征信机构开发的大模型产品使用的已经被其他系统初步加工过的数据。

（3）加工后的数据集合

加工后的数据集合即产成品数据集合。

数据产成品集合举例：征信机构自主加工后生成的可以被客户端直接调用使用而不需要进一步处理的数据。

8.2.2 数据原始资源的初始计量成本构成

接下来将从会计准则的角度分析数据原始资源的成本是如何形成的，以帮助读者在合规的前提下更加有效地识别出自己企业中的可入表数据原始资源。

现行会计准则要求数据资源应当按照成本进行初始计量。"无形资产应当按照成本进行初始计量"（《企业会计准则第 6 号——无形资产》第十二条）"存货应当按照成本进行初始计量"，（《企业会计准则第 1 号——存货》第五条），这就意味数据资产的初始计量成本是由为了形成该资产所投入的费用组成的。接下来回顾一下《暂行规定》和会计准则中关于初始成本计量的相关规定。

1.《暂行规定》给出的方向指引

（1）关于无形资产数据资源给出的指引

企业通过外购方式取得确认为无形资产的数据资源，其成本包括购买价款、相关税费，直接归属于使该项无形资产达到预定用途所发生的数据脱敏、清洗、标注、整合、分析、可视化等加工过程所发生的有关支出，以及数据权属鉴证、质量评估、登记结算、安全管理等费用。(《暂行规定》第二条第 2 点)

企业通过外购方式取得数据采集、脱敏、清洗、标注、整合、分析、可视化等服务所发生的有关支出，不符合无形资产准则规定的无形资产定义和确认条件的，应当根据用途计入当期损益。(《暂行规定》第二条第 2 点)

（2）关于存货数据资源给出的指引

企业通过外购方式取得确认为存货的数据资源，其采购成本包括购买价款、相关税费、保险费，以及数据权属鉴证、质量评估、登记结算、安全管理等所发生的其他可归属于存货采购成本的费用。(《暂行规定》第二条第 5 点)

企业通过数据加工取得确认为存货的数据资源，其成本包括采购成本，数据采集、脱敏、清洗、标注、整合、分析、可视化等加工成本和使存货达到目前场所和状态所发生的其他支出。(《暂行规定》第二条第 5 点)

（3）解读与分析

1）数据采集、脱敏、清洗、标注、整合、分析、可视化、数据权属鉴证、质量评估、登记结算、安全管理被视为能被作为会计初始计量确认选项。

2）直接支出、有关支出、购买价款、相关税费、保险费、存货采购成本、存货加工成本等是成本构成的大方向。

2. 会计准则给出的方向指引

（1）无形资产会计准则

《企业会计准则第6号——无形资产》第三章"初始计量"规定：

第十二条　无形资产应当按照成本进行初始计量。

外购无形资产的成本，包括购买价款、相关税费以及直接归属于使该项资产达到预定用途所发生的其他支出。

购买无形资产的价款超过正常信用条件延期支付，实质上具有融资性质的，无形资产的成本以购买价款的现值为基础确定。实际支付的价款与购买价款的现值之间的差额，除按照《企业会计准则第17号——借款费用》应予资本化的以外，应当在信用期间内计入当期损益。

第十三条　自行开发的无形资产，其成本包括自满足本准则第四条和第九条规定后至达到预定用途前所发生的支出总额，但是对于以前期间已经费用化的支出不再调整。

第十四条　投资者投入无形资产的成本，应当按照投资合同或协议约定的价值确定，但合同或协议约定价值不公允的除外。

第十五条　非货币性资产交换、债务重组、政府补助和企业合并取得的无形资产的成本，应当分别按照《企业会计准则第7号——非货币性资产交换》《企业会计准则第12号——债务重组》《企业会计准则第16号——政府补助》和《企业会计准则第20号——企业合并》确定。

解读与分析如下：

- 无形资产会计准则对资产成本构成的方式和途径约束较少且更加开放。举例："直接归属于使该项资产达到预定用途所发生的其他支出"就对成本构成给出了更多空间。
- 预定用途和达到预定用途的时间共同影响无形资产的成本构成。举例：为了达到提供征信数据服务用途，该系统运用到的系统建设费用和为了使系统达到预期运行目标而前期外购数据费用或自主收集、加工数据的费用以及该期间内的数据运维费用都是构成数据资源资产的可归集成本项。

（2）存货资产会计准则

《企业会计准则第 1 号——存货》第三章"计量"规定：

第五条　存货应当按照成本进行初始计量。存货成本包括采购成本、加工成本和其他成本。

第六条　存货的采购成本，包括购买价款、相关税费、运输费、装卸费、保险费以及其他可归属于存货采购成本的费用。

第七条　存货的加工成本，包括直接人工以及按照一定方法分配的制造费用。

制造费用，是指企业为生产产品和提供劳务而发生的各项间接费用。企业应当根据制造费用的性质，合理地选择制造费用分配方法。

在同一生产过程中，同时生产两种或两种以上的产品，并且每种产品的加工成本不能直接区分的，其加工成本应当按照合理的方法在各种产品之间进行分配。

第八条　存货的其他成本，是指除采购成本、加工成本以外的，使存货达到目前场所和状态所发生的其他支出。

第九条　下列费用应当在发生时确认为当期损益，不计入存货成本：

（一）非正常消耗的直接材料、直接人工和制造费用。

（二）仓储费用（不包括在生产过程中为达到下一个生产阶段所必需的费用）。

（三）不能归属于使存货达到目前场所和状态的其他支出。

第十条　应计入存货成本的借款费用，按照《企业会计准则第 17 号——借款费用》处理。

第十一条　投资者投入存货的成本，应当按照投资合同或协议约定的价值确定，但合同或协议约定价值不公允的除外。

第十二条　收获时农产品的成本、非货币性资产交换、债务重组和企业合并取得的存货的成本，应当分别按照《企业会计准则第 5 号——生物资产》《企业会计准则第 7 号——非货币性资产交换》《企业会计准则第 12 号——债务重组》和《企业会计准则第 20 号——企业合并》确定。

第十三条　企业提供劳务的，所发生的从事劳务提供人员的直接人工和其他直接费用以及可归属的间接费用，计入存货成本。

第十四条　企业应当采用先进先出法、加权平均法或者个别计价法确定发出存货的实际成本。

对于性质和用途相似的存货，应当采用相同的成本计算方法确定发出存货的成本。

对于不能替代使用的存货、为特定项目专门购入或制造的存货以及提供的劳务，通常采用个别计价法确定发出存货的成本。

对于已售存货，应当将其成本结转为当期损益，相应的存货跌价准备也应当予以结转。

第十五条　资产负债表日，存货应当按照成本与可变现净值孰低计量。

存货成本高于其可变现净值的，应当计提存货跌价准备，计入当期损益。

可变现净值，是指在日常活动中，存货的估计售价减去至完工时估计将要发生的成本、估计的销售费用以及相关税费后的金额。

第十六条　企业确定存货的可变现净值，应当以取得的确凿证据为基础，并且考虑持有存货的目的、资产负债表日后事项的影响等因素。

为生产而持有的材料等，用其生产的产成品的可变现净值高于成本的，该材料仍然应当按照成本计量；材料价格的下降表明产成品的可变现净值低于成本的，该材料应当按照可变现净值计量。

第十七条　为执行销售合同或者劳务合同而持有的存货，其可变现净值应当以合同价格为基础计算。

企业持有存货的数量多于销售合同订购数量的，超出部分的存货的可变现净值应当以一般销售价格为基础计算。

第十八条　企业通常应当按照单个存货项目计提存货跌价准备。

对于数量繁多、单价较低的存货，可以按照存货类别计提存货跌价准备。

与在同一地区生产和销售的产品系列相关、具有相同或类似最终用途或目的，且难以与其他项目分开计量的存货，可以合并计提存货跌价准备。

第十九条　资产负债表日，企业应当确定存货的可变现净值。以前减记存货价值的影响因素已经消失的，减记的金额应当予以恢复，并在原已计提的存货跌价准备金额内转回，转回的金额计入当期损益。

第二十条　企业应当采用一次转销法或者五五摊销法对低值易耗品和包装物进行摊销，计入相关资产的成本或者当期损益。

第二十一条　企业发生的存货毁损，应当将处置收入扣除账面价值和相关税费后的金额计入当期损益。存货的账面价值是存货成本扣减累计跌价准备后的金额。存货盘亏造成的损失，应当计入当期损益。

解读与分析如下：

- 存货会计准则中关于采购成本、加工成本和其他成本的描述主要是针对制造业领域，对于数据和信息系统领域无法完全适用。举例："存货的其他成本，是指除采购成本、加工成本以外的，使存货达到目前场所和状态所发生的其他支出"中的"使存货达到目前场所"，这里的场所应理解为数据的特定存储地点还是存储设施？是指一处设施还是指多处？这一条款在没有进一步明确的情况下会极大地限制数据存货的现实应用。

- 存货会计准则中将"非正常消耗的直接材料、直接人工和制造费用；仓储费用（不包括在生产过程中为达到下一个生产阶段所必需的费用）；不能归属于使存货达到目前场所和状态的其他支出"认定为不能记录为存货成本，然而由于《暂行规定》没有对在数据要素流通环境下，诸如"非正常消耗的直接材料"等概念做出必要的定义和场景补充说明，因此这会极大地限制数据存货的现实应用。

8.2.3　数据原始资源开发阶段的支出构成

对于大多数数据要素型企业来说，会存在众多内部使用的中间态数据，这些数据构成了企业数据资源的绝大部分，例如用户获得的数据服务其实是大量中间态数据被加工汇聚后的结果。这些中间态数据资源的确认并不适用于外购无形资产或存货的确认和计量规则，这个时候，我们需要将注意力聚焦于无形资产准则下的关于开发阶段支出的指引，接下来我们将对此进行解读。

1. 会计准则给出的指引

《企业会计准则第 6 号——无形资产》规定：

第七条　企业内部研究开发项目的支出，应当区分研究阶段支出与开发阶段支出。

研究是指为获取并理解新的科学或技术知识而进行的独创性的有计划调查。

开发是指在进行商业性生产或使用前，将研究成果或其他知识应用于某项计划或设计，以生产出新的或具有实质性改进的材料、装置、产品等。

第八条　企业内部研究开发项目研究阶段的支出，应当于发生时计入当期损益。

第九条　企业内部研究开发项目开发阶段的支出，同时满足下列条件的，才能确认为无形资产：

（一）完成该无形资产以使其能够使用或出售在技术上具有可行性；

（二）具有完成该无形资产并使用或出售的意图；

（三）无形资产产生经济利益的方式，包括能够证明运用该无形资产生产的产品存在市场或无形资产自身存在市场，无形资产将在内部使用的，应当证明其有用性；

（四）有足够的技术、财务资源和其他资源支持，以完成该无形资产的开发，并有能力使用或出售该无形资产；

（五）归属于该无形资产开发阶段的支出能够可靠地计量。

第十条　企业取得的已作为无形资产确认的正在进行中的研究开发项目，在取得后发生的支出应当按照本准则第七条至第九条的规定处理。

2. 会计准则重要信息解读

（1）内部使用的，应当证明其有用性

如前所述，企业的大量数据其实是处于中间态的内部使用的数据，这些数据要能被确认为数据资产，需要被证明其有用性。具体就是该数据要么提供了企业内部的价值，例如对某一业务起到了降本增效的作用，要么被某一对外产生经济流入的数据产品所使用，是其价值生产链条上的重要组成部分。这就要求我们做好内部数据价值评估模型和其他配套依据的备案，以保证相应证据链的完整和可被追溯。

（2）调查费用和应用实施费用的区别

调查费用通常指的是在进行调查过程中所支出的费用，包括人员交通费、

住宿费、餐饮费、调查问卷制作费、差旅补贴等。这些费用主要用于收集和获取信息，以及为调查活动提供必要的支持。

应用实施费用则主要指为实施一项具体的活动或项目而支出的费用，包括项目策划费、活动组织费、材料费、外包费等。这些费用通常用于支持项目的实施和执行，包括项目的计划、组织、执行和监控等环节。

总的来说，调查费用更侧重于前期调查过程中的支出，也就是研究阶段的支出。而应用实施费用则更侧重于项目实施过程中的支出，在数据项目中也就是开发阶段的支出。当然，具体费用的内容和性质可能会根据实际情况而有所不同，具体情况还需要根据实际需求和背景进行具体分析。

（3）研究阶段和开发阶段的辨认

1）研究阶段的辨认。在研究阶段，主要进行的是探索性的调研活动，目的是获取新的技术和知识。这个阶段的活动例子包括：为获取知识而进行的活动，研究成果或其他知识的应用研究、评价和最终选择，以及新的或经改进的产品、工序、系统或服务的研发。这个阶段的特点主要表现在两个方面。首先，它是有计划的，意味着研发项目已经得到了董事会或者相关管理层的批准，并且开始有计划地收集相关资料、进行市场调查等活动。例如，某公司为研究开发新型数据模型产品，在得到董事会或者相关管理层的批准后，就开始有计划地收集相关资料、进行市场调查、比较市场中相关产品的性能和效用等活动。其次，这个阶段基本上是探索性的，主要是为进一步的开发活动做准备，不会在这个阶段形成阶段性的成果。从研究活动的特点来看，其研究成果在未来是否能形成无形资产具有很大的不确定性，企业也无法证明其能够带来未来经济利益。因此，研究阶段的有关支出在发生时，应当予以费用化计入当期损益。

2）开发阶段的辨认。在将知识转化为实际应用（能产生效益/经济利益）之前，开发阶段是一个至关重要的环节。它是将研究成果或其他知识应用于某项计划或设计，以生产出新的或具有实质性改进的产品的阶段。在这个阶段，原型和模型的设计、建造和测试是常见的活动，同时还需要设计含新技术的工具，以及不具有商业性生产经济规模的试生产系统的设计、建造和运营。此外，新的或经改造的产品、工序、系统或服务所选定的替代品的设计、建造和测试等也是开发阶段的常见活动。开发阶段的特点在于它具有极强的针对性。因为它是建立在研究阶段基础之上的，所以对项目的开发具有明确的针对性。此外，进入开发阶段的研发项目往往形成成果的可能性较大。相对于研究阶段，开发阶段更进一步，此时形成一项新产品或新技术的基本条件已经具备。如果企业能够证明满足无形资产的定义及相关确认条件，所发生的开发支出可以有条件地资本化，确认为无形资产的取得成本。

8.2.4　外部采购的数据原始资源

外部采购的数据原始资源的确认相对简单，主要判定标准为：采购合同对采购服务和产品是否明确指出其目的是数据服务提供或是数据持有权转让。

需要注意的是，由于现阶段并没有相关法律对数据权属进行定义，也没有法律明确什么是合法的数据交易，因此，对于对合规性要求较高的企业，我们建议在当前阶段避免交易数据持有权，而可以通过数据产品服务的形式来获取卖方加工处理后的数据。例如，征信机构不应将原始数据以数据集合的形式售卖给客户，而应以软件服务的形式提供仅针对特定请求返回单一个体/主体数据的 API。这种数据获取方式因其供给形式和格式要求是双方约定且固定的，使买方有机会在实际交付前最大限度地确保（检查）卖方提供的数据不侵犯个人隐私和危害国家安全，从而最小化买方的合规风险。

8.3　数据原始资源入表的方法

8.3.1　数据原始资源入表的基本步骤

数据原始资源入表的基本步骤如下：
1）数据原始资源确认；
2）数据原始资源计量和记录；
3）数据原始资源报告。

每一步又分为多个细分步骤。由于数据存货入表中缺乏明确的指引，因此我们在这里介绍的是针对无形资产路径下的入表基本步骤,其具体步骤和实施路线如图 8-1 所示。

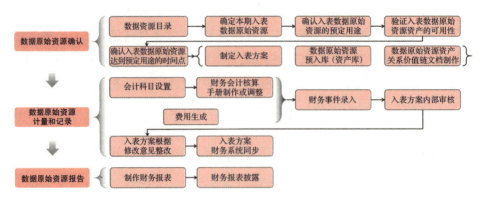

图 8-1　无形资产路径下的入表基本步骤

8.3.2　数据原始资源入表的方法论

1. 按无形资产路径入表

接下来将介绍无形资产路径下的数据原始资源入表方法。

（1）确认

①主要任务

确认阶段的主要任务是判断和确认被预选作为资产进行入表的数据原始资源是否符合资产确认的条件。在判定和确认完毕后就可以开始制定入表方案和准备数据关系图谱、价值链图谱等相关佐证资料。

②涉及工作方向

- 资产判定和确认符合会计准则和《暂行规定》的要求。
- 根据资产的情况设置相应的（会计）入表方案。
- 确认数据资源达到预定用途的时间,以便确定该资产本期是否能实现资本化。
- 其他必要的资产预入库准备工作。

③参与部门及其职责

确认阶段的参与部门及其职责如表 8-1 所示。

表 8-1 确认阶段的参与部门及其职责

参与部门	职责
入表牵头部门	根据数据原始资源入表工作计划协调其他部门协同工作
会计部门	配合入表牵头部门判断资产是否符合资产确认条件并设置相应的入表方案
信息科技部门	配合入表牵头部门准备相关的佐证资料

（2）计量和记录

①主要任务

准确计量和记录资产的成本费用，并根据实际情况进行财务会计操作。

②涉及工作方向

1）会计科目设置。企业根据自身的业务特点、适用的会计准则和外部监管要求，在财务报表中特定科目下增设"其中：数据资源"项目。具体而言，在"存货"项目下增设此项目，以反映确认为存货的数据资源在资产负债表日的期末账面价值；在"无形资产"项目下增设此项目，以反映确认为无形资产的数据资源在资产负债表日的期末账面价值；在"开发支出"项目下增设此项目，以反映正在进行的数据资源研究开发项目在满足资本化条件时的支出金额。此外，根据企业的管理需求，为会计科目设置辅助核算项目，如客户、供应商、项目等，以便更详细地了解经济交易的背景和细节，从而增强财务管理的透明度和决策支持的准确性。

2）财务会计核算手册制作或调整。为了确保数据资源在纳入财务报表后，其财务会计核算工作能够准确且合规地进行，企业必须对其现有的财务会计核算手册进行全面的审视和必要的调整。这一过程可能涉及对手册中相关科目的定义、核算方法和披露要求的更新或修订，以确保它们与最新的会计准则、经济环境和监管要求保持一致。

特别地，针对数据资源这一新型资产，企业需要在手册中明确其确认、计量、记录和披露的具体方法和流程。这包括确立适当的会计政策，以反映数据资源的经济实质和价值，并制定相应的核算准则，确保数据资源在财务报表中得到准确且透明的呈现。

此外，企业还应考虑如何提升财务会计核算手册的灵活性和适应性，以便在未来经济环境和监管要求发生变化时，迅速而有效地对手册进行更新和调整。

这可能涉及加强手册的审查和更新机制，以及提高财务团队的专业素养和应对变化的能力。

总之，为了保障数据资产入表后财务会计核算的准确性和合规性，企业不仅要对其财务会计核算手册进行全面的制作或调整，还需持续关注经济环境和监管要求的变化，并不断提升手册的适应性和实用性。

3）财务事件录入。通过细致记录数据资源的财务事件，企业能够深入了解数据资源的整个生命周期，包括其来源、使用方式、价值变动等关键信息。这些财务事件包括但不限于以下内容：

- 数据资源采购：详细记录企业购买或获取数据资源的交易细节，包括数据类型、数量、单价、总价、供应商详情以及采购日期等。
- 数据资源的开发或生产：对于自主开发或生产数据资源的企业，需记录相关的开发或生产成本，包括人工费、设备折旧费、软件许可费等。
- 数据资源的使用或消耗：记录企业在日常运营中如何使用和消耗数据资源，包括使用数量、用途、使用时间等详细信息。
- 数据资源的销售或转让：若企业选择出售或转让数据资源，需记录交易的数量、单价、总价、客户信息以及销售日期等。
- 数据资源的摊销或折旧：对于长期持有的数据资源，如软件许可、数据库等，应按照会计准则进行摊销或折旧，并详细记录相关事件。
- 数据资源相关税费：记录与数据资源交易相关的税费，如增值税、印花税等，确保合规性。

在录入这些数据资源的财务事件时，企业需要注意以下几点：

- 保证录入的数据准确无误，避免任何潜在的错误或遗漏。
- 严格遵循相关的会计准则和法规要求，确保财务事件录入的合规性。
- 对于涉及多个会计科目的财务事件，应正确分配金额，保证会计分录的准确性。
- 及时更新和维护财务事件记录，确保数据始终保持最新和完整状态。

③入表方案实施步骤

通过遵循这些准则和注意事项，企业可以确保其数据资源的财务事件记录既准确又合规，为企业的财务管理和决策提供坚实的数据基础，具体的实现路径如下：

1）入表方案内部预审核。主要包括以下内容：

- 合规性审核：核实数据资产入表是否符合国家法律法规、会计准则及监管要求。审查方案是否符合现行会计准则和财务报表披露要求。
- 方案完整性审核：检查入表方案是否全面考虑了所有相关数据资源，没有遗漏。验证数据资源的定义、分类和计量方法是否明确，并确保在财务报表中得到准确反映。
- 核实企业是否具备必要的技术基础设施和人员来支持数据资源入表工作。
- 数据质量审核：检查数据资源的准确性和可靠性，确保其符合财务报表编制的质量要求。验证数据资源的来源和采集过程是否可靠，数据治理体系是否健全。
- 财务影响评估：分析数据资产入表对企业财务状况和经营成果的影响。预测数据资产入表后可能引起的财务指标变动和利益相关者关注点的变化。
- 披露充分性审核：核实方案是否充分披露了数据资源的性质、计量方法、估值依据等重要信息。检查方案是否遵循了会计准则和监管要求中关于信息披露的规定。

通过内部预审核，企业可以及时发现并解决数据资产入表方案中存在的问题，提高方案的可行性和有效性。

2）入表方案整改。在接收修改意见后，对入表方案进行整改和补充，这一过程是持续迭代和优化的关键步骤，目的在于使方案更加完善、符合法规要求并提高精确度。通过采纳这些修改意见并据此调整方案内容，企业不仅可以提升数据资产入表方案的合规性和准确性，还增强了其可行性。这将为企业更有效地管理和利用数据资源奠定坚实的基础，从而为企业财务管理和决策提供更为精确和可靠的支持。

3）入表方案财务系统同步。经过内部预审核和整改后，已通过审核的入表方案信息将被同步录入财务系统。这一步将确保企业的财务管理和报表生成与经过审批的数据资产入表方案保持一致。以下是同步录入的具体内容：

- 数据资源录入：根据已通过审核的入表方案，将涉及的数据资源详细信息录入财务系统，包括数据类型、数量、价值等关键信息。确保录入的数据准确无误，与入表方案中的数据保持一致。
- 科目分类与映射：根据入表方案中定义的会计科目分类，将数据资源映射到相应的科目下。确保数据资源被正确归类，并按照方案要求进行科目的映射。
- 财务事件录入：将入表方案中涉及的财务事件（如采购、开发、使用、销售等）详细录入财务系统，包括事件的日期、金额、相关方信息等，以确保财务事件的完整性和准确性。

4）财务会计操作。在数据资产入表方案信息被同步录入财务系统之后，进行财务会计操作，其主要内容包括以下几个方面：

- 数据校验与核对：对已同步录入财务系统的数据资源进行校验与核对，确保数据的准确性、完整性和一致性。对照入表方案的要求，检查数据资源的分类、计量和披露是否符合规定。
- 财务凭证编制：根据数据资产入表方案的要求，编制相应的财务凭证，确保经济业务的会计处理符合会计准则。凭证编制过程中，需特别关注数据资源的价值确认、计量和记录。
- 财务报表生成：利用财务系统，根据入表方案的要求，定期生成财务报表，如资产负债表、利润表和现金流量表等。生成的报表需符合会计准则和监管要求，并准确反映数据资源对企业财务状况的影响。
- 税务处理与合规性检查：对涉及数据资源的税务事项进行处理，确保税务申报的准确性和合规性。对数据资源的会计处理进行合规性检查，确保符合会计准则和税务法规的要求。
- 数据资源监控与分析：对财务系统中的数据资源进行监控和分析，评估数据资源的变化趋势和对企业财务状况的影响。根据分析结果，为企业决策提供数据支持和建议。
- 财务预测与预算：结合数据资产入表方案的信息，进行财务预测和预算编制工作。考虑数据资源对企业未来财务状况的影响，制定合理的财务计划和预算。

- 系统优化与升级：根据数据资产入表方案的实施情况和业务需求，对财务系统进行优化和升级。提升系统的处理能力和效率，确保数据资产入表工作的顺利进行。

④参与部门及其职责

参与部门及其职责，如表 8-2 所示。

表 8-2 计量和记录阶段的参与部门及其职责

参与部门	职责
入表牵头部门	根据数据原始资源入表工作计划协调其他部门协同工作
业务部门	确保产生的相应费用的凭证符合入表方案和操作流程的要求
信息科技部门	确保产生的相应费用的凭证符合入表方案和操作流程的要求，同时在过程中回答业务部门与会计部门提出的系统和数据相关的问题
会计部门	设置相应的会计科目，审核财务事件并提出整改意见，最终将通过的入表方案同步到相应的财务系统中进行财务端处理
内部审计部门	内部审核财务操作是否符合操作规范和审计要求

（3）报告

该阶段的主要任务是制作最终的财务报表并决定披露信息。这一任务涵盖了从数据收集、处理到报表编制和审核的完整流程。

①涉及工作方向

在制作最终的财务报表方面，主要涉及对数据原始资源的整理、分类、计算和分析，以及根据会计准则和相关法规的要求编制各类财务报表，如资产负债表、利润表、现金流量表等。

②参与部门及其职责

参与部门及其职责划分，如表 8-3 所示。

表 8-3 报告阶段的参与部门及其职责

参与部门	职责
入表牵头部门	根据数据原始资源入表工作计划协调其他部门协同工作
会计部门	制作财务报表
董事会	审核报表并决定报表中数据资源自愿披露部分的披露内容

2. 关于存货路径

由于《暂行规定》和存货会计准则没有给出更加明确的指引，所以我们不建议企业在现阶段将数据原始资源以存货方式进行入表。

8.4 数据原始资源入表的关注点

无形资产路径

（1）确保数据原始资源的预定用途是清晰明确的

实践中，企业通常以售卖数据产品的形式进行数据对外交易，而对内则多以内部服务的形式进行数据交换。

（2）确保能提供完整的证据链证明数据原始资源的可用性

根据《企业会计准则第6号——无形资产》第九条，企业内部研究开发项目开发阶段的支出，数据原始资源要确认为无形资产，必须能证明：完成该无形资产以使其能够使用或出售在技术上具有可行性；运用该无形资产生产的产品存在市场或无形资产自身存在市场，无形资产将在内部使用的，应当证明其有用性。

数据原始资源的可用性是指这些数据能够为公司带来实际价值，能够支持公司的业务运营和决策制定。为了证明数据资源的可用性，需要提供完整的证据链，包括数据的来源、采集过程、处理方法和应用场景等。这些证据应能够证明数据资源的真实性、准确性和有效性，以及其在公司内部流通和使用的情况。

（3）确保保有完整的数据原始资源关系价值链文档

会计准则要求无形资产的会计处理应当基于完整、准确的记录和文档。因此，数据原始资源的关系价值链文档对于无形资产的会计处理至关重要。这些文档应当详细记录数据从产生到应用全过程各个环节的信息和关系，以符合会计准则对于无形资产记录和报告的要求。同时，这些文档的完整性和准确性也有助于企业在未来对数据资源进行进一步的开发、利用和管理，符合会计准则对于无形资产管理的规范。

关于存货路径，建议等待财政部对存货相关路径给出更明确的指引或是等待相关应用指南的出台之后再将数据以存货路径入表。

8.5 本章小结

本章对数据原始资源入表的重要性、优势及操作方法进行了全面的探讨。首先，本章强调了数据原始资源在信息系统建设和软件开发中的核心地位，并指出其单独入表对有效管理数据资产成本和准确反映成本价格的重要意义。通过设置三级会计科目，我们能够更好地区分不同条件下形成的数据资产，避免重复入表。

其次，本章明确了数据原始资源的相关概念和分类，并总结了其成本构成的要点，包括无形资产数据资源、存货数据资源等的成本构成。这些内容的阐述有助于读者更深入地理解数据原始资源的特性和成本构成。

再次，本章还介绍了数据原始资源入表的基本步骤和无形资产路径下的具体方法。明确了数据原始资源确认、计量和记录、报告等阶段的主要任务，并重点解释了无形资产路径下的入表流程。同时，也指出了存货路径目前缺乏明确指引的问题，提醒企业在选择入表路径时需谨慎决策。

最后，本章总结了两种入表路径的关注点，并强调了确保预定用途明确、提供完整证据链和保有完整价值链文档的重要性。这些关注点的提出有助于读者在实际操作中更好地把握数据原始资源入表的关键环节。

通过本章的学习，读者不仅能够掌握数据原始资源入表的基本方法和步骤，还能够深入了解其重要性和优势。这些知识将为读者在实际工作中有效管理和利用数据资产提供重要的理论指导和操作指南。

| 第 9 章 | CHAPTER

数据产品入表

随着《企业数据资源相关会计处理暂行规定》的正式颁布和实施,数据产品作为数据资产的一种重要形态,成为业内业外讨论的焦点。

从资产管理和运营的角度出发,我们认为,数据产品是将原始数据转化为对内产生经济价值或对外形成经济利益流入的产品。它可以是软件服务性产品,也可以是打包后的权益性产品,应以无形资产的形式存在。

通过本章的学习,你将有如下收获:
- 了解数据产品单独入表的相关内容。
- 明晰数据产品的基础概念、分类。
- 明确数据产品入表的方法。
- 知晓数据产品入表的四大关注点。

9.1 数据产品单独入表简介

9.1.1 数据产品单独入表解决的问题

如数据原始资源入表一样,数据产品单独入表也增加了将信息系统和数据本身进行会计操作分离的必要性。具体方法就是设置数据原始资源和数据产品两个从属于数据资源二级会计科目的三级会计科目。

- 数据原始资源科目用于管理纯粹的数据形态的资产。详细内容在上一章已经介绍过，需要回顾的读者可以翻阅上一章的内容。
- 数据产品科目用于管理传统意义上的软件无形资产和数据相关的权益性质的无形资产。

关于数据权益，我们已在 4.2 节介绍过，不再赘述。

9.1.2 数据产品是对传统无形资产的扩展和细分

数据产品科目的建立有利于企业将数据相关业务的实践操作与其他业务区分开来，并根据企业数据业务的实际经营状况和需求更有效地设置下级细分科目。举例：征信公司可以在数据产品科目下再设置数据软件产品（四级）、××分公司客户分析模型（五级）等科目来针对特定使用场景和会计主体做账。

9.1.3 数据产品不仅仅是软件产品

1. 无形资产的覆盖范围

在《企业会计准则第 6 号——无形资产》中，对无形资产的辨认标准给出了以下规定："（一）能够从企业中分离或者划分出来，并能单独或者与相关合同、资产或负债一起，用于出售、转移、授予许可、租赁或者交换。（二）源自合同性权利或其他法定权利，无论这些权利是否可以从企业或其他权利和义务中转移或者分离。"由此可见，无形资产不只包含产品类型的无形资产，也包含其他类型的无形资产。具体来说，第一条覆盖了我们所熟悉的软件无形资产，第二条则是专门针对由法律和合同所赋予的权利所衍生出来的权益类型的无形资产，例如，数据加工使用权、数据产品经营权。

2. 理解数据权益性产品、用益物权、资产组、资产组组合

为了实现企业的经营目标，最大限度地利用企业所拥有或持有的资产来产生经济效益，企业需要将不同的资产进行结构化组合来实现不同的效用或经济

利益流入。这里需要了解一些必要知识。

数据权益性产品：基于对应的数据原始资源和软件系统，通过合同方式赋予的针对对应的数据原始资源和软件系统在合同限定范围内的用益物权。这类产品涉及获得底层数据资产的使用权、收益权。举例：征信机构通过相关企业数据持有人的授权获得了对企业数据的加工与使用的权利，以及通过该过程所形成的产出物获得收益的权利。

用益物权：根据《中华人民共和国民法典》第三百二十三条规定，用益物权人对他人所有的不动产或者动产，依法享有占有、使用和收益的权利。

资产组：根据《企业会计准则第 8 号——资产减值》，资产组是指企业可以认定的最小资产组合，其产生的现金流入应当基本上独立于其他资产或者资产组产生的现金流入。举例：企业属于数据加工企业，企业的数据处理软件、企业外购或自主采集的数据原始资源作为资产不能够独立为企业带来经济利益，需要配合使用，故数据处理软件和数据原始资源合计属于一个资产组。

资产组组合：根据《企业会计准则第 8 号——资产减值》，资产组组合是指由若干个资产组组成的最小资产组组合，包括资产组或者资产组组合，以及按合理方法分摊的总部资产部分。举例：属于数据权益性产品的数据产品经营权，它存在的合理性和实现经济利益流入都离不开其基于的数据原始资源、与数据配套的数据软件以及其他所依附的无形资产或固定资产，这些资产共同组合成为资产组合。由于这些资产是可计量的，因此保证了数据产品经营权作为无形资产是可确认的（见《企业会计准则第 6 号——无形资产》第四条"该无形资产的成本能够可靠地计量"）。

通过理解数据权益性产品、用益物权、资产组、资产组组合这四个重要概念，我们能充分理解"数据二十条"中提到的数据权益是怎么以会计方式进行资产化的。在实际业务中，我们可以将该类型资产提供的产品或服务称为**数据权益性产品**。

9.1.4　增设数据产品三级科目的优势

1. 便于会计部门管理不同业务、场景、主体下的财务处理流程

通过设置"数据原始资源"和"数据产品"两个三级会计科目，会计部门

可以更加轻松地管理不同业务、场景、主体下的财务处理流程。针对数据原始资源和数据产品的处理和记录进行分类管理，可以使财务数据的采集、记录和报告更加清晰、高效。

这种精细化的分类管理有助于降低会计处理的复杂度，使财务工作更加系统化和有序。不同类型的数据资产可以被准确归类和管理，从而提高财务工作的效率和准确性。

2. 便于根据不同数据产品类型增加下属细分科目

设置"数据产品"三级科目不仅有助于管理不同类型的数据产品，还有助于根据需要进一步细分下属的科目。这样，企业可以更好地了解各类数据产品的特点和价值，从而更灵活地进行资产管理和财务决策。

例如，数据产品科目可以进一步细分为"软件无形资产"和"数据相关权益性质的无形资产"，这有助于清晰地了解不同类型资产的属性和影响，为企业的财务规划和投资决策提供更有针对性的数据支持。

9.2 数据产品

前面我们介绍了数据产品单独入表的好处，以及如何理解数据产品。接下来我们首先从数据产品的基础概念开始介绍，接着介绍数据产品的分类方法。

9.2.1 数据产品的基础概念

数据产品，是指将数据原始资源转化为能对内产生经济价值或对外形成经济利益流入的产品。它可以是基于软件产品和服务的服务性产品，也可以是将软件产品、服务与数据资产的权益打包后形成的权益性产品。

9.2.2 数据产品的分类

数据产品的分类如表 9-1 所示，下面我们将对不同类型的数据产品进行分类和详细解释，让读者更好地理解它们的含义和特点。

表 9-1　数据产品的分类

一级分类	二级分类
数据软件产品	数据处理软件产品
	数据报告软件产品
	数据交易软件产品
	专业工具软件产品
数据软件服务产品	SaaS（Software-as-a-Service，软件即服务）
	DaaS（Data-as-a-Service，数据即服务）
数据权益性产品	数据加工使用权产品
	数据产品经营权产品
数据权益组合产品	资产与授权权利相结合的产品

1. 数据软件产品

数据处理软件产品是指用于处理、分析、转换和管理数据的（软件）产品。这些产品旨在帮助用户从原始数据中提取有价值的信息，进行数据清洗、整合、分析和可视化等操作，从而提升数据的质量和可用性。包括：

- ETL 工具：用于数据的提取、转换和加载。
- 数据库和数据仓库：用于存储和管理大量的数据。它们支持数据的增、删、改、查等基本操作，也支持数据分析和查询等复杂操作。
- 数据可视化软件：用于将数据以图形化的方式展示出来，帮助用户更直观地理解和分析数据，通常提供了丰富的图表类型和交互功能。
- 大数据处理软件：专门用于处理大规模数据的软件产品，如 Hadoop、Spark 等。

数据报告软件产品是基于数据处理和分析结果，以报告形式展现的数据产品。它旨在将复杂的数据转化为易于理解和使用的信息，帮助用户快速了解数据的关键点和趋势，从而做出明智的决策。

数据交易软件产品是指专门用于支持数据交易活动的软件工具或平台，它的主要功能是赋能交易方和促进数据流通。具体赋能项如数据商品公示、数据供需对接、数据分销售等。这类软件产品为数据买卖双方提供了一个便捷、安全的交易环境，促进了数据的流通和交易。

专业工具软件产品是指针对特定领域或任务，提供高度专业化的功能和工具的软件产品。专业工具软件产品的应用范围非常广泛，可以涵盖各个领域和行业，如设计、开发、数据分析、项目管理等。例如，在规划设计领域，专业工具软件产品可以提供绘图、建模、辅助规划等功能。在数据要素大发展的环境下，这些产品表现出以下显著特点。

- 流程自动化：针对特定领域的知识体系和方法论，提供了丰富的专业功能和工具来实现自动或半自动化，以满足提高工作效率的需求。
- 高度数据驱动：针对特定领域，将大量信息数据化、模型化，通过数据和模型共享服务实现整体效率的提升。

2. 数据软件服务产品

SaaS 是常见的数据软件服务产品。SaaS 是一种软件交付模式，它通过网络（通常是互联网）提供软件服务。在这种模式下，客户不需要购买和维护软件及其相关的硬件设备，而是可以通过订阅的方式获得所需的软件服务。

DaaS 是一种将数据作为服务提供的模式，旨在使得数据更易于访问、使用和分析。在 DaaS 模型中，数据提供商将数据以服务的形式提供给客户，用户无须自行收集、整理和处理数据，只需订阅或购买服务即可获取所需的数据。需要指出的是，合同双方需要在合同中明确处理后的数据的持有权归属，以避免在未来造成不必要的民事纠纷。

3. 数据权益性产品

数据加工使用权产品：这是一种将数据原始资源授权给企业外部主体进行加工和使用的产品形式。需要注意的是，获得授权的主体并没有获得交付数据的持有权，但它拥有交付数据再加工后产生的新数据的持有权。

数据产品经营权产品：这是一种将数据原始资源或数据软件产品的用益权授权给企业外部主体的产品形式。简单来说就是，数据持有者允许其他企业在特定区域内销售其数据产品。例如，数据产品持有企业向外出售其持有数据产品在 A 地区的分销权。

4. 数据权益组合产品

资产与授权权利相结合的产品，是指将特定的资产与相关的授权权利结合，形成一个整体的产品来满足用户的特定需求。这种产品形式通常涉及软件系统的出售、出租、转让，知识产权、数据加工使用权、数据产品经营权等权益的整合和打包。举例：数据持有企业向外进行数据特许经营招商，它对加盟商提供的产品包括①在合同规定的时间、场景下对其持有的数据的加工使用权；②在合同规定的场景、地域内对其数据产品服务的分销权；③定制的数据处理系统。其中①和②为数据权益性产品，③为数据软件产品，且三者都是以无形资产形式实现经济利益流入。

9.3 数据产品入表的方法

9.3.1 数据产品入表的基本步骤

数据产品入表分为以下 3 个阶段：

1）数据产品确认阶段。

2）数据产品计量和记录阶段。

3）数据产品报告阶段。

每个阶段中还包含不同的细分步骤，具体见图 9-1。由于数据存货入表中缺乏更加明确的指引，因此我们在这里介绍的是针对无形资产路径下数据产品入表的基本步骤。

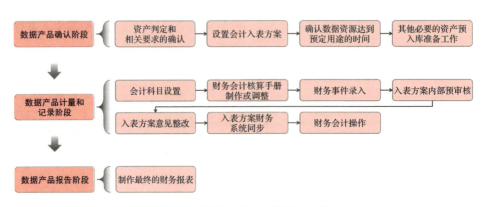

图 9-1 数据产品入表的基本步骤

9.3.2 数据产品入表的方法论

1. 按无形资产路径入表

接下来介绍无形资产路径下的数据产品入表基本步骤。

(1) 确认

①主要任务

确认阶段的主要任务是判断和确认被预选为资产进行入表的数据产品是否符合资产确认的条件。在判定和确认完毕后就可以开始制定入表方案，准备数据关系图谱、价值链图谱等相关佐证资料了。

②涉及的工作方向

- 判定和确认资产是否符合《企业会计准则》和《企业数据资源相关会计处理暂行规定》的要求。
- 根据资产的情况设置相应的（会计）入表方案。
- 确认数据产品达到预定用途的时间，以便确定该资产本期能否实现资本化。
- 其他必要的资产预入库准备工作。

③参与部门与对应职责

参与部门与对应职责见表9-2。

表 9-2　确认阶段参与部门与对应职责

参与部门	对应职责
入表牵头部门	根据数据产品入表工作计划协调其他部门共同工作
会计部门	配合入表牵头部门判断资产是否符合资产确认条件并设置相应的入表方案
信息科技部门	配合入表牵头部门准备相关的佐证资料

(2) 计量和记录

①主要任务

准确计量和记录资产的成本费用，并根据实际情况进行财务会计操作。

②涉及的工作方向

1) 会计科目设置。企业根据自身的业务特点、适用的《企业会计准则》和外部监管要求,在财务报表的特定科目下增设"其中:数据资源"项目。具体而言,在"存货"项目下增设此项目,以反映确认为存货的数据产品在资产负债表日的期末账面价值;在"无形资产"项目下增设此项目,以反映确认为无形资产的数据产品在资产负债表日的期末账面价值;在"开发支出"项目下增设此项目,以反映正在进行的数据产品研发项目在满足资本化条件时的支出金额。此外,根据企业的管理需求,可以为会计科目设置辅助核算项目,如客户、供应商、项目等,以便更详细地了解经济交易的背景和细节,从而增强财务管理的透明度和决策支持的准确性。

2)财务会计核算手册制作或调整。为了确保数据产品在纳入财务报表后,其财务会计核算工作能够准确且合规地进行,企业必须对其现有的财务会计核算手册进行审视并做出必要的调整。这一过程可能涉及对手册中相关科目、核算方法的更新修订,以确保它们与《暂行规定》、经济环境和监管要求一致。

特别地,针对数据产品这一新型资产,企业需要在手册中明确其确认、计量、记录的具体方法和流程。这包括制定合适的会计政策,以反映数据产品的经济价值,并制定相应的核算准则,确保数据产品在财务报表中得到准确且透明的呈现。

总之,为了保障数据产品入表后财务会计核算的准确性和合规性,企业不仅要对其财务会计核算手册进行全面制作或调整,还要持续关注经济环境和监管要求的变化,不断提升手册的适应性和实用性。

3)财务事件录入。通过细致记录数据产品的财务事件,企业能够深入了解数据产品的整个生命周期,包括来源、使用方式、价值变动等关键信息。这些财务事件包括但不限于以下内容。

- 数据来源与获取成本:详细记录企业购买或获取数据产品的交易细节,包括数据供应商信息,数据采购或授权费用,数据收集、清洗和整理的成本等。
- 数据产品的开发和运营成本:对于自主开发或生产数据产品的企业,需记录相关的开发或运营成本,包括数据产品开发的人力成本、产品测试与优化的费用、市场推广与销售的开支、运维与技术支持的支出。

- 数据产品的销售或转让：需记录数据产品的销售记录、定价策略与价格变动、销售渠道与合作伙伴、销售收入与利润。
- 数据产品的摊销或折旧：对于长期持有的数据产品，应按照《企业会计准则》进行摊销或折旧，并详细记录相关事件。
- 数据产品相关税费：记录与数据产品交易相关的税费，如增值税、印花税等，确保合规性。

在录入这些数据产品的财务事件时，企业需要注意以下几点：

- 保证录入的数据准确无误，避免任何潜在的错误或遗漏。
- 严格遵循相关的《企业会计准则》和法规要求，确保财务事件录入的合规性。
- 对于涉及多个会计科目的财务事件，应正确分配金额，保证会计分录的准确性。
- 及时更新和维护财务事件记录，确保数据始终处于最新和完整状态。

通过遵循这些准则和注意事项，企业可以确保其数据产品的财务事件记录既准确又合规，为企业的财务管理和决策提供坚实的数据基础，这些准则和注意事项的落实，一般体现在入表方案的内部预审核阶段。

数据产品入表方案的内部预审核主要包括以下内容。

- 合规性审核：核实数据产品入表是否符合国家法律法规、《企业会计准则》及监管要求。审查方案是否与现行《企业会计准则》和财务报表披露要求相一致。
- 方案完整性审核：检查入表方案是否全面考虑了所有相关数据产品，没有遗漏。验证数据产品的定义、分类和计量方法是否明确，以及是否在财务报表中得到准确反映。
- 技术能力审核：核实企业是否具备必要的技术基础设施和人员技能来支持数据产品的入表工作。
- 财务影响评估：分析数据产品入表对企业财务状况和经营成果的影响。预测数据产品入表后可能引起的财务指标变动和利益相关者关注点的变化。

4）入表方案整改。根据修改意见对入表方案进行整改和补充，这一过程是持续迭代和优化的关键步骤，目的在于使方案更加完善、符合法规要求并提高精确度。通过采纳这些修改意见并据此调整方案内容，企业不仅可以提升数据产品入表方案的合规性和准确性，还可以增强方案的实际可行性，为更有效地管理和利用数据产品奠定坚实基础，也为企业财务管理和决策提供更精确和可靠的支持。

5）入表方案与财务系统同步。经过内部预审核和修改意见整改后，已通过审核的入表方案信息将被同步录入财务系统。这一步骤可以确保企业的财务管理和报表与经过审批的数据产品入表方案一致。以下是同步录入的具体内容。

- 数据产品录入：根据已通过审核的入表方案，将涉及的数据产品详细信息录入财务系统，包括数据类型、数量、价值等关键信息。确保录入的数据准确无误，与入表方案中的数据一致。

- 科目分类与映射：根据入表方案中定义的会计科目分类，将数据产品映射到相应的科目下。确保数据产品被正确归类，并按照方案要求进行科目的映射。

- 财务事件录入：将入表方案中涉及的财务事件（如采购、开发、销售等）详细录入财务系统，包括事件的日期、金额、相关方信息等，确保财务事件的完整性和准确性。

6）财务会计操作。在数据产品入表方案信息被同步录入财务系统之后，财务会计操作的内容主要包括以下几个方面。

- 数据校验与核对：对已同步录入财务系统的数据产品进行校验与核对，确保数据的准确性、完整性和一致性。对照入表方案的要求，检查数据产品的分类、计量和披露是否符合规定。

- 财务凭证编制：根据数据产品入表方案的要求，编制相应的财务凭证，确保经济业务的会计处理符合《企业会计准则》。在编制凭证的过程中，需特别关注数据产品的价值确认、计量和记录。

- 财务报表生成：利用财务系统，根据入表方案的要求，定期生成财务报表，如资产负债表、利润表和现金流量表等。生成的报表需符合《企会计准则》和监管要求，并准确反映数据产品对企业财务状况的影响。
- 税务处理与合规性检查：对涉及数据产品的税务事项进行处理，确保税务申报的准确性和合规性。对数据产品的会计处理进行合规性检查，确保其符合《企业会计准则》和税务法规的要求。
- 数据产品监控与分析：对财务系统中的数据产品进行监控和分析，评估数据产品的变化趋势及其对企业财务状况的影响，为企业决策提供数据支持和建议。
- 财务预测与预算：结合数据产品入表方案的信息，进行财务预测和预算编制工作。考虑数据产品对企业未来财务状况的影响，制订合理的财务计划。
- 系统优化与升级：根据数据产品入表方案的实施情况和业务需求，对财务系统进行优化和升级。提升系统的处理能力和效率，确保数据产品入表工作的顺利进行。

③参与部门与职责

参与部门与职责如表9-3所示。

表9-3 计量与记录阶段参与部门与职责

参与部门	职责
入表牵头部门	根据数据产品入表工作计划协调其他部门共同工作
信息科技部门	确保产生的相应费用的凭证符合入表方案和操作流程的要求，同时在过程中回答业务部门和会计部门提出的与系统和数据相关的问题
会计部门	设置相应的会计科目，审核财务事件并提出整改意见，最终将通过审核的入表方案同步到相应的财务系统中进行财务端处理
内部审计部门	内部审核财务操作是否符合操作规范和审计要求

（3）报告

①主要任务

制作最终的财务报表并决定披露信息。

②涉及的工作方向

制作最终的财务报表。

③参与部门与职责

参与部门与职责如表 9-4 所示。

表 9-4 报告阶段参与部门与职责

参与部门	职责
入表牵头部门	根据数据产品入表工作计划协调其他部门共同工作
会计部门	制作财务报表
董事会	审核报表并决定报表中数据产品自愿披露部分的披露内容

2. 关于存货路径

针对对外出售的数据商品,需要在财政部对存货相关路径给出更明确的指引或出台相关的应用指南之后,再将数据以存货路径入表。

针对数据权益性产品,在没有设置专门的会计准则的情况下,只能走无形资产入表路径。

9.4 数据产品入表的四大关注点

关注点一: 确保数据产品的预定用途是清晰明确的。

根据《企业会计准则第 6 号——无形资产》,无形资产是指企业拥有或者控制的没有实物形态的可辨认非货币性资产,而根据《企业会计准则第 1 号——存货》,存货是指企业在日常活动中持有以备出售的产成品或商品、处在生产过程中的在产品、在生产过程或提供劳务过程中耗用的材料和物料等。

数据产品不同于传统的物理资产,其价值和意义往往取决于特定的使用场景和目的,并且明确预定用途也有助于进行数据产品的资产确认,更好地为后续的计量和记录工作奠定基础。

关注点二: 确保能提供完整的证据链证明数据产品的可用性。

根据《企业会计准则第 6 号——无形资产》第九条,企业内部研究开发项目开发阶段的支出,同时满足下列条件的,才能确认为无形资产:(一)完成该无形资产以使其能够使用或出售在技术上具有可行性;(二)具有完成该无形资产并使用或出售的意图；（三）无形资产产生经济利益的方式，包括能够证明运用该无形资产生产的产品存在市场或无形资产自身存在市场，无形资产将在内部使用的，应当证明其有用性；（四）有足够的技术、财务资源和其他资源支持，以完成该无形资产的开发，并有能力使用或出售该无形资产；（五）归属于该无形资产开发阶段的支出能够可靠地计量。

所以，数据产品要确认为无形资产，必须能证明其使用或出售在技术上具有可行性；该无形资产本身或用其生产的产品存在市场；无形资产将在内部使用的，应当证明其有用性。

因此，我们需要提供完整的证据链，证明数据产品是经过有效加工和处理的，并且可以产生预期的经济效益，包括数据来源、加工过程、质量控制等方面的证据。

关注点三：确保有完整的数据产品关系价值链文档。

《企业会计准则》要求无形资产的会计处理应当基于完整、准确的记录和文档。因此，数据产品的关系价值链文档对于无形资产的会计处理至关重要。

数据产品往往不是孤立存在的，它们与其他数据资产、技术平台、业务流程等密切相关，共同构成了一个复杂的关系网络。为了充分揭示这个关系网络，我们需要建立并维护相应的文档，记录数据产品与其他元素之间的关联和互动，包括价值来源和流动路径等，为后续的价值评估和管理提供依据。

关注点四：确保有完整的数据权益性产品及其依附的资产组的关系价值链文档。

对于数据权益性产品，同样也需要保有完整的数据权益性产品及其依附的资产组的关系价值链文档。我们需要关注数据权益性产品与其所依附的资产组之间的关系，确保能够清晰地追踪和记录这些权益的流转和变化。

9.5 本章小结

9.1 节主要阐述了数据产品单独入表的相关内容。数据产品单独入表旨在解决信息系统与数据在会计操作上的分离问题，并通过设立相应会计科目进行管理。数据产品是对传统无形资产的扩展和细分，有助于企业更有效地设置下级细分科目，反映特定数据业务的状况。此外，数据产品不局限于软件产品，还包括基于合同或法律权利的权益性无形资产。理解相关概念，可以更好地实现数据权益的资产化。

9.2 节介绍了数据产品的基础概念、分类。数据产品可分为数据软件产品、数据软件服务产品、数据权益性产品和数据权益组合产品。

9.3 节介绍了数据产品入表的方法。数据产品入表主要可分为数据产品确认阶段、计量和记录阶段以及报告阶段，每个阶段都涉及具体的细分步骤。然后讲解了每个步骤的主要任务、工作方向、参与部门与对应职责。

9.4 节介绍了数据产品入表的四大关注点，包括确定预定用途、提供完整证据链、保持数据产品关系价值链文档的完整性以及记录数据权益性产品及其依附资产组的关系。

通过学习本章，读者能够深入了解数据产品入表的重要性和优势，掌握数据产品的分类和成本构成要点，数据产品入表的基本方法和步骤，以及入表过程中需要关注的重点。这些知识为读者提供了重要的理论指导，有助于他们有效地管理和利用数据资产。

第四部分
价值挖掘

在数据资产管理中,数据资产的入表只是第一步,真正的核心在于挖掘和释放数据的潜在价值。本部分将深入探讨数据资产入表后的价值挖掘与探索,旨在帮助读者充分利用已经入表的数据资产,发现其中蕴藏的商业机会和管理价值,实现数据资产利用最大化。

本部分包含第 10~13 章。第 10 章首先探讨以成本入表对企业的意义,着重指出以成本入表在发挥数据资产潜在价值方面的局限性。然后,进一步探讨在保证数据能够在企业内部正常流通的前提下,通过数据外部现金流,使用数据资产评估方法和公正的数据交易平台精确量化数据资产的公允市场价值。最后,介绍将数据资产视为具有流动性和收益性的特殊资源,在遵循会计准则的基础上,借助金融工具实现数据资产价值的增值与释放。

第 11 章主要介绍 3 种数据资产价值评估方法——收益法、成本法和市场法,并系统地阐述这 3 种评估方法的基本概念、适用条件、操作要点、核心模型及评估流程。该章还通过具体的案例分析,展示如何根据实际业务场景灵活运用这些方法对数据资产进行全面、科学的价值衡量。

第 12 章深入探讨数据金融的应用,以及如何利用金融工具深度挖掘数据价值,为数字经济发展提供资金支持。该章聚焦于数据金融的创新应用,如数据信贷、数据资产出资入股和数据资产证券化。针对这些前沿领域,我们展开详尽的实例解析与深度探讨,深度分析相关案例,全面验证并探究数据金融创新应用在实际操作层面的可行性和未来发展前景。

第 13 章总结数据资产入表的实施路径、存在的误区并展望未来。

通过本部分的学习,读者将能够全面掌握数据资产入表后的价值挖掘与探索方法,为企业和组织的发展提供更有力的数据支持,实现数据资产利用最大化。

第 10 章 CHAPTER 10

入表仅仅是开始

数据资产入表并不是一个静态的终点,而是一个动态的、持续发展的起点。数据资产的潜在价值远远超出其初始的财务入表的成本价值。从内部管理到外部变现,从会计处理到市场交易,数据价值挖掘的每一步都充满了潜力和可能性。

本章将从数据资产入表的意义开始,详细介绍以成本入表在体现数据价值方面的局限,以及如何通过资产评估和数据交易平台确认数据的公允价值,并在数据资产金融化的帮助下进一步挖掘数字经济的发展潜力。

通过本章的学习,你将掌握以下内容:

- 以成本入表的意义与局限。
- 数据价值实现路径。
- 深度挖掘数据价值的方法。
- 以数据资产为支点,撬动资本价值。
- 数据资产保护基础知识。

10.1 以成本入表的意义与局限

10.1.1 以成本入表的意义

1. 将开发成本转化为企业资产

数据资源开发是一项需要持续投入的活动，会消耗大量的人力、物力和财力。企业在信息化的过程中，从前期的系统规划、软件开发，到后期的系统维护升级，乃至数据采集、处理、分析等环节，均需投入大量的资金成本和技术资源成本，包括购置硬件设备，建设网络环境，开发和定制软件，积累并利用数据资产，等等。

在《暂行规定》出台前，尽管企业在这方面投入了大量成本，但由于会计准则及企业资产管理框架的局限性，这些巨额的信息化建设和数据资产开发支出往往被视作当期费用一次性扣除，未能转化为长期资产体现在企业的资产负债表上，进而无法充分反映到企业的整体价值评估中。

在《暂行规定》出台后，这一状况得到了根本性的改变。该规定明确指出，企业对数据资产的开发投入可以被确认为无形资产，并按相应规则进行摊销计入成本。这意味着企业能够将信息化过程中的研发投入，如定制化软件开发、数据分析模型构建、数据清洗整合等工作所耗费的成本，作为数据资产的重要组成部分记录在案，从而显性地提升企业的资产规模和内在价值。

这种会计处理方式的变化，不仅是企业财务报表中的数字变化，更是对企业核心竞争力的认可和肯定。随着大数据、人工智能等技术的快速发展，数据资产已经成为驱动企业创新、提高运营效率、塑造竞争优势的关键要素。将数据资产的开发成本纳入无形资产范畴，无疑会显著提升企业的资产价值并增强其市场竞争力。

2. 成本分离，更好地管理数据资产

按照《暂行规定》，企业可以将数据资源开发的成本纳入无形资产核算。这一变革性举措为企业对数据资产的精细化管理开启了新的篇章。它允许企业在财务报表中明确体现数据开发全过程的投入，包括但不限于数据采集、清洗、

整合、分析以及后续优化升级等各阶段产生的费用，将其作为无形资产的一部分。

这种制度设计不仅有助于企业精确量化其在数据资源开发领域的投入产出比，而且有助于企业提升内部的财务管理效率，实现成本结构的透明化。通过对数据资产开发成本的系统梳理与记录，企业可以更准确地评估数据资产的价值创造能力，进而优化资源配置，指导未来的投资决策。

此外，这一规定的实施还加强了企业对整体运营活动支出的有效管控。通过清晰划分数据资产开发成本与其他日常运营成本，企业能够建立更为严谨的成本核算体系，精准把握各项经营开支，从而提升财务管理的科学性和准确性。同时，这也有利于企业对外提供更加翔实、公允的财务信息，推动数据资产管理的规范化进程，增强投资者信心，并在大数据时代背景下实现可持续发展，全面提升核心竞争力和经济效益。

10.1.2 以成本入表的局限

1. 无法体现数据的价值

数据作为一种新型的战略性资产，其内在价值远远超出传统的成本计算框架所能衡量的范围。诚然，在当前数字化社会中，获取某些类型的数据资源的成本可能相对较低，这主要得益于现代信息技术的发展以及互联网的普及。然而，我们不能以获取成本作为衡量数据资产价值的唯一标尺，因为在实际商业应用中，数据所蕴含的潜在价值是巨大的。

例如，金融行业通过用户基本信息、交易行为、社交网络、征信记录等数据资源，利用大数据风控技术，可以精确量化风险，有效降低信贷风险，保障业务稳健运行，从而更好地维护金融市场秩序，防范系统性风险。

将数据的价值简单等同于其获取成本，无疑忽视了其在推动商业模式创新、优化业务流程、提升产品服务以及催生新兴业态等方面的巨大潜能。

2. 无法体现日益增长的数据价值

企业在日常的生产经营活动中会持续不断地生成和积累各类数据。在这一过程中，随着技术的进步、系统自动化程度的提升以及数据分析能力的增强，数据的边际成本呈现逐渐递减的趋势。例如，建立起高效的数据收集与存储体系之后，新增数据的单位处理成本将会越来越低。

然而，与数据获取边际成本降低形成鲜明对比的是，随着数据规模的扩大，数据带来的价值呈现出显著增长态势。当数据达到一定规模时，通过对这些数据进行深度挖掘和分析，可以为企业提供更为精准的市场预测、生产流程优化、产品服务质量提升等多元化的决策支持，进而创造出更大的商业价值和社会价值。

以互联网企业为例，用户的行为数据、交易数据、社交数据等在经过复杂的算法处理后，能够帮助企业实现精细化运营，推出更符合市场需求的产品或服务，进而提升市场份额和盈利能力。这种由海量数据驱动的价值，显然无法简单地通过传统的会计成本入表方法来衡量。

10.2 数据价值实现路径

10.2.1 内部流通是前提

在当前数字化转型的大潮中，企业所积累的数据资产已逐渐成为其核心竞争力的重要组成部分。高质量的企业内部数据资源能支撑企业的战略规划和决策制定。同时，越来越多的企业开始将其独有且具有商业价值的数据作为产品或服务对外销售，供其他行业和企业参考和借鉴，实现数据资源的商业化增值。

然而，在考虑将这些宝贵的数据资产投入市场进行评估和定价之前，企业首先需按照会计准则与相关规定进行严谨且合规的账务处理。根据第 3 章对《暂行规定》的解读，入表的前提条件之一是与该数据资源有关的经济利益很可能流入企业。而无形资产产生经济利益的方式，包括可以证明使用该无形资产生产的产品存在市场，或无形资产本身存在市场。如果无形资产将在内部使用，应当证明其有用性。

如果企业计划将数据资源投入市场进行交易，这些数据资源实际上是企业对外销售的数据的前置阶段的产出物，那么企业需要对这些数据资源的内循环过程进行价值评估，从而为后续的产品定价、资产评估提供相应的依据和佐证材料。

如果企业计划将数据资源仅供内部使用，则企业仍需要通过内部数据价值证明模型等方式来证明数据资源的有用性，然后再将数据资源计入会计报表。

因此，无论企业想要将数据资源用于市场交易还是仅供内部使用，企业都需要在内部对这些数据资源进行评估，并证明其价值。例如，该数据资源可以让某业务实现降本增效，或者被某对外产生资金流入的数据产品所使用。

10.2.2　外部现金流是关键

在我们深入探讨数据资产价值挖掘的过程中，专业、公正且精准的评估机制是最大限度地挖掘其潜在价值的关键。在这一过程中，对数据资产进行严谨而全面的公允价值认定的一个至关重要的考量维度就是该数据资产所创造的外部现金流。

外部现金流，作为衡量数据资产价值的核心指标之一，是对数据资产潜在收益能力最为直接且具象化的体现。它关注的是数据资产在实际运营和应用过程中，能够为企业或组织带来的实实在在的经济流入。这种流入可以是通过优化决策、提升效率、创新商业模式等方式，间接或直接创造的新增收入，也可以是通过降低运营成本而实现的结余。

数据资产的外部现金流生成机制多种多样。例如：在精准营销场景中，通过对海量用户行为数据的深度挖掘与分析，企业能够设定更加精确的目标定位，提高转化率，从而显著增加销售收入；在供应链管理领域，企业能够利用数据分析优化库存配置与物流配送策略，有效节约存储和运输成本，这同样是数据资产创造现金流的典型表现。

<u>数据资产的外部现金流生成能力反映了其在未来持续创造价值的可能性</u>。具有高稳定性和高增长性的现金流往往预示着数据资产具有较强的市场需求和竞争力，这样的数据资产更可能随着技术进步和社会发展不断增值，从而使其公允价值得到显著提升。

因此，从投资评估和战略规划的角度出发，深入剖析并科学量化数据资产

所能产生的外部现金流，对于全面、准确地评判数据资产价值具有决定性的意义。这也要求我们在审视数据资产时，不仅要看重其规模和质量，更要洞察其潜在的经济价值和社会价值，从而更好地指导数据资产管理与运用实践，使之真正成为驱动企业增长与创新的强劲引擎。

综上所述，通过对数据资产所产生的外部现金流的深度分析与科学量化，不仅能真实反映其当前的经济价值，更能有效预测其未来的增值潜力。这对于实现数据资产的价值最大化而言至关重要。同时，这也要求我们在评估数据资产价值时，必须保持一种既注重现状又着眼未来、兼顾经济效益与风险控制的全局视角。

10.3 深度挖掘数据价值的方法

如前所述，仅以成本入表并不能体现数据的潜在价值，那么数据的潜在价值应该如何挖掘呢？

数据资源作为一种新型的关键生产要素，其价值会随着市场供需关系的变化、应用场景的拓展以及技术的进步等因素的影响而动态调整。这一特性使数据资产的价值判断可以并且应由市场机制来进行。

10.3.1 资产评估实现数据价值

数据资源的价值评估是一个全面、系统的过程，它涵盖了数据的质量、完整性、时效性、独特性、可获取性和合规性等多个维度。在数据资产评估过程中，需要依据严谨的理论模型和实践经验，对数据的质量、规模、时效性、独特性等核心属性进行全面、客观的评估，从而为数据定价提供科学依据；还需要深度挖掘数据应用场景背后隐藏的商业价值和社会价值。（详见第 11 章，我们会详细介绍数据资产评估的方法。）

数据资源的价值评估具有极其重要的战略意义。首先，对数据资源进行价值评估有助于揭示其内在价值，这种价值不仅体现在直接的经济效益上，更体现在其蕴含的巨大潜在价值和未来收益可能上。此外，数据资源的资产评估还能促进数据资产的有效管理和配置。科学合理的定价机制可以激发企业和社会组织主动收集、整理、使用数据的积极性，进而推动数据市场的健康发展，形成良好的数据生态。

通过对数据资源全面而深入的资产评估，我们不仅能有效衡量其经济价值，充分挖掘并发挥数据资源的战略价值和经济价值，驱动经济社会各领域的数字化转型和高质量发展，更能引导和规范数据资源的开发利用，为数字经济的发展提供坚实的支撑，推动经济社会的整体进步与发展。

10.3.2 数据交易平台

数据交易平台是一个专为数据交易而设立的市场平台，它提供了便捷的交易环境，让数据得以有效流通和交换。这种平台覆盖了包括行业数据、市场数据、用户数据、科研数据等在内的各种类型的数据，旨在促进数据的共享和使用。

在互联网初期，数据交易主要以个人用户之间或企业之间的零散数据交换形式出现，比如用户信息和搜索记录等基础数据的买卖。随着云计算、物联网、人工智能等技术的广泛应用，数据的采集、存储和处理能力得到显著增强，数据的维度、深度和价值密度都有了大幅提升，从而推动了数据交易模式由单一化向多元化、规模化的发展。在这种背景下，数据交易市场应运而生，如数据交易所、数据交易平台等新型业态开始出现，通过规范化的流程和机制，实现了数据资源的商品化和服务化。

近年来，我国数据交易市场规模显著增长。根据相关统计数据，全国已有数十家数据交易机构投入运营，年交易额不断刷新纪录，涉及的数据品种涵盖金融、交通、医疗、教育、能源等多个领域。同时，由于国家对数据要素市场化的重视和扶持，预计在未来几年内，国内数据交易市场的规模将继续保持强劲的增长势头。

截至 2024 年 2 月，全国已注册成立的数据交易所数量达到 60 家。其中，上海数据交易所自 2021 年 11 月 25 日成立以来，承担着建设国家级数据要素市场的重大使命。它积极应对数据从资源到产品再到资产转化过程中的挑战，探索解决方案，通过构建完善的法规制度、安全的技术环境和高效的服务模式，为推动中国数据交易市场的健康发展树立了标杆。

国内数据交易所不完全名单见表10-1。

表 10-1 国内数据交易所不完全名单

序号	成立时间	交易所名称	地区
1	2014 年	中关村数海大数据交易服务平台	北京
2	2014 年	北京大数据交易服务平台	北京
3	2015 年	贵阳大数据交易所	贵州贵阳
4	2015 年	武汉长江大数据交易中心	湖北武汉
5	2015 年	武汉东湖大数据交易中心	湖北武汉
6	2015 年	西咸新区大数据交易所	陕西西咸新区
7	2015 年	华东江苏大数据交易中心	江苏盐城
8	2015 年	华中大数据交易所	湖北武汉
9	2015 年	交通大数据交易平台	广东深圳
10	2015 年	河北大数据交易中心	河北承德
11	2015 年	杭州钱塘大数据交易中心	浙江杭州
12	2016 年	哈尔滨数据交易中心	黑龙江哈尔滨
13	2016 年	浙江大数据交易中心	浙江杭州
14	2016 年	丝路辉煌大数据交易中心	甘肃兰州
15	2016 年	广州数据交易服务平台	广东广州
16	2016 年	南方大数据交易中心	广东深圳
17	2017 年	河南中原大数据交易中心	河南郑州
18	2017 年	青岛大数据交易中心	山东青岛
19	2017 年	河南平原大数据交易中心	河南新乡
20	2018 年	东北亚大数据交易服务中心	吉林长春
21	2019 年	山东数据交易平台	山东济南
22	2020 年	山西数据交易平台	山西太原
23	2020 年	北部湾大数据交易中心	广西南宁
24	2020 年	中关村医药健康大数据交易平台	北京
25	2020 年	安徽（淮南）大数据交易中心	安徽淮南
26	2021 年	北京国际大数据交易所	北京
27	2021 年	长三角数据要素流通服务平台	江苏苏州

(续)

序号	成立时间	交易所名称	地区
28	2021年	华南国际数据交易公司	广东佛山
29	2021年	合肥数据要素流通平台	安徽合肥
30	2021年	上海数据交易所	上海
31	2021年	德阳数据交易中心	四川德阳
32	2021年	海南数据产品超市	海南海口
33	2022年	湖南大数据交易所	湖南长沙
34	2022年	无锡大数据交易平台	江苏无锡
35	2022年	西部数据交易中心	重庆
36	2022年	福建大数据交易所	福建福州
37	2022年	郑州数据交易中心	河南郑州
38	2022年	青岛海洋数据交易平台	山东青岛
39	2022年	广州数据交易所	广东广州
40	2022年	苏州大数据交易所	江苏苏州
41	2022年	深圳数据交易所	广东深圳
42	2022年	杭州国际数字交易中心	浙江杭州
43	2023年	北方大数据交易中心	天津
44	2023年	西咸新区数据交易撮合平台	陕西西咸新区
45	2023年	苏北大数据交易中心	江苏宿迁
46	2023年	杭州数据交易所	浙江杭州
47	2023年	长春大数据交易中心	吉林长春

总体来看，国内数据交易市场正处于快速成长期，在政策引导、市场需求和技术进步的共同驱动下，正以前所未有的速度发展壮大。通过不断完善法律法规，优化市场环境，解决数据确权、定价、安全等问题，我国数据交易市场将能够真正释放数据作为新型生产要素的巨大潜力，在未来全球经济格局中扮演更为重要的角色，并为社会经济发展注入源源不断的新动能。

10.4 以数据资产为支点，撬动资本价值

随着全球数字化转型的加速推进，数据交易市场日益繁荣活跃，数据资产

的重要性与日俱增，其流通性和金融属性也逐渐展现出来，数据资产的价值开始反映在金融市场中。

数据资产前期的投入成本往往较大，随着相关信息技术和设备的建设与完善，数据的边际成本将大幅降低。数据资产的价值并非固定不变，而是会随着数据规模的增长呈现指数级上升的趋势。通过资产评估和数据交易平台对数据资产进行估值、定价和交易，能够实现数据资产的有效流转和市场化配置。

还可以以融资的方式，将数据资产证券化或金融化，例如，数据资产证券化、数据质押融资、数据入股等新型金融工具。（详见第 12 章，我们会详细论证相关金融化方案的流程和可行性。）通过这些金融工具可以将难以直接变现的数据资产转化为具有流动性和投资价值的金融商品，为投资者提供参与数字经济建设的新渠道。通过金融工具撬动庞大的社会资本涌入数字经济领域，为数字经济实体提供丰富的融资来源，从而有力地推动数字经济的整体发展和创新升级。

同时，政府层面也在积极推动数据要素市场的培育和发展，探索数据产权界定、交易流通机制，为数据要素市场的健康发展保驾护航，旨在创造一个既充满活力又规范有序的数据生态环境，让数据真正流动起来，驱动数字经济引擎，为我国经济社会高质量发展注入源源不断的动力和创新活力。

数据资产金融化对于推动产业升级、促进经济高质量发展也具有深远意义。在人工智能、云计算、物联网等前沿科技领域，数据已成为技术研发与应用的基础原料，有力地推动了科技创新的步伐，为产业结构调整与经济发展质量提升注入了源源不断的动力。

总的来说，数据资产金融化是数字经济时代的重要特征和必然趋势。它以数据资产为核心支点，通过科学合理地管理和运用，不仅能助力企业提升竞争力，开拓新的盈利模式，更能在宏观层面上激发整个经济社会的发展潜能，引领全球经济迈向全新的发展阶段。

10.5 数据资产保护基础知识

10.5.1 数据资产保护的重要性

随着数字化时代的到来，以及一系列与数据资源入表相关的政策的颁布实施，数据已经成为企业的重要资产，其价值不可估量。数据资产保护的重要性不言而喻。企业的数据资产涉及商业机密、客户信息、交易数据等敏感信息，一旦泄露或损坏，将对企业的声誉、业务和财务造成重大损失。因此，对于企业而言，保护数据资产已经成为一项至关重要的任务。

随着云计算、大数据、人工智能等技术的快速发展，数据量呈爆炸式增长，数据类型也更加多样化和复杂化。此外，数据安全法规和标准的不断更新和完善，给数据资产保护带来了更大的挑战。为了应对这些挑战和风险，企业需要采取有效的措施来保护数据资产，包括制定完善的数据资产保护策略、采用先进的数据安全技术和工具、加强数据访问控制和权限管理、定期进行数据备份和恢复演练等。企业不仅需要关注数据的机密性、完整性和可用性，还需要从数据的采集、存储、处理、传输和销毁等全生命周期的角度进行考虑。同时，数据资产保护还需要与企业的业务需求和战略目标相匹配。

企业需要充分认识到数据资产保护的重要性，形成包括决策中枢及各数据流动实施部门在内的管理组织架构，制定完善的管理制度和规范，建立完善的技术体系。此外，企业还需培养员工的数据资产意识，加强员工的数据安全培训和教育，选择合适的安全产品和解决方案，并定期进行安全检查和风险评估。只有确保数据资产的安全性和合规性，才能充分发挥数据要素的生产力价值，为企业的发展提供有力保障。

10.5.2 数据资产保护策略

1. 制定数据资产保护策略的步骤和原则

数据资产保护策略的制定和实施是实现数据资产保护的关键。在制定数据资产保护策略时，首先需要明确数据的定义、分类和敏感度。对数据进行全面的了解是制定有效保护策略的基础。例如，可以根据数据的敏感度将数据分为机密、敏感和公开等不同级别，并针对不同级别采取不同的保护措施。此外，还需要评估数据的风险和威胁，了解潜在的攻击者、攻击方式和攻击目标，进而制定相应的防范措施。

在制定数据资产保护策略时，需要遵循一些原则。首先，最小权限原则是最基本的原则之一，即只授予用户和应用程序所需的最小权限，避免不必要的访问和操作。其次，完整性原则要求确保数据的准确性和完整性，防止数据被篡改或损坏。此外，还应当遵循合规性原则，确保数据资产保护策略符合相关法律法规和行业标准的要求。

在制定数据资产保护策略时，可以采用一些分析模型来评估风险和确定优先级。例如，风险矩阵分析模型可以根据风险发生的可能性和影响程度评估风险的大小和确定风险的优先级，进而制定相应的防范措施。此外，还可以采用安全审计和监控等手段来评估现有保护措施的有效性，及时发现和解决潜在的安全问题。

为了更好地实施数据资产保护策略，企业需要采取一系列实践措施。首先，应当建立完善的数据管理制度和流程，明确数据的保管、使用和共享等方面的规定。其次，加强员工培训和教育，提高员工的数据安全意识和技能。再次，应当定期进行安全审计和风险评估，及时发现和解决潜在的安全问题。最后，采用合适的数据加密、数据脱敏等技术手段可以提高数据的安全性。

在制定数据资产保护策略时，还需要考虑一些其他因素。例如，随着云计算、大数据等技术的发展，数据存储和处理的方式在不断变化，因此保护策略需要不断更新和调整。同时，由于数据泄露事件时有发生，企业需要建立完善的数据泄露应急预案，以及时应对可能发生的数据泄露事件。此外，企业还应当关注区块链等新兴技术在数据安全领域的应用前景。

总之，制定有效的数据资产保护策略需要全面考虑数据的特性、风险和威胁等因素，遵循一定的原则和分析模型，采取合适的实践措施和技术手段。只有这样，才能确保数据的完整性和安全性，降低潜在的风险和损失。

2. 数据分类和敏感度评估

数据分类和敏感度评估是数据资产保护的重要步骤。通过对数据进行分类，可以对数据进行合理的管理和保护。数据分类的依据包括数据的来源、内容、格式、用途和敏感度等。根据数据的不同分类,可以制定不同的保护策略和控制措施,确保数据的机密性、完整性和可用性。例如,对于个人敏感信息,如身份证号码、银行卡号等,需要采取额外的加密和安全措施来保护数据不被泄露或滥用。数据敏感度评估也是必要的步骤。不同类型的数据具有不同的敏感度,对数据的敏感度进行评估可以帮助组织更好地了解数据的价值和风险,从而制定相应的保护措施。在进行数据敏感度评估时,可以采用定性和定量的方法,综合考虑数据的机密性、完整性、可用性和其他相关因素。例如,可以采用数据泄露风险模型来评估数据泄露的风险和影响,从而制定相应的预防和应对措施。

3. 数据访问控制和权限管理

数据访问控制和权限管理是保护数据资产的关键环节,能够有效保障数据的机密性和完整性,防止未授权访问和数据泄露。在制定数据资产保护策略时,应该明确数据的分类和敏感度评估,并根据数据的重要性和敏感度,制定相应的数据访问控制和权限管理规则。对于敏感度极高的数据,应限定特定的授权人员访问,并采取多因素认证或强密码策略等安全措施。同时,企业应定期审核和更新数据访问控制和权限管理规则,以确保其与企业业务需求和安全要求相匹配。

数据访问控制和权限管理不仅需要考虑技术层面,还应考虑组织架构、业务流程和人员角色等因素。例如,在企业组织架构中应明确各部门职责与权限,避免权限重叠或漏洞。企业还需建立完善的权限审批和撤销流程,保证权限变更受到严格审核和控制。另外,定期进行权限审查和漏洞扫描,以发现和处理安全风险,也是必要的。

在实际应用中,数据访问控制和权限管理需结合具体案例进行分析和优化。例如,针对某大型银行数据泄露事件中揭示的员工违规越权问题,银行加强了员工的安全培训和教育,并引入了先进的安全审计和监控技术,以防止类似的事件再次发生。

综上，数据访问控制和权限管理是确保数据资产安全和完整的关键，需要从技术、组织、流程和具体案例等多个方面进行综合考量，并不断优化更新。

4. 数据备份和恢复

数据备份和恢复计划是数据资产保护策略的重要组成部分，旨在确保数据在意外丢失或损坏后能够及时恢复。随着数据的重要性和价值的不断提升，这一计划变得越来越关键。在制定数据备份和恢复计划时，需要充分考虑诸如数据分类、备份策略、恢复流程和技术支持等多个方面的因素。

首先，需要对数据进行分类，并根据这些数据的敏感度和价值来确定备份的频率、方式和存储位置。

其次，要制定详细的恢复流程，包括恢复时间目标（RTO）和恢复点目标（RPO），以确保在事故发生后能够快速恢复数据。同时，我们需要选择合适的备份存储方式，如磁带、硬盘、云存储等。需要特别注意的是，一旦发生物理存储介质损坏或无法以常规方式进行数据恢复的情况，应立即停止任何对数据的读取或恢复操作。不专业的读取或恢复操作可能会导致数据进一步受损，以至于后续即便采用正确的方法也难以挽回大部分数据，甚至完全无法恢复。因此，应选择具有专业资质的数据恢复服务单位进行恢复处理，例如国家信息中心数据恢复（国信DRS）等单位，这些单位拥有无尘纯净间、专业的恢复设备及可替换的零部件，并且具有处理敏感数据的资质，这既保证了数据恢复的效果，也确保了数据的保密安全。

最后，要建立完善的技术支持体系，以确保在数据丢失或损坏后能够及时响应和处理。在实际应用中，数据备份和恢复计划应根据企业的实际情况制订，并定期进行评估和优化。同时，还需要加强对员工的培训和教育，提高他们的数据保护意识和技能。

10.5.3 数据资产保护措施

1. 数据资产属性的司法证明力安全

随着数据资产入表的推进，数据在财务乃至资本意义上的资产属性凸显出来。这种资产属性的权益对应的主体权利应当受到法律保护。如果数据本身不能证明映射其所负载的受法律认可保护的权益,那么其资产属性也将消失。以前的数据安全概念更多是关注防攻击、防泄露、防病毒、防毁损等方面,然而,如果数据完好无损地存储在文件夹、数据库、云及 IDC 等软硬件环境里,但是从司法角度无法证明其背后所承载的经济和法律权益,数据的资产和价值无法与权益主体和内容进行对应从而实现权益兑现,我们还能说数据是安全的吗?从这个角度来看,数据安全的概念需要增加一个新的维度——司法证明力。

数据的司法证明力是指数据在法庭上作为证据的效力。随着科技的发展,数据在许多案件中发挥着越来越重要的作用。以下是一些关于数据司法证明力的关键点。

- 数据的可靠性:数据的可靠性是数据司法证明力的基础。如果数据不可靠,那么无论数据量有多大,都不能作为有效的证据。数据的可靠性取决于数据产生和处理过程是否科学、准确和可靠。
- 数据的内容:数据的内容是否与案件相关是影响其司法证明力的因素之一。只有与案件相关的数据才能作为证据。在法庭上,需要对数据进行解释和说明,以证明其与案件的关系。
- 数据的合法性:数据的合法性也是影响数据司法证明力的因素之一。只有在合法的情况下获取的数据才能作为证据。数据的合法性取决于获取和处理数据的过程是否符合法律法规的要求。
- 数据的完整性和可追溯性:数据的完整性和可追溯性是保证数据可靠性和合法性的重要因素。数据的完整性是指数据是否完整、未被篡改或损坏。数据的可追溯性是指数据的产生和处理过程能否被追溯和验证。

在司法实践中,需要根据具体情况对数据进行审查和判断,以确定其是否可以作为证据。

2. 数据资产保险

近年来,数据资产保险在数据资产保护中扮演着越来越重要的角色,它作为一种"兜底性的最后经济性屏障",不仅以现金赔付的方式帮助企业防范和减轻数据损失的风险,还促进了数据资产的价值实现和行业发展。具体来说,数据资产保险覆盖了数据资产在存储、使用、交易等过程中的相关风险，包括数据泄露风险、数据损坏风险、数据侵权风险、交易履约风险等。

保险公司通过与数据资产评估机构、网络安全评估机构、数据安全防御机构、数据恢复机构等各方组织机构合作，建立了保前风险识别与减量、保中风险发现与防控、保后事件响应与补偿的全流程"保险+科技+服务"体系。承保前，通过数据资产评估机构和网络安全评估机构对投保企业的数据价值以及数据安全的风险暴露进行评估，对数据资产的承保风险进行量化分析，帮助客户梳理风险现状，同时结合量化数据厘定风险费率并为客户的高危风险提出整改建议。承保过程中，通过7×24小时的监测服务，对数据资产在存储、使用、交易等各环节的风险进行实时监控，一旦发现高危漏洞或可疑风险，及时提醒客户做好安全防护，避免损失扩大。发生保险事故后，保险公司委托专业的第三方机构提供应急响应服务和数据恢复服务，同时对产生的相关损失和费用承担保险赔偿责任。

例如，某保险公司围绕数据资产推出了"数据资产安心无忧系列保险产品"，其中围绕数据资产的损失，推出"数据资产损失费用保险"，保障内容大体上分为三类：1）数据资产由于意外事故造成的损毁或灭失，由此产生的数据资产的直接经济损失或数据恢复费用，由保险公司来赔偿；2）数据资产因网络攻击或信息盗窃等造成第三方信息泄露后，被保险人所面临的第三方的损害赔偿责任以及相关的通知费用、法律费用等，由保险公司来赔偿；3）数据资产被非法占用后，被保险人因维权而产生的鉴定费用、检测费用、法律费用等，由保险公司来赔偿。围绕交易履约风险，该公司推出"数据交易卖家履约保证保险"，保障以下内容：买家购买的数据资产，因不符合数据产品的销售描述、无法履行产品销售时的实际效用、数据产权不明被第三方投诉或起诉等情况而无法正常使用，经法院、数据交易平台、裁定机构等判定情况属实，且卖家未按照交易平台的各类协议或规则向买家履行赔偿责任，由保险公司按照保险合同的约定承担赔偿责任。

总之，数据资产保险作为国内保险市场的新兴领域，它的重要性日益凸显。企业和组织应该关注这一领域的发展，探索如何利用保险工具来保护自己的数据资产。

10.5.4 数据资产保护实践

1. 企业数据资产保护实践案例

实践案例是企业数据资产保护中非常重要的一部分。这些案例可以帮助企业更好地理解和应用数据资产保护策略。例如，某大型互联网公司采用了基于数据分类和敏感度评估的保护策略将数据分为不同等级，并针对不同等级的数据采取不同的访问控制和权限管理措施。同时，该公司在数据备份和恢复方面也有着严格的计划，确保在数据遭受损失或泄露时能够及时恢复。又如，某金融机构采用了数据加密技术和工具来保护敏感数据，并利用数据脱敏技术和工具来防止敏感数据的泄露。此外，该金融机构还建立了完善的数据防火墙和入侵检测系统，以防止恶意攻击和内部泄露。

这些实践案例表明，企业数据资产保护需要综合考虑多种策略、技术和实践。企业需要根据自身的业务需求和数据特点，制定合适的数据资产保护策略，并选择合适的技术和工具来实施。同时，企业还需要建立完善的数据备份和恢复计划，以降低数据损失或泄露的风险。此外，企业还需要关注数据安全法规和标准的要求，确保满足合规性和审计要求。

2. 实践和建议

在数据资产保护的实践过程中，最佳实践和建议至关重要。首先，企业应该制定明确的数据资产保护策略，包括数据分类、敏感度评估、访问控制和权限管理等方面。这样做有助于确保所有相关人员都清楚自己的责任，也有助于避免敏感数据的不必要暴露。其次，合适的数据安全技术和工具，如数据加密、数据脱敏、数据防火墙和入侵检测系统等，能够有效地减少数据泄露和未经授权的访问风险。再次，企业应定期进行数据备份和恢复计划的演练，以确保在意外情况下能够快速恢复数据。最后，个人应采取措施保护自己的数据资产，例如使用强密码、不轻易透露个人信息、及时更新软件和补丁等。

为了更好地实施数据资产保护策略，企业可以参考一些成功的实践案例，吸取其中的经验和教训。例如，某大型银行采用了多层次身份认证和访问控制措施，确保只有授权人员才能访问敏感数据。此外，一些企业通过采用数据脱敏技术，确保测试和开发环境中使用的数据不会泄露敏感信息。

为确保数据资产保护的最佳实践得到有效执行，企业可以采用分析模型评估现有措施的有效性。例如，风险评估模型可以帮助企业识别潜在的数据安全风险和漏洞，及时采取相应的措施进行改进。同时，持续监控和审计也是必要的，这可以保证所有措施都得到有效执行。此外，定期对员工进行培训和教育也非常重要，这有助于提高员工的数据安全意识和技能。

在数据资产保护的实践中，关注常见问题和解决方案也非常重要。例如，数据泄露和未经授权的访问是常见问题，企业需要采取相应的技术和措施来解决。同时，数据备份和恢复也是需要关注的问题，企业需要制订详细计划并定期演练。针对这些问题，有很多成熟的解决方案和技术可供选择，企业可以根据自身情况挑选最适合的解决方案。

3. 常见问题和解决方案

在数据资产保护的实践中，常见问题主要包括数据泄露、数据损坏和数据丢失等。为了解决这些问题，企业和个人需要采取一系列措施。首先，需要建立完善的数据安全管理制度，包括数据分类、访问控制和数据备份等，以确保数据的完整性和安全性。其次，需要采用数据加密、数据脱敏等技术和工具，以防止数据泄露和未授权访问。最后，还需要定期进行数据安全审计和风险评估，以及时发现并解决潜在的安全隐患。

在应对数据泄露问题时，企业和个人还需要采取应急响应措施，及时处理泄露事件，并采取措施防止类似事件再次发生。为了提高数据安全意识，还需要加强员工培训和教育，让员工了解数据安全的重要性和应对方法。

解决数据损坏和丢失问题同样重要。企业和个人需要制订完善的数据备份和恢复计划，确保在数据出现问题时能够及时恢复。同时，需要定期测试备份数据的可恢复性，以确保备份数据的有效性和可用性。在应对数据丢失问题时，还需要采取紧急响应措施，尽可能快地恢复数据，并采取措施防止类似事件再次发生。为了更好地应对数据安全挑战，企业和个人还需要持续关注数据安全技术的发展趋势，及时采用新的技术和工具，以提高数据安全防护水平。

在制定数据资产保护策略时，企业和个人还需要考虑合规性和审计要求。需要了解相关的法律法规和标准，确保自己的数据安全管理制度符合合规要求，也需要接受定期的审计和检查，以确保自己的数据安全防护措施的有效性和合规性。为了更好地应对合规性和审计要求，企业和个人还需要建立完善的数据治理体系，明确数据的所有权、责任和义务，确保数据的合规使用和管理。

总的来说，数据资产保护是一项长期而艰巨的任务。企业和个人需要建立完善的数据安全管理制度和治理体系，采用先进的数据安全技术和工具，加强员工培训和教育，以确保数据的完整性和安全性。同时，还需要关注数据安全技术的发展趋势，及时调整和优化自己的数据安全策略，以应对不断变化的数据安全挑战。

4. 数据资产保护技术的发展趋势

随着科技的飞速发展，数据资产保护技术也在不断演进。未来，数据资产保护将更加依赖于人工智能等新技术。人工智能技术将能够自动识别和分类数据，并根据数据的敏感度采取相应的保护措施。例如，机器学习算法可以自动识别出企业内部的敏感数据并对其进行加密和访问控制，从而大大提高数据的安全性。同时，区块链技术也将成为数据资产保护的重要手段。区块链的去中心化和不可篡改的特性，可以确保数据的真实性和完整性，为数据资产保护提供更加可靠的保障。此外，量子计算技术的发展也为数据资产保护带来了新的挑战和机遇。未来，我们需要更加深入地研究量子计算对数据加密和安全的影响，并开发出更加先进的数据保护技术。

在应对未来数据资产保护的挑战中，企业需要采取更加全面和系统的策略。企业需要制定更加完善的数据资产保护策略，明确数据的分类、敏感度评估和访问控制等要求。同时，企业需要建立更加严密的数据安全防护体系，包括数据加密、数据脱敏、数据防火墙和入侵检测等措施。此外，企业还需要加强员工的数据安全意识培训，提高员工对数据保护的重视程度和应对能力。

总之，随着数据资产保护技术的不断发展，我们需要不断更新与完善数据资产保护策略和实践。只有紧跟时代步伐，不断创新和进步，我们才能确保数据资产的安全性和完整性。

10.6　本章小结

随着企业数字化转型的加速，数据已成为核心资产，其价值已远远超出传统的财务报表所能反映的范围。将数据资产纳入财务报表只是认识和管理这些资产的第一步，真正的挑战和机遇在于如何有效地使用这些数据资产来支持决策制定、创新和增长策略。这要求企业不仅要在会计和财务报告上进行创新，还要在数据治理、分析能力和技术基础设施上进行投入，以释放数据的真正潜力，推动企业的数字化转型。

在本章中，我们以"入表仅是开始"为核心，深入讨论了数据资产管理的初步步骤及其后续发展路径，进一步探讨了在成功入表后，企业可以通过数据资产评估方法、市场流通环境和金融工具来充分挖掘数据资产的价值，同时重视数据资产保护。

第 11 章 CHAPTER

数据资产评估

对数据资产价值进行评估,是数据资产交易和流通的重要前提之一,也是加快推动数据要素资产化进程、激发数据流通动力、加快数据要素市场建设的重要抓手。作为价格机制的补充手段,资产评估是数据资产价值发现、衡量及实现的重要工具。本章将介绍数据资产评估的方法及具体案例。

通过本章的学习,你将掌握以下内容:
- 数据资产评估的概念;
- 收益法评估路径;
- 成本法评估路径;
- 市场法评估路径;
- 数据资产评估案例。

11.1 数据资产评估简介

数据资产评估是一种由第三方专业机构对数据资产价值进行评估和定量分

析并提供专业服务的行为。数据资产评估通常包括评估准备阶段、现场评估阶段、评估汇总阶段及提交报告阶段，如图 11-1 所示。

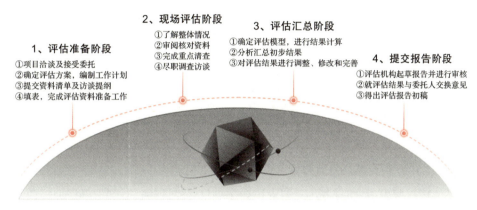

图 11-1　数据资产评估的过程

为推动数据资产评估的发展，中国资产评估协会在 2019 年制定了《资产评估专家指引第 9 号——数据资产评估》，明确了数据资产评估的对象及方法等内容。为进一步规范数据资产评估的执业行为，2023 年 9 月，中国资产评估协会制定了《数据资产评估指导意见》，对数据资产评估的评估对象、操作要求、评估方法、披露要求等进行了详细的规定，其中第十九条提出："确定数据资产价值的评估方法包括收益法、成本法和市场法三种基本方法及其衍生方法"。指导意见中提到的三种基本方法的估值原理及特点如表 11-1 所示。

表 11-1　数据资产评估基本方法简介

估值方法	原理	特点
收益法	通过测算该项数据资产所产生的未来预期收益并折算成现值，进而确定被评估数据资产的价值	收益法是目前比较容易接受的一种数据资产评估方法，能相对真实地反映业务价值，但数据资产的预期收益、收益期限等都与传统资产的考量有所不同，有一定的特殊性
成本法	按照重置该项数据资产所发生的成本作为确定评估对象价值的基础，并对重置成本的价值进行调整，以此确定被评估数据资产的价值	应用成本法进行评估需要考虑数据资产的成本和价值的弱对应性，以及成本的非完整性。成本法容易掌握和操作，易于获取历史数据产生的费用并排除主观性对价值评估造成的影响，但数据资产的盈利能力并不能通过投入成本完全体现出来，可能造成评估价值低于真实价值的情况

（续）

估值方法	原理	特点
市场法	采用市场法评估数据资产，一般是在具有公开并活跃的交易市场的前提下，选取近期或往期成交的类似数据资产参照系价格作为参考，并修正特异性、个性化的因素，从而得到被评估数据资产的价值	市场法的优势在于能够反映数据资产的市场供需状况对其价值的影响，让买卖双方更快速地理解和接受，劣势在于对市场环境要求高，现阶段获取参考样本难度大

除了收益法、成本法和市场法三种基础方法之外，还存在一些创新或衍生的对数据资产进行评估的思路，包括学术界在探讨的模糊综合评价法、实物期权法等。单一的评估方法具有各自固有的优势和劣势，在实践中，往往会结合多种方法以"扬长避短"，综合考量，对方法模型进行改进优化，合理形成评估结论。

11.2 收益法评估路径

收益法通常包括确定预期收益、确定收益期限、确定折现率等步骤，如图11-2所示。

图11-2 收益法评估路径

11.2.1 确定预期收益

数据资产的预期收益是指数据资产在特定场景下使用的收益。同样的数据资产在不同使用场景下的预期收益可能存在差异。数据资产通常可以通过提供个性化精准营销、数据内容检索、服务于前端等方式创造经济价值。可以通过关注数据资产应用情况的主要判断、评价结果及其依据，分析数据资产的应用场景和商业模式，所属行业的市场规模、市场地位和供求关系等情况。

在估算数据资产带来的预期收益时，需要分析与之有关的预期变动、收益期限、成本费用、风险因素等，并对收益预测所利用的财务信息和其他相关信息、假设和评估目的的恰当性进行分析。

根据预期收益的来源及内涵不同，采用收益法评估数据资产时，预期收益的具体预测方式包括直接收益预测、分成收益预测、超额收益预测和增量收益预测等。不同预测方式的适用场景如表 11-2 所示。

表 11-2　收益法中不同预测方式的适用场景

序号	方式	参考适用场景
1	直接收益预测	应用场景及商业模式相对独立，且直接收益可以独立计量并合理预测
2	分成收益预测	提供软件开发服务、数据平台对接服务、数据分析服务等的技术服务公司，且其他相关资产要素所产生的收益不可单独计量
3	超额收益预测	被评估数据资产可以与资产组中的其他数据资产、无形资产、有形资产的贡献进行合理分割，且贡献之和与企业整体或资产组正常收益相比后仍有剩余
4	增量收益预测	可以使企业产生额外的可计量的现金流量或利润的数据资产 可以使企业获得可计量的成本节约的数据资产

11.2.2　确定收益期限

1. 收益期限的定义

数据资产的收益期限是指在寿命年限内持续发挥作用并产生经济利益流入的期限。

2. 收益期限的确定

收益期限的确定需要考虑使评估对象达到稳定收益的期限和周期等因素，并关注其是否符合产品或者服务的合理收益期。

在确定收益期限的过程中，需要考虑被评估数据资产在其收益期限是否存在衰减的情况，例如数据资产的价值在未来因广泛传播、更新迭代、下游市场需求下降等情况而降低，如存在衰减，则需要在测算预期收益时考虑合理的衰减并及时对预期收益进行调整。

3. 收益期限的影响因素

使用收益法进行数据资产评估时，需要综合考虑影响收益期限的各种因素，合理确定收益期限。

数据资产收益期限主要受以下因素影响：
- 数据资产的法律有效期限。
- 数据资产相关的合同有效期限。
- 数据资产自身的经济寿命年限。
- 数据资产的更新时间。
- 数据资产的时效性。
- 数据资产的权利状况。

11.2.3 确定折现率

1. 折现率的定义

折现率是指将未来各期的预期收益折算成现值的比率。在使用收益法进行数据资产评估时，折现率需要在合理考虑数据资产运营风险的基础上进行恰当的测算和使用。

2. 折现率的确定

折现率可以通过分析评估基准日的利率和投资回报率，以及数据资产质量评价中对于数据资产所涉及的管理风险、流通风险、数据安全风险、敏感性风险和监管风险等因素的评价结果及相关依据进行综合判断。数据资产折现率与预期收益的口径需要保持一致。

数据资产折现率可以采用风险累加法，即无风险收益率加风险收益率的方式进行确定。公式如下：

折现率 = 无风险收益率 + 风险收益率

其中，无风险收益率是指在正常条件下的获利水平，是所有的投资都应该得到收益的投资回报率，可参考政府发行的、截至评估基准日未到期的国债到期收益率，并关注国债剩余到期年限与收益期限的匹配性。风险收益率可通过判断被评估数据资产所涉及的管理风险、流通风险、数据安全风险和监管风险等各类风险的大小，将各种风险的风险收益率累加得出。

此外，还可以采取其他能够充分反映投资报酬的、与收益口径、内涵一致的折现率确定方法。

11.3 成本法评估路径

采用成本法对数据资产进行价值评估，通常分为确定重置成本和确定质量因素调整系数两个步骤，如图 11-3 所示。

图 11-3 成本法评估步骤

11.3.1 确定待估数据资产的重置成本

数据资产的重置成本通常包括前期费用、直接成本、间接成本、安全成本、机会成本和相关税费。

1. 前期费用的确定

前期费用主要是规划成本，即对数据生命周期整体进行规划设计，为形成满足需求的数据解决方案所投入的人员薪资、咨询费用及相关资源成本等。

2. 直接成本的确定

直接成本通常包括建设成本、运维成本和其他成本，具体如表 11-3 所示。

表 11-3　数据资产主要直接成本一览表

项目	子项目	确定方法
建设成本	数据采集	数据采集包括主动获取和被动获取两种方式。主动获取方式涉及的成本包括直接购买数据的支出、获取数据时发生的市场调研等费用，以及在该阶段发生的人员薪酬等相关费用；被动获取方式涉及的成本包括开发采集程序等相关费用、企业在生产经营中获得的数据、相关部门开放并经确认的数据、企业相互合作共享的数据等
	数据汇聚	数据汇聚成本是指合并来自不同数据源的数据的过程中发生的成本，具体包括投入相应的计算资源、大数据科研及技术人员的薪酬、接口费及咨询的成本等
	数据存储	数据存储成本是指在存储数据资产的过程中发生的成本，主要包括设备成本，例如感知设备、通信传输设备、数据中心建设所需存储和计算设备等；存储库的构建、优化等成本，以及相应的人工成本及其他资源成本
	数据开发	信息资源整理、清洗、挖掘、分析、重构和预评估等成本，知识提取、转化及检验评估成本，算法、模型和数据等开发成本
	数据应用	开发、封装并提供数据应用和服务等产生的成本
运维成本	—	数据运维成本是指数据平台及相关数据服务建设完成上线投入运营后的日常运行及维护的成本，具体包括识别问题、敏感数据等质量评价成本，数据修正、补全、标注、更新、脱敏等数据优化成本，数据备份、数据冗余、数据迁移、应急处置等成本
其他成本	—	上述建设和运维成本中未完全列示的其他与数据资产形成相关的直接成本

需要注意的是，上述直接成本既存在待估资产为独立建设并运维的情形，也存在待估资产为外购取得并运维的情形，或者两种运营方式均存在的情形，评估人员在评估过程中要根据待估资产的实际情况进行分析以确定直接成本的构成。

3. 间接成本的确定

间接成本包括与数据资产相关的场地、软硬件、研发和公共管理等成本。

4. 安全成本的确定

安全成本包括为确保数据资产安全购置的病毒查杀、漏洞扫描等软硬件安全设备，安全等级保护认证及其他相关人工成本。

5. 机会成本的确定

机会成本需要考虑企业因购建、运营、维护数据资产而放弃经营其他业务、投资其他资产所对应的成本。

6. 相关税费的确定

相关税费主要包括数据资产形成过程中需要按规定缴纳的不可抵扣的税费等。

11.3.2 确定待估数据资产的价值调整系数

数据资产的价值调整系数的计算方法主要有专家评价法和剩余经济寿命法。

1. 专家评价法

专家评价法综合考虑数据质量、数据应用价值和数据实现风险等影响因素,并应用层次分析和德尔菲等方法对影响因素进行赋权,进而计算得出价值调整系数。

2. 剩余经济寿命法

剩余经济寿命法是一种通过对数据资产剩余经济寿命的预测或者判断来确定价值调整系数的方法,其计算公式为:

$$\delta = \frac{P_s}{R_l + P_s} \times 100\%$$

其中,R_l 表示剩余使用年限,P_s 表示已使用年限。

11.4 市场法评估路径

采用市场法对数据资产进行价值评估,通常分为筛选可比案例和确定调整系数两个步骤,如图 11-4 所示。

11.4.1 筛选可比案例

筛选可比案例是指在市场上找到与评估对象相同或相似的参考数据资产或对标交易,评估要素为筛选环节提供了比较维度和依据。数据资产价值评估专业人员应根据评估对象特点，选择与评估对象相同或者可比的维度，例如交易市场、数量、价值影响因素、交易时间（与评估基准日接近）、交易类型（与评估目的相适应）等，选择正常或可修正为正常交易价格的参照物。

图 11-4　市场法评估步骤

11.4.2　确定调整系数

通过比较评估对象和参考数据资产或对标交易活动来确定调整系数，对价值影响因素和交易条件的差异进行合理修正，以获得准确的价值。各项调整系数计算标准如下。

1. 质量调整系数

具体计算方法可参考《信息技术　大数据　数据资产价值评估（征求意见稿）》附录中基于评估要素的指标体系设计示例中的数据质量指标确定方法。

2. 供求调整系数

供求指标，由该数据集的市场规模、稀缺性及价值密度相乘获得，即市场规模 × 稀缺性 × 价值密度。供求调整系数指标确定方法见表 11-4。

表 11-4　供求调整系数指标确定方法

计算指标	确定方法
稀缺性	1/ 等效数据集的市场供应数量
市场规模	等效数据集的市场需求数量
价值密度	数据集的有效数据 / 数据集的总体数据

3. 期日调整系数

期日调整系数指标确定方法如表 11-5 所示。

表 11-5　期日调整系数指标确定方法

计算指标	确定方法
期日调整系数	1）数据集交易时点的居民消费价格指数 2）数据交易时点的行业价格指数，如 PPI

4. 容量调整系数

容量调整系数主要考虑不同数据容量导致的数据资产价值差异。基本逻辑是：当价值密度接近时，容量越大，数据资产的总价值就越高。容量调整系数指标确定方法如表 11-6 所示。

表 11-6　容量调整系数指标确定方法

计算指标	确定方法
容量调整系数	数据集字段数 × 数据集记录数

5. 其他调整系数

其他调整系数主要考虑数据资产评估实务中，根据具体数据资产的情况，影响数据资产价值差异的其他因素，例如，应用场景状况、每类数据集的适用范围、使用场景等。可以根据实际情况考虑可比案例差异，选择可量化的调整系数。其他调整系数指标确定方法如表 11-7 所示。

表 11-7　其他调整系数指标确定方法

计算指标	确定方法
区域	数据可应用的区域，如行政区划
更新周期	数据更新的一定时间段单位，如实时或 $T+1$ 等，体现数据活性

11.5　案例实践

11.5.1　××公交集团基本情况

1. 产生数据资产企业的基本情况

××公交集团有限公司（以下简称××公交集团）为××市国有资产监

督管理委员会的三级子公司，负责××市城市客运的管理、运营等工作，致力于为社会提供高质量的客运服务，确保乘客获得安全和舒适的乘车体验。

2. 评估对象和评估范围情况

评估对象为甲公司所属的"实时公交预报站"产品持有权涉及的相关数据资产。评估范围包括"实时公交预报站"产品持有权所涉及的车辆编号、速度、出发时间、方向角、方位、经度、纬度等10项数据。

3. 数据资产的权利人和权利类型

××公交集团持有的"实时公交预报站"产品所涉及的公交GPS定位数据是其通过安装到公交车上的智能车载机采集到的GPS数据，享有数据资产的持有权。

4. 数据资产的来源及形成路径

评估对象所涉及的相关数据是××市公交车辆安装的智能车载机通过SIM卡传输到通信服务器，再经过转发服务器，发送到服务平台，由服务平台对终端客户共享发送的GPS数据，上述数据来源于××公交集团。

5. 数据资产的应用信息

××公交集团根据其采集的全域运营车辆实时GPS数据、车辆调度数据，结合市场化客户需求，对外输出实时公交预报站产品，主要涉及图商类和生活服务类客户。图商类客户应用场景主要为在其端内基于××公交实时公交预报站产品，结合其地图数据、实时算法，向最终乘客输出更加精准、全量车辆到站预报服务。生活服务类客户应用场景和图商类客户应用场景类似。

6. 数据资产的存储特征

数据资产存储在阿里云DataWorks中。

11.5.2　评估目的

为激发数据要素潜能，加快数据资产化进程及数据资产评估工作的落地实施，受××的委托，数据资产评估试点工作组对××公交集团持有的"实时公交预报站"产品持有权涉及的相关数据资产进行质量评价与价值评估工作，作为推进数据资产评估标准应用的试点，因此需要对上述数据资产价值进行评估。

本次资产评估的目的是反映××公交集团持有的"实时公交预报站"产品持有权涉及的相关数据资产于评估基准日的市场价值，为上述经济行为提供价值参考依据。

11.5.3 价值类型及其定义

依据本次评估目的，确定本次评估的价值类型为市场价值。

市场价值是指自愿买方和自愿卖方在各自理性行事且未受任何强迫的情况下，评估对象在评估基准日进行正常公平交易的价值估计数额。

11.5.4 评估基准日

本项目资产评估的基准日是202×年×月×日。

此基准日是委托人在综合考虑产权持有人申报的资产规模、工作量大小、预计所需时间、合规性等因素的基础上确定的。

11.5.5 评估方法

1. 成本法试点应用研究

考虑到成本法是从构建角度反映评估对象的价值，满足评估对象的重置成本以及相关贬值能够合理估算等适用条件，因此本次评估可以采用成本法。使用成本法进行评估的主要过程如下。

（1）重置成本的确定

根据××公交集团提供的"实时公交预报站"产品持有权涉及的相关数据资产形成过程，结合评估师现场及访谈了解的情况，"实时公交预报站"产品持有权涉及的相关数据资产形成过程中投入的成本如下：

1）数据采集成本。在数据采集环节，××公交集团在客运车前端安装GPS智能车载主机，主机通过SIM卡将前端采集的数据传输到通信服务器，再经服务器转发到服务平台。在数据采集阶段，投入成本共计×万元。

2）数据汇聚成本。数据汇聚阶段可分为数据汇聚管理、数据模型搭建、数据入库三个阶段，与数据汇聚阶段相关的直接投入主要为人工完成对数据的建模、汇聚、拆分以及保证数据汇聚的通畅运行等工作。在数据汇聚阶段，××公交集团投入的成本为×万元。

3）数据存储成本。数据存储阶段包括数据库开发、云服务采购两个阶段。数据库开发阶段的成本主要为基于数据汇聚软件功能需求说明书，对租用的阿里云服务器中的底层数据库进行定制开发，以达到需求说明书中制定的功能要求的成本。云服务采购阶段的成本主要为"实时公交预报站"产品研发所需的云服务租赁费用，由××公交集团向阿里云计算有限公司采购的云计算、云存储、安全、网络等租赁费用。存储过程中××公交集团共投入×万元。

4）开发成本。数据资产的开发成本主要包括对接客户的产品需求，完成数据访问、数据混淆、数据封装、数据加解密等功能需求，以及对数据开发软件进行用户验收测试（UAT）以达到软件上线的质量要求所需的成本。在此过程中，共投入×万元。

5）运营维护成本。××公交集团对数据资产的运营维护主要包括在数据采集过程中定期进行常规性线路信息维护、异常数据处理、日常监控和巡检等维护工作。在运营维护过程中，共投入×万元。

6）数据安全维护成本。"实时公交预报站"数据安全维护工作主要为对网络安全进行加固，包括渗透测试、数据存储安全测试、传输安全测试等，进行反编译保护、防调试保护、防篡改保护等，以及对软件整体运行提供数据安全防护。共投入×万元。

（2）机会成本的确定

机会成本的利率取中国人民银行公布的基准日当月全国银行间同业拆借中心授权公布贷款市场报价利率（LPR）公告。

计算得出投入成本的机会成本共计××万元。

（3）质量调整系数的确定

质量评价专业团队依据相关标准将规范性、完整性、准确性、一致性、时效性和可访问性作为质量评价的六个维度，根据数据情况，从业务场景下数据质量关注角度出发，选取相应指标，建立质量评价体系。

经评价，质量评价整体得分××分，其中，规范性得分××分，一致性得分××分，完整性得分××分，准确性得分××分。

在成本法模型中，评估人员根据数据资产直接重置成本中所使用的质量因素调整系数，参考专业人员对数据资产的质量评价结果，并通过对待估数据资产的了解及对管理层的访谈，得到数据资产的质量调整系数为××%。

（4）成本法评估结果

根据上述计算，基于数据资产的形成路径，在产权持有人按照社会正常价格水平进行数据采集、汇聚、存储、开发、运维等的前提下，采用成本法，得出数据资产的评估值为××万元。

2. 收益法试点应用研究

考虑到评估对象的未来收益可合理预期并用货币计量，未来收益和风险能够预测且可量化，因此本次评估可以采用收益法。使用收益法进行评估的主要过程如下。

（1）收益期限的确定

考虑到本次××公交集团拥有对"实时公交预报"数据资产的持有权，其应用场景为可持续的场景，因此收益期限为无限期。

（2）未来收益的确定

1）数据资产相关收入的估算。本次评估对象为××公交集团所属的"实时公交预报站"产品持有权涉及的相关数据资产。数据资产相关的应用市场主要为××市，主要服务客户为地图类App、支付类App、生活服务类App、银行类App、公共服务机构等。本次评估基于评估基准日的产权持有人的客户拓展计划以及产品定价策略对预测期的"实时公交预报站"产品收入进行预测，同时基于历史平不含税单价，考虑行业政策变化、客户所处行业市场变化、公交客流变化、数据本身对客户的变现能力变化等因素综合判断。

2）数据资产建设相关成本的估算。委估数据资产的成本是指从数据采集到数据入库阶段产生的费用,包括数据采集、数据汇聚、数据模型搭建、数据库开发、数据入库、软件设计、软件开发等,涉及硬件投入的还需要考虑在经济寿命期内的摊销。历史期"实时公交预报站"产品的数据建设成本为×万元,预测期参照上述委估数据资产产品的建设成本进行评估。

3)数据资产运维等成本的估算。数据资产产品的运维等成本是指数据资产产品日常的运维成本、数据安全成本等。历史期"实时公交预报站"产品的年运维成本、数据安全成本和软硬件成本相对稳定,预测期参照历史年度上述产品成本进行评估。

4)销售费用的估算。销售费用是指销售"实时公交预报站"产品发生的销售人员费用。对于销售费用,评估参照"实时公交预报站"产品历史年度销售人员数量及薪酬福利水平,结合当地社会平均劳动力成本变化趋势及产权持有人人力资源规划进行估算。

(3)折现率的确定

本次评估折现率采用无风险报酬率加风险报酬率的方法确定。

首先分析并确定风险种类,然后确定每一种风险的报酬率,最后累加得出风险报酬率。无风险报酬率和风险报酬率合计为折现率。

$$折现率 = 无风险报酬率 + 风险报酬率$$

1)无风险报酬率的确定。

无风险报酬率即安全报酬率,可选取评估基准日中国人民银行公布的一年期存款利率作为无风险报酬率。

2)风险报酬率的确定。

通常情况下,数据资产的主要风险有以下几种。

- 数据资产开发阶段风险:由不同开发阶段距数据资产产品实现收益的时间长短以及对未来开发建设条件、市场条件的判断的不确定性造成的风险。
- 数据资产质量风险:由数据资产规范性、完整性、准确性、一致性、时效性和可访问性等质量因素的不确定性带来的风险。
- 数据资产运营风险:在数据资产经营过程中,由市场需求、要素供给、综合开发、数据资产管理等方面的不确定性所造成的风险。
- 行业风险：由行业性市场特点、投资特点、开发特点等因素的不确定性带来的风险。
- 其他个别风险：属于非系统性风险的一部分，主要考虑数据资产所属产权持有人规模、管控制度、人力资源因素等。

综合考虑上述因素，确定本次所采用的折现率为 ×%。

（4）评估值的确定

基于数据资产的应用场景，在产权持有人对相关数据资产的更新、维护、存储、使用等保持基准日状况的前提下，采用收益法，得出委估数据资产评估值 ×× 万元。

（5）评估结论的选取

本次评估对象为 ×× 公交集团所属的"实时公交预报站"产品持有权涉及的相关数据资产。成本法从数据资产的形成路径出发，以成本构建的角度反映数据资产的价值，体现了将数据资产作为一个可独立构建资产的全部投入价值。数据资产形成后，由于数据具有可复制、可共享、可协同、可再加工等特点，因此它在商业应用中具备以极低的边际成本扩大销售收入的能力。收益法的结果充分体现了数据资产作为一项重要生产力，经过整合赋能后，可以带来超额收益。因此，收益法评估结论能够更加全面地反映评估对象的价值。本次评估最终采用收益法的评估结论作为评估结果，得到委估数据资产评估值 ×× 万元。

3. 市场法试点应用研究

我国目前尚未形成真正意义上的数据资产交易市场，交易不够活跃，且披露的交易案例相关信息极少，可信度较低。在本次评估试点工作中所涉及的各类数据资产在市场上未发现相似的交易案例，不具备采用市场法评估的前提，因此未采用市场法进行评估。

11.6 本章小结

本章主要对数据资产评估常用的三种基础方法——收益法、成本法和市场法进行了归纳总结。这包括这些方法的概念、适用前提和注意事项、基本模型和评估步骤等方面，并提供了使用这三种方法评估数据资产的具体操作路径。此外，本章还通过案例介绍了数据资产评估的具体应用。值得注意的是，不同评估方法得出的数据资产评估值存在差异。理解这些差异并合理选择数据资产评估结论值得进一步探索和研究。

第 12 章 CHAPTER

数据金融的创新应用

随着数字化浪潮的推进,数据资产正逐步成为企业价值的新增长点。它们不仅代表着企业在信息化时代的核心竞争力,更是驱动企业持续创新和发展的重要资源。在金融领域,数据资产的金融属性正逐渐凸显,为企业打开了全新的价值实现路径——数据金融。

数据金融不仅有助于提升数据资产的价值和应用空间,还将为企业带来更多的金融创新和业务机会。它不仅可以优化企业的资产负债结构,提高资金使用效率,还可以为企业带来新的收入来源和盈利模式。同时,数据金融也将推动金融行业的数字化转型和创新发展,为金融市场的繁荣和稳定注入新的活力。

本章将探讨数据金融理论并探索正在蓬勃发展的三种数据金融化路径:数据信贷、数据入股、数据资产证券化。

通过学习本章,你将有以下收获:

- 了解三种数据金融化路径的含义。
- 明晰数据信贷、数据资产出资入股、数据资产证券化的现状。

- 明确数据信贷、数据资产出资入股、数据资产证券化给参与方带来的好处。
- 知晓数据信贷、数据资产出资入股、数据资产证券化发展需要应对的挑战。

12.1 数据信贷

12.1.1 数据信贷的基础解读

1. 信贷是什么

当提及"信贷"时,我们指的是什么?隔行如隔山,眼前的第一座山就是行业术语,贷款、担保、信贷、增信、融资,这些词汇经常被混淆,弄不清它们到底是包含关系、并列关系,还是其他关系。

《公司信贷》一书对信贷的定义是:一切以实现承诺为条件的价值运动形式,包括存款、贷款、担保、承诺、赊欠。其中公司信贷的定义是:以银行为提供主体,以法人和其他经济组织等非自然人为接受主体的资金借贷或信用支持活动,主要包括贷款、担保、承兑、信用证、信贷承诺等。

在公司信贷中,银行作为主体,提供资金借贷或信用支持,连接资金的供应方(存款人)和需求方(借款人),资金供应方(存款人)将其闲余资金存在银行,资金需求方(借款人)找银行来满足借贷资金的需求,是信贷的接受方。信贷参与主体关系如图 12-1 所示。

图 12-1 信贷参与主体关系

银行在分析每一单业务时,必须认真考虑成本与风险这两个关键因素。一旦银行判断某一笔公司信贷业务的成本和风险较大,将会采取一系列措施以确保业务的稳健经营。这些措施包括在贷款利率中加入风险溢价,以弥补潜在的损失，也包括要求借款人提供更有价值的担保，作为贷款的第二还款来源，以防借款人无力或未按照约定按时还本付息或支付有关费用。

至于担保方式，《民法典》规定担保方式包括保证、抵押、质押、留置、定金，其中前三种方式是公司信贷中最常用的担保方式。

- 保证：当债务人不履行债务时，保证人按照合同约定，承担代替债务人履行债务或者赔偿责任的义务。这种方式通过引入第三方保证人，提供了额外的还款来源。
- 抵押：债务人或第三方不转移财产的占有，将该财产抵押给债权人的，债务人不履行到期债务或发生当事人约定的实现抵押权的情形，债权人有权就该财产优先受偿。这样的担保方式为银行提供了一种在债务违约等情况下在主债权诉讼时效期间（可变期间）行使抵押权以弥补损失的手段。
- 质押：债务人或者第三人将其动产或权利移交债权人占有，将该动产或权利作为债权的担保的法律行为。当债务人不履行债务时，债权人有权依照法律规定，以其占有的财产优先受偿。其中，债务人或第三人为出质人，债权人为质权人，移交的动产或权利为质物。

厘清了信贷的基本概念后，我们正式步入数据信贷的介绍。

2. 数据信贷是什么

（1）数据信贷的概念

在数字经济时代，随着大数据、人工智能等技术的快速发展，企业、金融机构等参与者逐渐意识到数据本身也是一种具有实际价值的生产要素。这种价值不仅仅是内部价值，也存在巨大的外部价值。同时，与技术、土地等生产要素成为知识产权、土地资产类似，数据也能拥有资产属性，也可用于融资和资金运作。

至此，数据信贷这种新兴的融资模式应运而生。数据信贷是指企业用其合法拥有或控制的、产权归属明晰的、依法可转让的数据资产做担保，按照国家法律法规和其他相关信贷政策，从商业银行等金融机构获得资金，并按期偿还本息的一种融资方式。

目前在数据信贷的众多探索中,最常见的担保方式是质押,即企业将满足条件的数据资产作为质押物移交给商业银行等金融机构,作为对银行债权的担保。如果贷款违约,银行有权变卖质押的数据资产以弥补损失。数据资产质押贷款逻辑如图 12-2 所示。

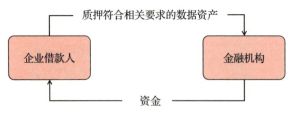

图 12-2　数据资产质押贷款逻辑

(2)数据资产的探索

在数据信贷概念中,我们提到了数据资产,虽然前几章有介绍,但此处还是重点强调一下,因为目前我国数据资产处于"散点式"发展态势,各地方知识产权局、数据局、财政局、司法厅、数据交易所及企业级数据平台纷纷发力,陆续进行了丰富的数据资产探索:有的是将数据资产按照知识产权的路径进行探索,有的则是把数据资产当作一种新型财产权进行探索。

1)将数据资产按照知识产权的路径进行探索。最高人民法院秦元明认为,数据产权具有很强的知识产权属性,数据上的权利在性质上属于知识产权[一]。

参考《江苏省数据知识产权登记管理办法(试行)》,数据知识产权是指数据资源持有人或处理者对其依法取得的数据进行实质性处理或创造性劳动获得的具有实用价值和智力成果属性的数据集享有权益的集合。

- "依法取得",是指数据的合法性,包括个人数据、企业数据或公共数据。对于涉及个人数据的情况,必须依法采集、持有、托管和使用;对于涉及企业数据的情况,需要说明内部和外部数据的采集情况;对于涉及公共数据的情况,应具备公共数据开放利用协议或授权运营协议等。
- "实质性处理或创造性劳动",涉及数据处理过程中的算法模型构建等情

[一] 参考了《数据产权知识产权司法保护相关法律问题研究》(作者:秦元明)。

况。对于涉及个人数据和公共数据的情况，还需说明对数据的必要匿名化、去标识化等步骤，以确保不可通过可逆模型或算法还原原始数据。
- "实用价值"，是指数据适用的条件、范围、对象，清晰地反映了数据应用所能解决的主要问题。
- "智力成果"，是指对采集到的数据需要进行加工、分析、处理等智力劳动。

2）把数据资产当作一种新型财产权进行探索。近几年也有部分法学界专家倾向认为数据产权是一种新型财产产权，它与知识产权、物权、债权等是并列关系。

参考上海数据交易所的定义，这样做的前提是数据产品价值化。具体是指企业拥有或控制的、预期会给企业带来可持续经济利益（内部价值或外部收益）、以数据为主要内容和服务的可辨认形态。

- "拥有或控制"，是指如果是企业自己生成的数据，则企业获得数据资源持有权。如果是企业采购、共享、爬取、被授权的数据，则企业获得数据加工使用权。
- "以数据为主要内容和服务的可辨认形态"，是指数据资产的标的——数据产品。
- 我们可以按照"四步过滤法"去理解这种以数据产品为标的的数据资产的形成过程，如图 12-3 所示。
- 从原始数据到数据资源需要满足：按照一定的逻辑归集，达到"一定规模"，具有可重用、可应用、可获取性。
- 从数据资源到数据产品需要满足：数据产品形态满足要求，内容合规真实可用，数据来源可确权，具有明确的使用场景，能提供用例和测试数据。
- 从数据产品到可交易的数据产品需要满足：具有可持续供给的技术能力和数据更新能力，符合可定价的要求。
- 从可交易的数据产品到符合数据资产要求的数据产品需要满足：在一个核算周期内在数据产品交易市场上已经证实具有明确的应用场景；有一定规模以上的潜在交易对象；经济寿命一年以上，且不会发生大幅功能性贬值；相关成本和预期价值可计量。

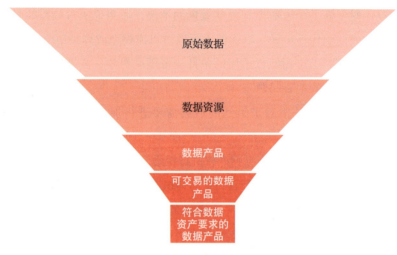

图 12-3　四步过滤法

3. 数据信贷与基于数据的信贷的区别

虽然上文阐述了数据信贷的概念，但是业内以及生活中相似的概念比较多，容易混淆，在此我们对数据信贷与基于数据的信贷的概念进行一下区分。需要特别指出的是，数据信贷和基于数据的信贷是相辅相成的，它们可以共同起到降低业务风险和提高业务效率的作用。

（1）数据信贷

前文提到，数据信贷是指企业用其合法拥有或控制的、产权归属明晰的、依法可以转让的数据资产做担保，按照国家法律法规和其他相关信贷政策，从商业银行等金融机构获得资金，并按期偿还本息的一种融资方式。

（2）基于数据的信贷

基于数据的信贷是指运用大数据等技术深度挖掘和分析海量、多样化的数据来降低信息的不对称性，比如，更全面地了解客户的信用状况、更准确地预测客户未来的还款能力，从而对资金需求方进行更加准确、全面、实时的分类分级，制定贷款决策的一种融资方式。

因为不同的信贷机构甚至不同的银行对同一个业务都有不同的说法，所以基于数据的信贷至少涵盖了数字信贷、征信贷款、大数据信贷等概念。

比如在数据供应链中，银行和数据买方、数据物流方、数据制造商等供应链成员之间建立了紧密的合作关系，通过共享供应链上下游的信息，银行能够更全面地了解整个供应链的运作状况，从而更准确地评估风险。而基于这种系统的信贷，就可以归为基于数据的信贷。

4. 数据信贷的流程（以数据质押贷款为例）

在讲解完概念后，我们来介绍一下数据信贷的流程，讲讲一个拥有大量数据的企业想进一步挖掘数据的金融价值，将数据资产用于信贷时该如何操作。因为数据质押贷款的探索案例较多，所以此处我们以数据质押贷款为例展开讲解。数据质押贷款流程如图12-4所示，下面对其中的重点内容作详细解释。

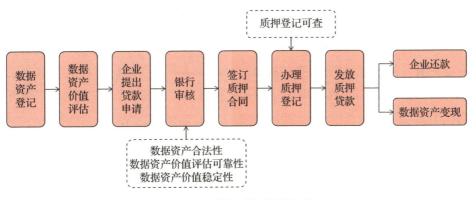

图12-4 数据质押贷款流程

（1）数据资产登记

数据资产作为质押物首先应进行登记，公示质押贷款申请人对数据具有合法的持有权、加工使用权或经营权，避免数据资产被非法占用或侵犯。经过权属确认的数据资产将成为数据资产质押贷款中的质押物，促进数据资产的流通和交易，提高数据资产的利用价值和市场竞争力。

然而，正如之前在介绍数据信贷概念时所提到的，我国数据资产具体的探索处于"散点式"发展状态，数据资产登记大体可以分为数据知识产权登记和新型数据财产权登记。这两种探索的具体登记手段又不尽相同，如表12-1所示。

表 12-1　两种探索类型的具体登记手段

探索类型	思路	具体登记手段	代表省市
数据知识产权登记	参考知识产权权属登记的思路，依据数据知识产权登记方式进行数据登记	数据知识产权登记	北京市、上海市、江苏省、浙江省、福建省、山东省、广东省等
新型数据财产权登记	建立新型的数据财产权登记方式以进行数据登记	数据资产登记	广东省、北京市、浙江省温州市、山东省青岛市、天津市等
		数据产品登记	上海市、海南省等
		数据资源公证	江西省等
		数据要素综合登记	贵阳市等

①数据知识产权登记

按照各地出台的数据知识产权管理办法，具体承办数据知识产权登记工作的机构往往是各个地区的知识产权保护中心、标准技术研究院等机构。我们列举了部分省市数据知识产权登记机构，如表 12-2 所示，具体的以地方管理办法为准。数据知识产权登记具体有 6 个步骤，如表 12-3 所示。登记成功之后便会发放数据知识产权登记证书，以浙江省为例，如图 12-5 所示。有效期为 2~5 年，自登记公告之日起计算。自此数据知识产权就登记成功了。

表 12-2　部分省市数据知识产权登记机构

省市	具体承担数据知识产权登记的机构	依据的管理办法
北京	北京市知识产权保护中心	北京市数据知识产权登记管理办法（试行）
广东	广东省知识产权保护中心	广东省数据知识产权登记服务指引（试行）
江苏	江苏省知识产权保护中心	江苏省数据知识产权登记管理规则（试行）（征求意见稿）
山东	山东省国家知识产权保护中心	山东省数据知识产权登记管理规则（试行）
深圳	深圳市标准技术研究院	深圳市数据知识产权登记管理办法（试行）（征求意见稿）
浙江	浙江省知识产权研究与服务中心	浙江省数据知识产权登记办法（试行）

表 12-3　数据知识产权登记步骤

步骤	步骤名称	具体内容
第一步	数据存证或者公证	在符合法律法规及相关规定的机构利用区块链等可信技术进行电子数据存证或证据保全公证
第二步	申请登记	自行申请登记/委托代理机构办理（提交授权委托书） 网上申请数据知识产权登记

（续）

步骤名称		具体内容
第三步	形式审核与审查补正	登记机构收到登记申请后，对登记申请书和必要材料进行形式审核 经形式审核认为不符合登记申请书、必要材料要求的，登记机构尽可能一次性告知申请人需要补正的全部信息，申请人应补正。逾期未补正的，视为撤回申请
第四步	登记公示	公示期为5个工作日（北京、江苏、山东、浙江等） 公示期为10个工作日（广东、深圳等） 公示内容包括申请人、数据知识产权名称、应用场景、数据来源、算法规则简要说明等信息
第五步	异议处理	对于处于公示期的数据知识产权，任何单位或个人可以就公示内容向登记机构提出异议，并提交异议申请书、真实身份证明和确有证据的证明材料
第六步	发证及公告	登记机构核准登记，发放数据知识产权登记证书，并予以公告

图 12-5　浙江省数据知识产权登记证书

②新型的数据财产权登记（以上海数据交易所为例）

因为数据登记形式非常多样，包括数据资产登记、数据产品登记、数据资源公证以及数据要素综合登记等,讲解起来比较烦琐,所以此处仅以比较有代表性的上海数据交易所的登记流程为例进行讲解。

如图 12-6 所示,上海数据交易所的登记流程有以下四步。

第一步:数据产品的权利者向专门的数据权属登记机构提交登记申请。

第二步:该登记机构对申请内容进行初步审查。

第三步:组织安排律师事务所开展合规审查,组织安排质检所开展质量检测,组织安排资产评估事务所开展资产评估。

第四步:若以上环节都通过审核,则数据权属登记机构向申请者发放数据登记凭证,若有其中一个环节没有通过审核,则驳回申请并告知驳回理由。

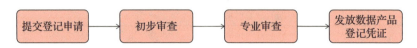

图 12-6　上海数据交易所数据产品登记流程

最终核发的数据产品登记凭证如图 12-7 所示。

图 12-7　数据产品登记凭证

（2）数据资产价值评估

资产评估就是资产评估机构对评估基准日特定目的的资产价值进行评定和估算，并出具专业资产评估报告的服务行为。数据资产价值评估毋庸置疑是开展数据质押贷款的关键环节。

在评估方法选择上，数据资产价值评估采用的主要是在成本法、收益法、市场法的基础上，考虑数据资产的特殊因素，对评估模型加以修正和改进的方法。由于质权人最看重的是质押物的可变现价值，而市场法采用数据资产实际的市场交易案例（或挂牌价）进行计算，能较好地反映数据资产的可变现价值，因此在可收集到数据资产交易案例的前提下，首选市场法作为数据知识产权质押物的评估方法。

在评估流程上，数据资产价值评估的操作步骤如图 12-8 所示，其中明确评估对象、梳理业务模式与产品、成本归集、收入与成本匹配是资产评估成本法的基础步骤，也是企业未来收入预测的基础。在评估阶段，我们以前期的基础数据作为支撑，先与管理层讨论得到未来收入预测，接着用成本法和收益法等对数据资产的市场价值进行测算。最后是结果合理性分析。

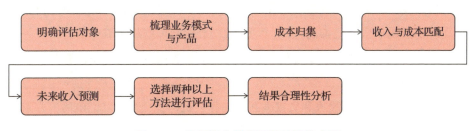

图 12-8　数据资产价值评估的操作步骤

（3）银行审核

银行在评估数据资产质押项目时，主要关注三个核心点：数据资产的合法性、价值评估的可靠性和数据资产价值的稳定性。

首先，确保数据资产的合法性是至关重要的。由于数据资产流通和分配仍在探索阶段，且现代数据产权制度尚不成熟，因此银行会关注企业是否具备合法持有或经营数据的权利。目前，数据要素的分级授权使用标准尚未明确，这增加了银行对数据供给方数据合法性的不确定性。

其次，关于数据资产的价值评估，银行需要基于充分的背景调查结果进行审核。这可能包括重新评估数据资产的价值，以确保评估结果的可靠性。在数据资产价值评估面临挑战的情况下，银行会转向评估数据资产的历史订单合同以及企业的发展潜力。从某种程度上说，银行的评估方式类似于应收账款融资，更侧重于数据资产的市场价值。

最后，数据资产价值的稳定性也是银行关注的重点。由于数据资产随时间波动较大，其价值会受到更新频率的影响而贬值。这种价值的不稳定性增加了数据质押贷款项目的风险。因此，银行需要对数据资产估值进行动态调整，并考虑采用保险等风险控制措施。

（4）办理质押登记

质押登记是指相关机构对质押物进行登记，以便在质押物被担保的债务到期未获清偿时，债权人可以通过这些登记信息实现其优先受偿权。数据资产质押属于"依法可以质押的其他权利"，是权利质押的一种，需办理质押登记。办理质押登记可以有效防止同一数据资产被同时用来多次申请质押贷款。

虽然我国目前还未搭建全国性的数据资产质押登记平台，但是因为数据资产质押仍然属于资产质押的范畴，并且对于数据知识产权类资产而言，有一套成熟知识产权质押体系可以遵循，所以我们认为数据资产质押登记会分为以下步骤。

1）提交申请：出质人和质权人共同向相关机构提交质押登记申请，并附上相关的证明文件和资料。

2）审查材料：相关机构对申请材料进行审查，确保其真实、完整、合法，并符合登记要求。

3）评估质押物：相关机构对质押物进行评估，包括其价值、权属关系等。

4）登记信息：对符合要求的质押物进行登记，包括质押物的名称、数量、价值、权属关系、担保范围等信息。

5）公告和通知：将质押登记信息进行公告，以便相关人员查询。同时，将登记信息通知相关当事人，如债务人等。

6）维护和更新：定期对质押登记信息进行维护和更新，确保信息的准确性和及时性。

需要注意的是，不同地区的质押登记流程可能有所不同，具体操作请根据当地的规定和要求进行。

（5）数据资产变现

对数据要素型企业而言，企业的经营情况和数据资产价值高度相关。如果因经营不善造成企业违约无法还款，该企业的数据资产价值通常会受到一定的影响。工商银行与某科技公司的数据资产质押项目负责人指出，特定场景下定制的数据资产流动性较弱，直接处置变现存在一定风险，因而企业一旦违约，将面临数据资产处置难的问题。针对数据资产变现过程中的流动性风险和市场风险，需要制定有效的方案来应对。

5. 数据信贷的可行性

（1）数据价值的实现成为政策核心

中共中央、国务院 2023 年 2 月 27 日印发的《数字中国建设整体布局规划》指出，建设数字中国是数字时代推进中国式现代化的重要引擎，是构筑国家竞争新优势的有力支撑。加快数字中国建设，对全面建设社会主义现代化国家、全面推进中华民族伟大复兴具有重要意义和深远影响。其中要求商业数据做到：释放商业数据价值潜能、加快建立数据产权制度、开展数据资产计价研究、建立数据要素按价值贡献参与分配机制。可见，数据的商业化已经是建设数字中国的核心要素。

（2）数据资产可以做到路径清晰、资产范围明确

在《中共中央　国务院关于构建数据基础制度 更好发挥数据要素作用的意见》这一重要文件中，首次提出了一个以解决市场主体所面临的实际问题为导向的框架。该框架旨在《民法典》《数据安全法》和《个人信息保护法》的背景下，建立数据资源持有权、数据加工使用权和数据产品经营权的数据产权"三权分置"制度，如图 12-9 所示。这三种权利对应的权能如表 12-4 所示。数据产权三权分置制度不仅有助于明确各方的权利和责任，还有助于促进数据的合理流动和高效利用，为数据的合规使用和市场的健康发展奠定了坚实的法律基础。

图 12-9　数据产权三权分置制度

表 12-4　数据三权与权能

权利	权能
数据资源持有权	自主权：持有者有权自主决定如何公开、半公开、共享、交易或使用数据资源，并能够排除未经授权的访问和数据爬取行为。这意味着持有者对数据资源有完全的控制权，能够自主决策其数据的处置方式 资产权：持有者有权将数据资源视为资产进行处分，包括但不限于质押和转让等操作。这使得数据资源持有者能够更好地管理和利用其数据资产
数据产品经营权	经营权：数据产品的经营者有权自主决定交易的具体标的、对象、交付方式、服务数商等，并可以选择是否进场进行交易。此外，经营者还可以选择委托他人以"承销"的形式进行经营 资产权：经营者有权将数据产品视为资产进行处分，包括质押和转让等操作
数据加工使用权	使用权：数据加工使用者有权要求数据供给方按照一定的要求和条件，持续地提供合规且质量达标的数据产品，并确保供给方在技术层面对数据传输提供必要的支持 加工权：加工使用者有权改变数据的原有形态、添加新的内容或属性，从而形成新的数据产品

（3）数据资产化制度逐渐完善

《企业数据资源相关会计处理暂行规定》指出：

1）企业在编制资产负债表时，应当根据重要性原则并结合本企业的实际情况，在"存货"项目下增设"其中：数据资源"项目，反映资产负债表日确认为存货的数据资源的期末账面价值；

2）在"无形资产"项目下增设"其中：数据资源"项目，反映资产负债表

日确认为无形资产的数据资源的期末账面价值;

3)在"开发支出"项目下增设"其中:数据资源"项目,反映资产负债表日正在进行数据资源研究开发项目满足资本化条件的支出金额。

数据资产入表,意味着数据完成了从自然资源到经济资产的跨越。作为数字经济时代的第一生产要素,数据有望成为政企报表及财政等收入的重要支撑。数据资产入表之后,数据资产将具有现实价值,它可以像土地资产一样,单独进行融资,这样就极大地拓宽了公司的融资渠道。随着未来数据资产业务的不断发展,数据资产融资将具有更强的灵活性和便利性。

(4)数据资产公允价值逐渐体现

随着场内数据交易所与场外交易市场的互联互通,数据的可用性、可信度、流通性和可追溯性得到显著提高。这种进步意味着数据产品的市场价值得以更加准确地体现。过去,数据资产的价值往往基于历史成本进行评估,而现在,通过这种新的数据可信流通体系,我们可以将评估视角从历史成本切换到公允价值或市场价值。

这种转变不仅有助于提高数据资产估值的准确性,为其在资本市场上的地位提供更有力的支撑,也有助于企业更好地理解数据资产的真实价值,从而制定更有效的数据管理和使用策略。此外,这也为投资者提供了更清晰的参考信息,使他们能够更好地评估数据资产的风险和潜力。

(5)技术与服务逐渐完善

区块链技术利用密码学、共识协议等技术实现网络传输与访问安全,通过多方维护、交叉验证等方式,以确保数据在全网一致且不易篡改。因此,区块链技术可记录和证明数据的财产权利的存续状态,从而为数据资产交易生态构建信用体系提供基础保障。

北京国际大数据交易所、上海数据交易所、深圳数据交易所、贵阳大数据交易所等数据交易平台已经上线并运行,数据交易量正在与日俱增。人民网子公司人民数据管理有限公司也在尝试进行数据登记工作,为数据的存证、流转、加工和使用提供支持。

12.1.2 数据信贷的现状

1. 各地政策现状

前文谈到我国数据资产具体的探索处于"散点式"发展状态，大体可以分为数据知识产权的探索、新型数据财产权的探索。其中数据知识产权的探索因为可以参考较完善、较成熟的知识产权体系，所以发展较快，但另外一种方式的探索也在逐步推进中。下面简要列举一些相关情况，以供读者了解。

（1）浙江

2022年9月，浙江省人大常委会发布《浙江省知识产权保护和促进条例》（以下简称《浙江条例》）。《浙江条例》要求，"省知识产权主管部门应当会同省有关部门依法对经过一定算法加工、具有实用价值和智力成果属性的数据进行保护，探索建立数据相关知识产权保护和运用制度"；并提出建立公共存证登记平台，提供数据登记服务。《浙江省数据知识产权登记办法（试行）（征求意见稿）》已于2023年3月27日开始公开征求意见。

《国家知识产权局办公室关于确定数据知识产权工作试点地方的通知》发布后，浙江省市场监督管理局（省知识产权局）迅速行动，制定了浙江省的试点方案。浙江省试点方案包含了工作背景、目标体系、工作体系、政策体系、评价体系和保障措施等6个方面内容22项工作举措，在深化数据知识产权理论研究、开展数据知识产权登记、促进数据知识产权运用、加强数据知识产权保护等方面作出试点工作部署。根据《浙江条例》，浙江省还遴选了14个市、县（市、区）作为首批省级试点地区。全省各试点单位在厘清数据知识产权试点基础、现实需求、重点产业及思路重点的基础上，进一步明确目标、细化举措，制定本单位的数据知识产权试点工作方案。

（2）北京

《北京市知识产权保护条例》《北京市"十四五"时期知识产权发展规划》等法规及规范性文件中均设置了数据知识产权保护相关内容。

《北京市数字经济促进条例》经北京市人大常委会通过，自2023年1月1日起正式施行。该条例专款设置了知识产权内容，明确知识产权等部门应当执行数据知识产权保护规定，开展数据知识产权保护工作，建立知识产权专利导航制度等。

（3）江苏

《江苏省数据知识产权登记办法（试行）》第十九条规定，数据知识产权登记证书是申请人合法持有数据并对数据行使权利的初步证明，但有相反证据予以推翻的除外。这意味着，一旦企业或其他主体获得了数据知识产权登记证书，便拥有了对应数据的合法权利，并可以依法行使这些权利。

2023年8月初，省财政厅、省知识产权局发布《关于印发江苏省普惠金融发展风险补偿基金项下"苏知贷"产品工作方案的通知》，这标志着江苏省级知识产权质押融资风险补偿机制正式建立，将有助于进一步引导金融机构加大对拥有自主知识产权企业的信贷支持，助推打造自主可控的现代化产业体系。

（4）深圳

《深圳市数据交易管理暂行办法》共八章三十五条，包括总则、数据交易主体、数据交易场所运营机构、数据交易标的、数据交易行为、数据交易安全、管理与监督以及附则。其中第七条规定，"……（二）经登记机构审核后获取的数据资源或数据产品登记证书、数据资源许可凭证，可作为数据交易、融资抵押、数据资产入表、会计核算、争议仲裁的依据。"

《深圳市数据产权登记管理暂行办法》规定经登记机构审核后获取的数据资源或数据产品登记证书、数据资源许可凭证，可作为数据交易、融资抵押、数据资产入表、会计核算、争议仲裁的依据。登记机构应当运用区块链等相关技术，对登记信息进行上链保存，并妥善保存登记的原始凭证及有关文件和资料。其保存期限不得少于30年。

（5）青岛

《青岛市公共数据运营试点管理暂行办法》由青岛市大数据发展管理局发布。办法提出，公共数据运营平台应当采用数据沙盒、隐私计算、身份认证、访问控制、安全审计、授权管理、过程追溯、数据互信等技术，搭建可信授权认证通道和数据安全流通通道。公共数据运营实行数据安全责任制。未来，青岛市将加大公共数据运营试点推进力度，积极探索建立数据产权、流通交易、安全治理等方面的数据基础制度体系。

（6）贵州

《贵州省政务数据资源管理办法》明确"在依法利用和保障安全的原则下，各级大数据主管部门统一授权具备条件的市场主体运营本级政务数据，开发形成不涉及国家秘密、商业秘密、个人隐私的数据服务和产品，通过贵阳大数据交易所进行交易"。

《贵州省数据要素登记服务管理办法（试行）》指出，登记服务机构为审查通过且通过公示期的登记主体颁发登记凭证。登记凭证可以作为登记主体开展数据流通交易、数据资产质押贷款、数据资产入表、数据信托、争议仲裁、数据要素型企业认定、数据生产要素核算的依据。办法规定了数据要素的登记内容包括数据要素名称、数据要素类型、数据要素适用场景、数据要素实现方式、其他应当予以登记的事项。

2. 各地探索现状

截至定稿时间，北京、深圳、杭州、贵阳、长沙、宁波、扬州、无锡等地区都陆续开展了数据信贷方面的探索。下面用两个例子展开说明。

（1）北京某科技公司

这家科技公司是一家 A 股科创板上市公司，是集物联网智能制造、数据采集、数据融合、智能分析为一体的物联网大数据服务企业。公司现有原始数据接近万亿条，经过清洗汇总后形成数据产品的数据达到 200 亿条，若能同样转化为数据资产，价值前景将非常可观。

2022 年 7 月 30 日，此科技公司入选全国首批数据资产评估试点单位。经由中国电子技术标准化研究院、北京市大数据中心、北京国际大数据交易有限公司、国信优易数据股份有限公司与中联资产评估集团有限公司共同组成的数据资产评估试点工作组评估后，此科技公司两个大气环境质量监测和服务项目的数据资产估值达到 6000 多万元。

2022 年 10 月 12 日，北京银行城市副中心分行成功落地首笔 1000 万元数据资产质押融资贷款。

（2）宁波某电子公司

此电子公司是目前国内最大的半导体元器件供应商之一，先后被评为国家专精特新"小巨人"企业、国家知识产权优势企业。

2023年9月5日，该公司的"芯片Substrate折弯展开数据"登记成功，获得了鄞州颁发的首张数据知识产权登记证书。

随后该公司将"芯片Substrate折弯展开数据"知识产权作为质押物，从鄞州银行钟公庙支行获得7000万元贷款。这也是宁波落地的首单数据知识产权质押融资。

12.1.3 数据信贷的意义

数据信贷是一种基于数据资产进行的融资方式，其意义主要体现在以下几个方面：

1. 解决中小企业融资难题

许多中小企业在发展过程中面临融资难、融资贵的问题，而数据信贷为其提供了一种新的融资渠道。通过以数据资产作为担保，企业可以更方便地获得银行等金融机构的贷款支持，从而促进企业的发展。

2. 提高数据资产价值

在数据信贷中，数据资产作为担保品，它的价值得到了认可和利用。这不仅有助于提高企业的资产流动性，也使得数据资产的价值得以进一步提升。

3. 推动数字经济发展

随着数字经济的快速发展，数据已经成为重要的生产要素。数据信贷有助于释放数据要素的价值，激发数字经济活力，推动经济的高质量发展。

4. 加强企业风险管理

数据信贷要求企业对其所提供的数据资产进行严格的合法性、真实性和准确性审核，这有助于企业提升数据治理水平，加强风险管理。

5. 优化金融资源配置

与传统信贷相比，数据信贷更加注重企业的实际经营情况和未来发展潜力，而不是仅仅依赖于传统的抵押、担保等手段。这有助于优化金融资源配置，提高资金的使用效率。

12.1.4　数据信贷面临的挑战

1. 全国性的数据资产登记平台与登记体系待建立

全国性的数据资产登记机构具有涉及面广、任务重、战略性要求高等特点，需要一个合理的组织模式来完成。目前国内基本上都是各个地方单独探索，要么是政府的主管部门作为登记机构，要么是有主管部门负责后由某个非营利组织作为登记机构。为了缓解数据资产质押融资面临制约的问题，不少市场参与方都希望尽快建立全国统一的数据资产登记体系和数据资产凭证，从而为数据信贷提供公正、可靠、权威的信息来源。

黄丽华也指出：登记机构的组织模式有集中模式、一体化模式、联盟模式、分散模式 4 种模式[⊖]。

- 集中模式是指成立一家全国性登记机构或登记公司来履行数据资产登记及其登记业务服务的全部任务，形成全国集中的数据资产登记体制的组织模式。
- 一体化模式是指在全国范围内按照"七统一"原则，将数据资产登记管理、服务提供、技术平台等相关的组织与系统有机地融合为一个整体，形成协同效力和整体效能的模式。
- 联盟模式是由若干个机构发起，由所有履行数据资产登记的机构组成一个联盟，按照"七统一"的原则执行的模式。
- 分散模式是指各登记机构自主决定数据资产登记中的各个要素，在市场上可以形成自由竞争的关系。

⊖ 参考了《关于构建全国统一的数据资产登记体系的思考》（作者：黄丽华、郭梦珂、邵志清、秦璐、汤奇峰）。

从实现"七统一"原则的难易度、登记的公信力、市场效率、社会成本等因素综合评判，建立全国一体化组织模式的登记机构来承担数据资产登记的职责是最合理的。

2. 数据资产评估方式与处分路径待完善

与传统的土地、建筑等有形资产相比，数据资产具有其自身的特点和挑战。首先，数据资产的主体多元性意味着其所有权和使用权可能涉及多个利益相关方，如图 12-10 左图，这增加了确权和管理的复杂性。其次，数据资产具有高重塑性，这意味着其价值不仅与当前的使用情况有关，还与其潜在的应用场景和创新能力有关。此外，数据资产的价值时变性也是一个重要特点，随着技术的进步和市场需求的变化，数据资产的价值可能会发生较大的波动，如图 12-10 右图，医疗图像数据集和竞价广告数据集的价值波动性相差甚远，这种波动性使得传统的会计处理方法在应用于数据资产时面临挑战。

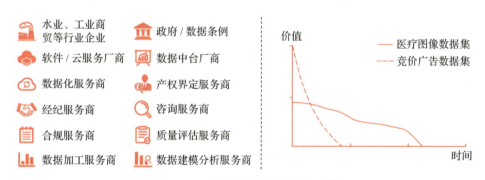

图 12-10 主体多元性与价值波动性

对于数据资产的会计处理，《数据资产评估指导意见》明确了一些评估方法，如成本法、收益法和市场法三种基本方法及其衍生方法。每种方法都有其优点和局限性，适用于不同的场景。成本法主要基于数据的获取、处理和存储成本，但忽略了数据的潜在价值和市场价值。收益法更关注数据未来的潜在收益，但需要对未来市场趋势进行预测，存在不确定性。市场法则基于市场的可比数据来评估数据资产的价值，但在数据资产市场尚未成熟的情况下，这种方法的应用会受到限制。目前还没有形成统一的衡量指标和足够多的可比案例来支持市场法评估，这需要业界进一步探讨和研究，以建立适用于数据资产的价值评估体系和方法。

3. 全国性的数据信贷公示制度与平台待建立

这在数据资产担保方面尤为明显。尽管我国物权公示原则明确了物权的存在或变动应以能够被外界所知晓的方式进行公开，但在数据领域，尚未建立起相应的制度和统一的登记标准。公示不仅需要依赖于登记机关，还需要信息平台的支持。数据信贷不仅具有非物质性的特征，还具备规模性、脱敏性、时效性等特点，这使得数据信贷的公示和后续的价值变现问题更加复杂。

现有的制度和平台尚不能满足数据信贷公示的需求，这导致了数据信贷市场的不规范和不透明。为了解决这一问题，有必要建立起全国性的数据信贷公示制度与平台，以统一规范数据信贷交易的公示流程和标准。这样能够确保数据信贷交易的公开透明，为投资者和市场参与者提供清晰的信息，并促进数据信贷市场的健康发展和稳定运行。

12.2 数据资产出资入股

12.2.1 数据资产出资入股的基础解读

1. 什么是传统的资产出资入股

《中华人民共和国公司法》（以下简称《公司法》）第四十八条规定："股东可以用货币出资，也可以用实物、知识产权、土地使用权、股权、债权等可以用货币估价并可以依法转让的非货币财产作价出资；但是，法律、行政法规规定不得作为出资的财产除外。"《中华人民共和国市场主体登记管理条例实施细则》第十三条规定：依法以境内公司股权或者债权出资的，应当权属清楚、权能完整，依法可以评估、转让，符合公司章程规定。

总的来说，出资入股的方式可以分为货币性资产和非货币性资产，如图12-11所示。其中非货币性资产是指除现金、银行存款等货币性资产之外的资产，包括实物资产（机器设备、原料、零部件、货物、建筑物、厂房等）、知识产权（专利、发明、实用新型、软件著作权、专有技术等）、土地使用权以及股权和债权等其他形式的资产。非货币性资产出资入股是指用这些非货币性资产出资，设立新的企业，或者参与企业的增资扩股、定向增发股票、重组改制等投资行为，包括换股等。

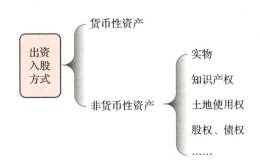

图 12-11　出资入股的方式

2. 什么是数据资产出资入股

王建冬指出，站在现代企业制度的角度，承认数据作为一种生产要素参与分配的价值，其核心是要将企业采集、持有、控制、处理、加工数据的权益转化为股权[⊖]。而数据资产出资入股是指投资人将其合法拥有的、产权归属明晰的、依法可以转让的数据资产转化为企业的股权，成为企业的股东，并按照股权平等的原则和贡献程度参与分配。

允许数据需求方以股权置换数据持有方的特定数据权益，实现数据要素参与者按贡献折算资本份额并分配剩余价值，形成供需双方长期共同发展的机制。

3. 数据资产出资入股的流程

数据资产出资入股的流程总体为 5 步走，如图 12-12 所示。

（1）数据资产登记

我国数据资产的探索处于"散点式"发展状态，大体可以分为数据知识产权的探索和新型数据财产权的探索。这两类探索的具体登记手段又不尽相同。

⊖　参考了《全国统一数据大市场下创新数据价格形成机制的政策思考》（作者：王建冬）。

这个步骤的具体流程和数据信贷的一致，不再赘述，详情请见 12.1.1 节的相关内容。

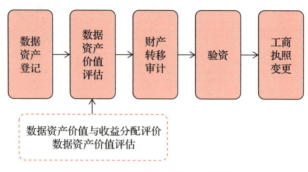

图 12-12　数据资产出资入股的流程

（2）数据资产价值评估

资产价值评估就是资产评估机构对评估基准日特定目的的资产价值进行评定和估算，并出具专业资产评估报告的服务行为。这个步骤的具体流程和数据信贷的一致，不再赘述，详情请见 12.1.1 节的相关内容。

（3）财产转移审计

在这个环节，会计师事务所会对股东投入公司的数据资产进行专项审计活动。审计的主要目的是验证这些资产是否已经成功地移交给公司，是否已经被正确地登记入表，以及是否已经完成了相关的财产转移手续。在进行审计时，会计师事务所将执行一系列程序，以确保财产转移的合法性和透明性，并生成相应的审计报告。

审计的主要关注点包括以下几个方面：

- 财产是否成功移交：会计师将核实股东声称投入公司的数据资产是否已经真实、完整地移交给公司，并且是否符合相关法规和合同规定。
- 是否已登记入表：会计师将仔细检查公司的账务记录，确保投入的数据资产已经正确地登记入表，以便反映公司真实的财务状况。
- 财产转移手续是否完备：会计师事务所将审查相关文件和合同，以确认是否已经办理了财产转移的所有法定手续，例如合同签订、产权证明等。

最终，会计师将根据审计所得，出具一份详尽的审计报告，包括审计的范围、执行的程序、发现的问题或异常，以及对公司财产转移过程的整体评价。这份报告将有助于提高公司内外部对财产转移的透明度和合规性的信心。

（4）验资

验资是指根据已经制定的资产评估报告和财产转移审计报告，进行注册资本出资审查的过程。它的目的是验证公司宣称的注册资本是否与实际出资一致，并生成数据资产验资报告。最终，通过这一系列审查流程，会计师事务所将制定并提供验资报告，以标志着审计流程的圆满完成。

验资的过程主要包括以下步骤。

1）资产评估报告核对：会计师事务所将仔细核对已出具的资产评估报告，确保评估的资产价值和相关信息准确无误。

2）财产转移审计报告审查：对财产转移审计报告进行仔细审查，以确认股东投入的无形资产是否已经成功移交、是否已登记入表，以及是否已办理了相关财产转移手续。

3）注册资本出资核实：会计师事务所将核实股东的实际出资是否与公司注册资本一致，以及该出资是否符合法定要求和合同规定。

4）数据资产验资报告编制：在完成上述核查后，会计师事务所将制定数据资产验资报告，详细说明公司注册资本的出资情况，确保各方对资产的认知一致。

5）验资报告的开具：最终，会计师事务所将出具验资报告，其中包括审查的具体过程、核实的资产和财务数据，以及对注册资本出资的总体评估。该报告将成为公司财务合规性的重要证明，并为各方提供了解公司财务状况的可靠依据。

（5）工商执照变更

工商执照变更是企业在完成资产评估、财产转移审计和验资程序之后，根据相关材料向所属工商登记管理机关提出的注册资本变更登记备案申请的过程。此过程旨在确保企业的工商登记信息与实际财务状况相符，为企业正常经营提供法律依据。

工商执照变更的过程主要包括以下步骤。

1）准备申报材料：在资产评估报告、财产转移审计报告和验资报告的基础上，企业将准备变更登记申请书及其他相关证明文件，如变更后的股东名册、出资证明等。

2）填写变更登记申请书：企业将详细填写变更登记申请书，包括注册资本的具体变更信息、出资人的新旧情况、变更后的公司章程等，确保申请书的准确、清晰、完整。

3）提交申请材料：将填写完整的申请材料和所有必要的附件，如资产评估报告、审计报告等，一并提交给所属工商登记管理机关。

4）申请受理和审查：工商登记管理机关将受理申请，进行初步审查，验证提交的材料是否齐全、真实有效。如有需要，可能会要求企业提供进一步的证明文件或补充资料。

5）核准并发放新执照：经过审查合规后，工商登记管理机关将核准注册资本的变更，并颁发新的工商执照，上面反映了企业的最新注册资本和其他相关信息。

6）公告程序：根据法规要求，企业可能需要在指定的媒体上进行公告，以通知公众和利益相关方有关注册资本的变更。

7）备案完毕：一旦变更登记程序完成，企业将正式拥有一份反映最新状况的工商执照，并且注册资本变更的相关信息将被正式备案，为企业合法运营提供法定依据。

4. 数据资产出资入股的可行性

从中央及地方发布的《数据条例》等相关文件中来看，全国均在积极探索充分发挥数据要素的作用，其中就包含数据资产入股出资方式。2023年8月财政部发布了《企业数据资源相关会计处理暂行规定》（2024年1月1日生效），对数据资源是否可以作为资产确认、作为哪类资产确认和计量以及如何进行相关信息披露等内容进行了明确，为数据作为数据资产出资入股提供了可能，提供了会计处理标准。2023年9月8日，中国资产评估协会出台了《数据资产评估指导意见》，对数据资产评估给出了指导意见，为数据资产有效评估提供了方法。这和数据信贷的可行性有一定的相似之处，不再赘述，详情请见12.1.1节的相关内容。

另外，前文提到，在法律层面，除用货币出资外，股东还可以用实物、知识产权、土地使用权等可以用货币估价并可以依法转让的非货币财产作价出资。所以，数据资产可以入股的标准有三：构成"财产""可以用货币估价"和"可依法转让"。同时，依照《中华人民共和国市场主体登记管理条例》第十三条的规定，以劳务、信用、自然人姓名、商誉、特许经营权或者设定担保的财产不得入股，此为公司入股的负面清单。综上，数据资产出资入股的前提是符合前述的三项入股标准，且不落入公司入股的负面清单。

12.2.2 数据资产出资入股的现状

1. 各地政策现状

在实际操作中，数据股权化的模式与技术要素市场构建中技术入股的模式有很多相似之处。目前，各地已经开始积极探索推动数据入股方面的实践，列举如下。

（1）温州

温州市财政局发布了《温州市财政局关于探索数据资产管理试点的试行意见》，指出工作重点包括有序推动数据资产化、确保数据资产来源和权属清晰、稳步推进数据资产入表、探索开展数据资产价值评估、支持推动数据资产交易流通、逐步建立公共数据授权运营收益收缴机制、切实加强数据资产安全管理等七个方面内容。

其中提出，加强行政事业单位数据资产交易审批管理，单位对外授权有偿使用数据资产的，应按照资产管理权限，严格履行审批程序，并按照国家规定对资产相关权益进行评估。行政事业单位按预算管理和政府采购有关要求依法购买社会数据，激发各方参与数据资产交易流通的积极性。相关部门可探索支持数据资产质押融资、作价入股等数据资本化路径。逐步建立公共数据授权运营收益收缴机制。探索逐步将公共数据授权运营纳入政府国有资源（资产）有偿使用范围，形成公共数据开发利用良性循环。

（2）北京

北京市人大常委会出台了《北京市数字经济促进条例》，第二十一条明确提出，"推进建立数据资产登记和评估机制，支持开展数据入股、数据信贷、数据信托和数据资产证券化等数字经济业态创新"。由中国电子技术标准化研究院牵头建设的"全国数据资产登记服务平台"于2022年11月4日正式发布，该平台明确了数据资产评估的应用场景之一便是"数据资产入股"，即"以数据资产作为数据股东投入资本，在成立公司时其初始资本占比"。

2. 各地探索现状

2023年8月30日，在"2023智能要素流通论坛暨第三届DataX大会"上，青岛某科技研究院有限公司与另外两家公司进行全国首例数据资产作价入股签约仪式。本次发布的数据资产作价入股落地路径分为数据资产登记、评价、评估和入股四个环节，每个环节依据相关标准和指导文件予以实施，具体如表12-5所示。

表12-5 全国首例数据资产作价入股落地路径

路径	具体内容
数据资产登记	2023年4月15日，青岛市公共数据运营平台对该公司数据资产进行合规审查 2023年4月20日，审查通过，并为其颁发《数据资产登记证书》
数据资产评价	2023年8月23日，青岛市大数据发展促进会依据《数据资产价值与收益分配评价模型》团体标准（此团体标准由青岛市大数据发展促进会于2023年3月28日发布）设计《数据资产价值与收益分配评价模型》，并对该数据资产进行评价，最终出具《数据资产评价报告》
数据资产评估	2023年8月28日，第三方专业评估机构对该公司的相关数据产品出具了资产评估报告
数据资产入股	2023年8月30日。该公司把基于医疗数据开发的数据保险箱（医疗）产品，以作价100万元入股的方式，与另外两家公司签订组建成立新公司

12.2.3 数据资产出资入股的意义

当前，数据资源与产品的市场价值化为数据的资产化奠定了坚实的基础，让数据以资产形式的诸种操作成为可能，数据资产作为企业出资入股就是其中之一。

一旦数据资产能够作价入股，则将激励数据权益人对其持有的大量数据资源进行整合、治理，以期望替代货币作为新设立企业的出资。而数据资产出资入股接收方的各投资人既然接受了数据资产的入股，便会将其视为一种潜力无限的资源，并充分发掘其价值，无论是直接用于优化自身业务运营还是创造性地开发成数据产品进行市场交易，都有望促进数据的流通与价值实现。

数据资产出资入股的适用场景如表 12-6 所示。总的来说，谁有数据谁就能成为数据入股的提供方，谁需要数据谁就能是数据入股接收方。这不仅助力了企业成长，更在宏观层面推动了数据的广泛流通与经济的蓬勃发展。数据资产作为企业入股的一种形式，将实现数据资源的利用最大化，为企业创新和数字经济的发展注入新的活力和动力。

表 12-6　数据资产出资入股的适用场景

适用对象	具体内容
科技公司	科技公司积累了大量数据，如用户、市场和运营数据。可以通过数据入股方式与科技公司合作，使用资源，实现互利
金融机构	金融机构如银行、保险公司等拥有客户和交易数据。可以与金融机构合作，以数据入股的方式使用数据，提升市场分析和风险管理能力
医疗健康领域	医疗机构和健康科技公司拥有大量患者和临床数据。可与医疗健康机构合作，以数据入股方式使用数据，推动医疗创新和健康管理
零售和电子商务	零售商和电商平台拥有消费者购买、行为和市场趋势数据。可与零售和电商公司合作，以数据入股方式使用数据，提升销售和营销能力

12.2.4　数据资产出资入股面临的挑战

数据资产出资入股这一种新兴的入股方式，为企业带来了更多的融资渠道和机会。然而，这一入股途径却面临着诸多困境。其中，可能面临与数据信贷类似的挑战，比如数据资产登记、数据价值评估等（具体内容和数据信贷的一致，不再赘述，详情请见 12.1.4 节），也可能面临数据资产出资入股特有的挑战，比如数据出资的实际利用、数据资产出资到位时间界定等问题。

1. 数据出资的实际利用待完善

尽管数据资产出资入股的概念已经逐渐被人们所知，并且数据资产入表的探索也已经启动，但是对于许多企业来说，不让这些数据资产躺在资产表上沉睡，而要将这些数据进行加工处理、转卖，或者从这些数据之中进行价值挖掘与发现，可能还需要一个过程。

要解决这些问题不仅涉及企业的实际操作层面，也需要在实务和法律规范方面得到双重支持。在实务方面，企业需要建立完善的数据管理制度和流程，以确保数据资源的有效利用和保护。在法律规范方面，政府需要出台更加明确和完善的法规，以规范数据资源的处置、使用和管理，保护企业的合法权益，并推动数据资源市场的健康发展。

2. 数据资产出资到位时间界定待明晰

数据资产出资到位时间界定难是资产出资入股的一个重要问题。传统的货币出资可以通过一次性支付完成，但在数据资产出资的情况下，可能是数据持续注入的过程。因此，如何确定注册资本实缴到位时间成为一个亟待解决的难题。这涉及企业和投资者之间的协商和约定，需要明确数据资产出资的周期、频率和具体的支付方式。同时，还需要考虑到数据资产的持续增值和变动，以及数据的使用和管理方式，确保数据资产出资的到位时间与企业发展的需要相匹配。

12.3 数据资产证券化

12.3.1 数据资产证券化的基础解读

1. 什么是资产证券化

（1）资产证券化的概念

资产证券化，是指将缺乏流动性但能够产生可预见的稳定现金流的资产，通过一定的结构安排，对资产中的风险与收益要素进行分离与重组，进而转换为在金融市场上可以出售的可流通的证券的过程。简而言之，就是将能够产生稳定现金流的资产出售给一个独立的专门从事资产证券化业务的特殊目的载体（Special Purpose Vehicle，SPV），SPV以资产为支撑发行证券，并用发行证券所募集的资金支付购买资产的价格。这个过程如图12-13所示，它的实质是将低流动性的非标准化资产变为高流动性的标准化资产。

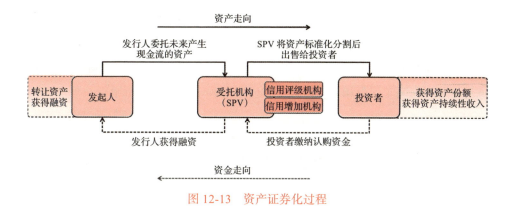

图 12-13 资产证券化过程

在我国，资产证券化业务起步于 20 世纪 90 年代，最初涉及地产销售权益证券化、高速公路过路费证券化和应收账款证券化等。正式推动资产证券化的法律法规在 2005 年颁布。2005 年年底，国家开发银行和中国建设银行试水资产支持证券（ABS）和住房抵押贷款支持证券（MBS）。然而，受美国次贷危机的影响，我国资产证券化在 2009 年至 2011 年期间曾一度停滞。直到 2012 年央行、原银监会和财政部发布了相关通知，资产证券化业务才得以重启。随着 2014 年年底证监会主管的资产证券化业务实行备案制，国内资产证券化经历了试点阶段、常态化发展阶段和备案制后快速发展阶段。根据中央结算公司中债研发中心最新发布的《2023 年资产证券化发展报告》，2023 年我国全年共发行资产证券化产品 18 481.4 亿元，截至 2023 年年末市场存量为 43 516.85 亿元。这表明我国资产证券化业务已经进入了更加稳定发展的阶段。

（2）资产证券化的分类

如果根据证券化的基础资产类型进行分类，可以将资产证券化划分为以下 4 类：信贷资产证券化、企业资产证券化、资产支持票据和保险资产支持计划。

其中，信贷资产证券化由人民银行和银保监会监管，基础资产以银行等金融机构的信贷资产为主，一般单笔金额小而贷款笔数多，标准化较高；企业资产证券化由证监会监管，基础资产相对多元化，包括应收账款、融资租赁、收费权等，审批方式为备案制，发行流程相对简便；资产支持票据由交易商协会监管，可以通过公募和私募两种方式发行，基础资产包括票据收益资产、应收债权类资产、租赁债权资产等，对资产资质要求较高；保险资产支持计划是由保险资产管理公司等机构作为受托人设立的，面向保险机构等投资者发行的收益凭证，基础资产包括融资租赁类资产、不良资产重组类资产、小额贷款类资产等，并不局限于保险相关资产。资产证券化划分如表 12-7 所示。

表 12-7　资产证券化划分

对比项	信贷资产证券化	企业资产证券化	资产支持票据	保险资产支持计划
主管部门	央行、银保监会	证监会	交易商协会	银保监会
发行主体	金融机构	以非金融机构为主	以非金融机构为主	以保险公司及非金融机构为主
发行载体	特殊目的信托	券商资管或基金子公司发行管理的资产专项计划	设立 SPV 的破产隔离结构	资产支持计划
基础资产	银行等金融机构的信贷资产，包括个人住房抵押贷款、汽车贷款、消费贷款、企业贷款、不良资产贷款等	企业债权类资产、收益权类资产，具体包括应收账款、融资租赁、收费权等	与企业资产证券化类似	与企业资产证券化类似
审核方式	信息登记制	备案制	注册制	初次申报核准，后续产品注册
发行方式	公募	私募	公募 + 私募	私募
流通市场	银行间市场	证券交易所、证券业协会机构间报价与转让系统、柜台市场等	银行间市场	上海保险交易所
信用评级	需双评级	初始评级 + 跟踪评级	公开发行需双评级，定向无要求	初始评级 + 跟踪评级

2. 什么是数据资产证券化

（1）数据资产证券化的概念

了解了资产证券化的概念，那什么是数据资产证券化呢？如果我们把企业对数据的行为抽象地分为投入和产出，那前期规划、数据采集、数据清洗、数据分析、数据应用、数据运维等步骤都意味着巨额成本投入，所以对企业来说，自数据被收集之日起，就需要绞尽脑汁地去思考如何将基于数据资源形成的相应数据资产"变现"，数据资产证券就是一个重要的方式。

王建冬指出，数据证券化是当数据资产可以纳入企业资产负债表并成为一种资产类型（无形资产或存货）后，选取其中质量较好、公信力强、预期明确的成熟资产，以其未来的收益现金流作为偿付基准发行证券产品⊖。通俗地说，数据资产证券化就是通过将数据资产转化为可交易的证券产品，实现数据资产的变现和流通。这是一个将数据资产的未来收益即期变现的过程，它的基本操作大致可参考知识产权等无形资产证券化。

数据资产作为企业享有数据产权和合法控制的经济资源，它的源于产权的许可收入以及未来收益都可以作为数据要素证券化产品设计的基础资产，以确保未来收益的稳定，并防控系统性风险。数据资产证券化过程如图 12-14 所示。

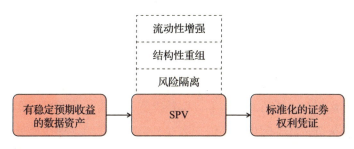

图 12-14　数据资产证券化过程

（2）数据资产证券化可能的路径（以 DAITs 模式为例）

未来的数据资产证券化会是什么样子呢？在此我们就梳理一下目前可行性较高的数据资产证券化可能的路径：DAITs 模式。

DAITs 是数据资产投资信托基金（Data Asset Investment Trusts 的简称。DAITs 由 REITs（Real Estate Investment Trusts，不动产投资信托）衍生而来。DAITs 是指将数据资产打造成像 REITs 一样的金融产品，通过对数据资产的投资信托，由专业运营团队管理，以获取稳定的数据资产营收，形成基础底层资产，接着将具备稳定收益但流动性较低的数据底层资产及金融资产转化为可上市发行的证券。REITs 与 DAITs 证券化过程如图 12-15 所示。

⊖ 参考了《推进市场化配置改革 盘活数据要素资产价值》（作者：王建冬）。

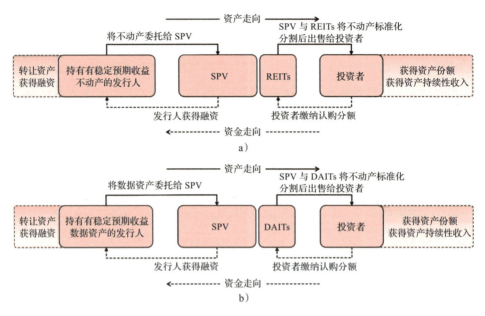

图 12-15　REITs 与 DAITs 证券化过程

在"新基建"这样的大环境下,这种投资信托模式非常适合发挥基础数据资产的社会价值,能够利用社会资金来充分利用底层的基础性存量资产,让公众也能在大数据时代中分享红利,从数据资产的发展中受益。数据资产和普通基础设施不太一样,它通过参考知识产权来确定和保护权属,然后通过信托方式重新设置权益结构,这样做不仅能够充分发挥资产的正外部性,而且产生的收益也更适合证券化。

此外,这种基金架构也有助于解决一般证券化产品在二级市场交易流动性不足的问题,并能大幅提升产品的信息交换和价格发现功能。这种模式还很灵活,可以通过采用投资者适当性管理、产品分级管理等方式,让投资者承担与他们匹配的风险。

DAITs 投资者即认购者,他的收益主要来源于两个方面:持有期间基金的分红和资产价格的波动所带来的资本利得。DAITs 投资者的收益来源如表 12-8 所示。此外,DAITs 模式具有双重属性,既有债权投资的特点,也有股权投资的特点。在 DAITs 模式中,投资者可以根据自己的风险偏好选择不同的投资策略，既可以选择稳健的债权投资方式，也可以选择激进的股权投资方式。DAITs 投资属性与特点如表 12-9 所示。

表 12-8　DAITs 投资者收益来源

收益来源	具体内容
持有期间基金的分红	当基金投资的底层资产产生收益时，这些收益会被分配给基金的持有人，即投资者。这些收益可以是来自数据资产的租赁费用、使用费用或其他形式的收入。通过投资 DAITs，投资者可以获得稳定的分红，同时也可以享受到数据资产增值带来的潜在收益
资产价格的波动所带来的资本利得	由于数据资产的价格受到多种因素的影响，包括市场需求、技术进步、政策法规等，因此其价格可能会出现波动。当数据资产的价格上涨时，DAITs 投资者可以通过卖出基金份额或赎回基金的方式获得资本利得。这种收益方式具有较大的不确定性，但也可能带来更高的收益

表 12-9　DAITs 投资属性与特点

属性	特点
债权投资	获得固定利息收入，风险较低
股权投资	获得公司或项目的所有权或控制权，风险较高但潜在收益也更高

3. 数据资产证券化的可行性（以 DAITs 模式为例）

在数据资产证券化的过程中，制度环境、经济基础和探索经验是三个重要的因素。

首先，制度环境是推动数据资产证券化的基础。近年来，我国在制度层面进行了诸多探索和尝试，为数据资产证券化提供了有力的支持。自 2016 年以来，我国政府从中央和地方两个层面出台了一系列政策措施，以推动数据资产证券化的发展。在中央层面，政府通过构建数据资产交易制度，为证券化工作提供了战略指导。此外，商务部在《全面深化服务贸易创新发展试点总体方案》中明确提出要"推动数据资产的商品化、证券化"，进一步强调了数据资产证券化的重要性。在地方层面，各地区也积极响应，制定了一系列相关政策法规，涉及 12 个省、直辖市的 21 项制度，包括地方性法规 3 项和地方规范性文件 18 项。这些政策的出台，不仅为地方的数据资产证券化提供了具体的指导，同时也通过地区示范经验的总结，为全国范围内的数据资产证券化工作提供了参考。

其次，有了完善的制度环境，还需要有充足的经济基础来支撑数据资产证券化的发展。从宏观角度来看，我国的数据产量和数字经济规模均呈现出快速增长的态势，为数据要素证券化产品的设计提供了庞大的基础资产。据国家互联网信息办公室统计，截至 2022 年，我国数据产量达 8.1ZB，同比增长 22.7%，占全球数据总产量 10.5%，位居世界第二位。大数据产业规模达 1.57 万亿元，同比增长 18%，与此同时，我国数字经济规模达 50.2 万亿元，总量稳居世界第二，占 GDP 比重提升至 41.5%。微观层面上，企业数据资产化、价值化的进程正在加速推进。数字经济的广泛应用为企业提供了丰富的数据资源，使其能够完成可衡量的资产化进程。越来越多的企业开始重视数据资产的价值，并积极披露更多的数据资产信息。研究表明，企业披露的数据资产信息越多，其价值就越大。

最后，除了制度环境、经济基础外，探索经验也是推动数据资产证券化不可或缺的一环。在全球范围内，许多证券交易所和企业已经开始了数据要素市场的建设和探索。例如，东京、伦敦等地的证券交易所积极参与数据要素市场的构建。同时，一些企业如 Dawex、WorldQuant 也推出了数据交易服务。在我国，数据交易平台在贵阳、北京、上海等地相继成立，致力于创新探索数据要素交易服务。此外，还有许多企业设计并运营的数据交易机构，如京东万象、天元数据等，在推动数据要素规范化整合和市场化交易方面发挥了重要作用。这些探索经验不仅为数据要素证券化产品设计提供了宝贵的组织保证和指导，也为后续的数据流通与利用，以及数据资产证券化产品设计的积累提供了丰富的探索经验。

随着交易平台建设和确权机制创新的不断深入，数据资产的权益将更加明晰，数据资产价值的实现也将得到进一步推动。这些探索经验将为数据资产证券化产品设计提供更加坚实的支撑和指导。未来，随着数据资产管理和利用的不断深入，数据资产证券化将成为推动数字经济发展的重要力量。

12.3.2 数据资产证券化的现状

在数字经济蓬勃发展、推动数据价值化的浪潮中，我国从政策和探索上齐头并进。

1）在政策上，数据资产证券化已经成为一种重要的政策构想。

早在 2016 年，浙江、福建两省的相关政策文件就开始鼓励和探索这一构想。随后，各地陆续发布了 15 份不同层级的文件，明确支持和鼓励探索数据资产证券化。在国家部委层面，商务部在 2020 年 8 月发布的《全面深化服务贸易创新发展试点总体方案》中明确提出了"推动数据资产的商品化、证券化"的重要内容。与此同时，地方性法规也相继出台。2022 年，北京和深圳在地方数字经济促进条例中明确支持探索数据资产证券化等金融创新机制，而汕头在 2023 年也发布了类似的法规。2024 年 1 月 11 日，财政部正式发布《关于加强数据资产管理的指导意见》，从总体要求、主要任务、实施保障等三方面十八条内容，对数据资产管理进行引导规范，数据资产证券化的进程得到进一步规范。

这一政策构想意味着政府在不同层级上对数据资产证券化的推动都有所表态：国家层面强调在服务贸易发展试点中推动数据资产的商品化和证券化；地方层面则更具体地支持金融创新机制，其中包括数据资产证券化。

2）在探索上，企业已经开始积极参与数据资产证券化。

2023 年 7 月 5 日，在浙江自贸试验区杭州片区内，某公司 2023 年度第一期杭州高新区（滨江）数据知识产权定向资产支持票据在中国银行间市场交易商协会成功簿记，发行金额 1.02 亿元，票面利率 2.80%，发行期限 358 天，是全国首单包含数据知识产权的证券化产品，也是浙江省自贸区首单知识产权证券化产品。

本项目由杭州高新区（滨江）市场监管局（知识产权局）等单位牵头，杭州某公司作为发起机构，与另外 8 家机构共同参与，以区内 12 家企业的 145 件知识产权（其中：发明专利 26 件、实用新型专利 54 件、软件著作权 63 件、数据知识产权 2 件，评估价值 1.43 亿元）作为质押物，帮助企业获得证券化融资 1.02 亿元。

本项目作为全国首单包含数据知识产权的证券化项目，在实操层面形成数据要素产权化的有效新路径，打破传统融资方式，实现"知产"变资产、数据成红利，切实推动企业高价值知识产权及数据的产出。

12.3.3 数据资产证券化的意义

1. 数据资产持有方层面

（1）拓宽了融资渠道，减轻对传统融资方式的依赖

在利用发行股票或企业债券等传统的证券化方式融资的过程中，企业必须以其全部的资产、权益以及企业整体的信用为基础来获取投资者的青睐，要求比较高。资产证券化则是原始权益人将本身的部分资产"真实出售"给SPV，最终证券的发行也是以该部分资产为支撑，与企业的经营风险相隔离。因此，与常规的贷款融资、发行债券、股权融资等方式相比，资产证券化提高了中小企业的价值和竞争力。中小企业只要拥有较为优质的基础资产，就能利用基础资产的未来收益填补当前的资金缺口，从而形成数据生命周期的良性循环——企业通过数据资产证券化获取资金，进而用于数据资产的开发、管理和增值，提高企业的价值和竞争力。

（2）降低融资成本，改善企业资本结构

企业如果通过股权融资，则会稀释股权；如果通过债券融资，则会增加负债。股权和债券融资都是在资产负债表的右边进行操作，以企业整体为融资主体。然而，数据资产证券化作为一种通过出售数据资产获取融资的表外融资方式，既不会增加企业的负债，也不会反映在资产负债表的"所有者权益"一栏中。这样，企业不会提高负债水平，能以较低的成本获取融资。数据资产证券化融资本质上具有真实出售、破产隔离和信用增级的特点，这些特点降低了企业融资风险，改善了企业的资本结构，为企业实施积极的现金流管理和灵活的财务策略提供了支持，如图12-16所示。

（3）增强企业数据资产流动性，将数据资产在未来才能实现的长期权益提前变现

数据资产的变现过程常常面临着高成本、长周期和技术难等挑战。通过创新的数据资产证券化模式，企业可以通过证券化方式筹集所需资金，并利用未来的收益填补当前的资金缺口，从而形成数据生命周期的良性循环。这种"数据＋资本"的金融创新模式为企业提供了新的融资途径，加速了数据资产的流动和变现过程，最终让数据资产更容易被交易和评估，让企业更积极地收集和利用数据资源。

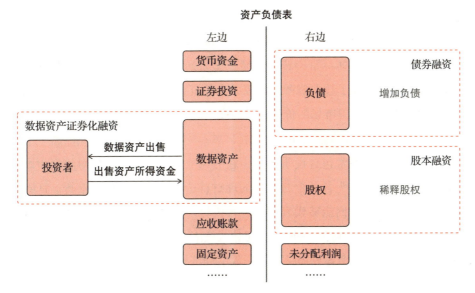

图 12-16 数据资产证券化融资本质

（4）快速收回数据资产建设中的高额成本，实现轻资产运营，缩短资金周转周期

数据资产的所有者通过证券化的方法出售数据资产而获得融资，这本质上也是一种退出机制，可收回数据资产建设过程中的高额成本，从而实现轻资产、快节奏。

2. 资金提供方层面

（1）降低数据资本市场的准入门槛

数据资产证券化将数据资产切割成众多低金额的标准化投资产品，降低数据资本市场的准入门槛，让更广泛的投资者参与到数据资本市场的投资中来。

（2）能实现更稳健的投资回报

可证券化的数据资产往往是长期收益率有保障的优质数据资产，对投资者而言，也能获得较稳健的投资回报。因为证券化形成了标准化投资产品，投资者也拥有了便捷转手退出机制。

3. 国家与社会层面

（1）数据资产流动性提升，促进数据要素市场的价值流转

借助证券途径将非标资产转化为易于交易的标准化资产，提高了数据资产的流动性，进而提高了数据资产原始权益人的资金周转效率，增加了企业利润。此种转化对于数据要素市场的价值流转意义重大。

（2）为社会共享数据要素市场发展红利提供有效途径

由于资产池中通常包含优质资产，它的风险较低，而收益相对较高，因此数据资产支持证券成为各类金融机构的理财首选。这些机构包括银行、证券公司、基金公司等，它们能够代表客户进行投资。而同时，这些数据资产支持证券也吸引了一些受到投资品种限制的机构投资者，比如社保基金、保险机构等。数据资产证券化为社会各界提供了共享数字经济发展红利的有效途径。

12.3.4　数据资产证券化面临的挑战

1. 产权规范清晰程度有待加强

一方面，在企业数据产权方面存在法治规范尚未统一构建的问题。尽管政策文件如"数据二十条"等推动了数据产权基础性制度的构建，但下一步需要通过立法将这些政策文件转化为实体法律规范。目前的法律制度存在一些缺陷。

首先，专门性的数据产权法律制度缺失，虽然《中华人民共和国民法典》第一百二十七条对数据财产属性有所回应，但仍然需要谨慎对待新型生产要素。《中华人民共和国个人信息保护法》和《中华人民共和国数据安全法》强调了对数据处理行为的约束，但在企业数据产权结构性分置方面缺乏具体的立法规则。其次，现有规范性文件的内容相对模糊，缺乏可操作性。目前的政策文件虽然明确指出要探索数据产权结构性分置制度，但对于企业数据保护利用的规范性文件内容相对笼统，需要进一步细化。最后，企业数据司法治理在早期阶段，受制于法律体系的限制，法院只能在数据权属争议中回应，缺乏更为深入的规范。关于数据资产的分类及产权设计规则，学界尚未形成共识，需要深入研究以推动数据产权法治规范的设计。

另一方面，数据资产登记规则也存在待完善的问题。为了实现数据资产从资源到资产再到资本的价值进阶，数据资产登记是关键。然而，目前的数据资产登记工作仍处于"边探索、边规范"的阶段。

首先，数据资产登记规则设计理念需要更新。当前登记起源于政务数据资源体系，受到传统的清单公示和目录编制方式的影响，导致登记效率低、周期长，未充分发挥资产登记的功能。其次，企业数据资产登记规则存在标准不统一的问题，需要进一步明确与完善。当前各地关于数据登记的标准存在差异，缺乏统一性，造成了制度上的阻碍。最后，地方性登记平台分散布局削弱了数据资产登记的公信力。数据资产的登记需要公示，以提升交易安全和降低过程风险。但目前全国范围内的发展状态呈现为"散点式"，缺乏全国性的数据资产登记制度，对公信力构成了挑战。

2. 交易机制有待完善

在数据资产证券化交易方面，存在统一规范待完善的问题。数据资产证券化是对数据资产与证券融资的创新尝试，尽管我国出台了一系列法律制度规范数据资产交易，但仍存在问题。《中华人民共和国数据安全法》第三十三条提及了数据交易中介服务机构的相关责任，但未明确参与主体在交易过程中的权利义务。地方性法规虽然提及数据交易，但缺乏具体操作指引。同时，数据资产证券化涉及数据与资本两个要素，受到不同规则的制约，且由于数据资产的高流动性和技术依赖性，适用既有规则存在难度。数据资产信息披露方面，虽然《企业数据资源相关会计处理暂行规定》明确了相关内容，但与证券相关规范衔接不足，导致参与主体难以识别风险。此外，区块链技术作为支撑数据资产证券化的关键技术，在相关技术规范方面缺乏明确指引，阻碍了数据资产证券化的推进与探索。

3. 监督管理有待加强

首先，监管规则设计理念亟待革新。我国金融监管长期以来主要注重维护稳定安全，这与数据资产证券化探索创新成长空间的需求存在冲突。传统的监管标准和手段在探索证券新模式时可能表现出明确但固定的特征，需要调整为更加灵活的监管。此外，当前数据法律制度主要强调对数据保护的规制，过度规制可能增加市场交易成本，制约数据流通和利用。监管规则设计需要在保护的同时促进金融创新。

其次，监管协同合作机制亟待加强。数据要素涉及多领域、跨行业，多部门的监管涉及数据、金融、公安等多方面，但目前中心化的监管方式导致监管合作不足，在信息收集、处理、公示等方面存在不全面、不及时的问题，需要加强监管协同合作机制，确保获得系统、准确的信息，以更有效地监管数据资产证券化。

最后，监管科技运用规则亟待完善。数据资产证券化业务强烈依赖于科技服务，包括人工智能、算法等技术，而这些技术对监管的支持尤为重要。目前我国监管科技运用发展相对缓慢，数据资产证券化领域的监管科技规则相对较少，技术生态仍处于建构阶段。同时，区块链技术作为支撑数据资产证券化的技术之一，其规范和运用也需要更明确的指引，以促进数据资产证券化的推进和探索。

总体而言，当前我国在数据资产证券化方面还存在产权规范不明、交易机制缺失和监督管理失配等问题，要进一步推动这一领域的发展，加强法治建设，规范产权关系，完善交易机制，提升监管水平，同时注重科技的运用，以促进数据资产证券化的可持续发展。

12.4 本章小结

本章详细探讨了数据金融化的多个方面，包括数据信贷、数据入股和数据资产证券化，以及它们面临的挑战和意义。数据金融化作为数字经济时代的新趋势，为企业融资和资产管理提供了新的途径，但也面临着诸多问题和挑战。

首先，我们进行了对数据信贷的深入分析。作为一种创新的融资方式，数据信贷通过用数据资产作为担保，为企业提供灵活的融资渠道。然而，数据信贷面临的问题包括缺乏全国性的登记平台和评估标准、政策不统一等，这些问题限制了其发展。

其次，我们探讨了数据入股的概念和现状。通过数据资产出资入股，为投资者提供了参与数据经济的新方式。但这种方式同样存在数据安全风险、资产评估不足等问题，需要加强监管和制度建设。

接下来，我们研究了数据资产证券化的意义和挑战。数据资产证券化有助于提高数据资产的流动性，吸引更多资金参与数据经济，但也面临产权规范、交易机制不完善等问题，需要建立健全监管体系。

在对每个方面基本情况和现状进行分析的基础上，我们特别强调了数据金融化的意义。数据金融化拓宽了企业融资渠道，促进了数字经济的发展，但要实现其可持续发展，需要政府、企业和社会各界共同努力，加强监管和规范。

综上所述，数据金融化是数字经济发展的必然趋势，但也面临着诸多挑战和困难。只有不断完善制度、加强监管，才能实现数据金融化的可持续发展，为数字经济注入新的活力与动力。

第 13 章 CHAPTER 13

总结和展望

本章将总结数据资产入表的实施、存在的误区并对未来做出展望。本章将特别强调明确目的、做好规划以及确保落地这几个关键步骤,这是为了帮助读者更加深入地理解数据资产入表的重要性以及具体操作方法。此外,我们还将针对一些常见误区进行分析和解答,例如数据资产入表的责任归属问题、自动化实现的可能性,以及资产计量的不同方式。最后,我们会对数据资产入表对企业未来发展的潜在影响进行前瞻性的探讨。相信通过学习本章的内容,你将对数据资产入表的重要性和关键实施方案有更深的理解,进而为企业的数据资产管理和财务决策提供有效的支持。

13.1 实施路径总结

13.1.1 明确目的

准备进行数据资产入表的企业需要深思熟虑,明确推动数据资产入表项目的终极目标是什么，这包括期望最终得到的结果，以及这个结果将如何塑造公司的全新面貌。同时，还需充分评估数据资产入表的目的与公司战略目标之间的契合度，确保入表工作目标明确、资源使用高效、避免浪费。

数据资产入表的核心在于通过合理的数据资源利用和管理，实现企业经济效益和社会效益的双重增长。

从经济效益角度看，数据资产入表可直接带来数据收益，通过有效利用数据资产，为企业带来直接的收入或节约成本。数据资产还可作为融资担保物，帮助解决企业生产过程中的融资难题，扩大业务规模，提升经济效益。同时，作为无形资产的数据，通过摊销可影响企业的成本费用，从而改进所有者的收益情况。

从社会效益角度看，数据资产入表能提供更多的数据相关就业机会，推动数字经济的发展，为社会创造更多价值。此外，企业发展数字经济，不仅能为所在区域创造更多的就业机会和经济收益，也能支持区域发展，增强企业的社会效益。

13.1.2 做好规划

数据资产入表的不同阶段反映了企业对其数据资产的逐步深化利用。初次入表关注底层数据资源的整合，为企业构建稳健的数据资产基础；二次入表则关注数据资产增值部分的货币化体现，凸显数据价值；三次入表则是数据资产转化为金融资产的财务体现，标志着数据资产在金融领域的深度应用。这些阶段共同构成了企业数据资产入表的完整过程，如图 13-1 所示。

不同阶段对应的入表具体工作内容与工作目标是截然不同的，读者需要提前做好规划。先对企业、供应商等做好可行性评估，判断是否需要对数据进行入表处理；然后做好数据资产入表的准备工作，例如利用本书提到的方法和工具来判断自己所在企业处于入表的哪个或哪几个阶段，制作入表实施计划，等等；最后，按照三次入表需要解决的问题、入表目标、入表关注点等进行具体的入表操作。

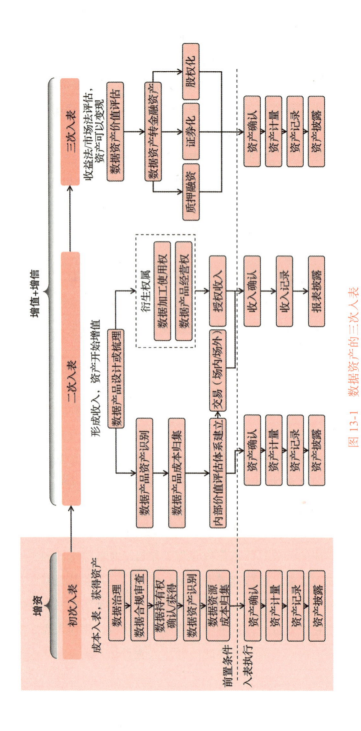

图 13-1 数据资产的三次入表

13.1.3 确保落地

第一，数据资产入表需要得到组织高层领导的支持和重视。将数据资产入表项目定位为"一把手工程"，从战略高度由上而下推进，有助于确保资源的充分投入、决策的迅速实施以及问题的及时解决。

第二，数据资产入表规划不仅需要宏观计划，也需要具体的执行计划。这个计划不仅需要包括具体的实施，也需要包括相关的技术、人力、资金等的资源保障。

第三，在具体的数据资产入表实施过程中，不仅需要建立数据资产入表的标准和流程，确保数据的准确性、一致性和完整性，也需要牢记每一个步骤的起点和终点以及各部门的实施时间表等，并建立数据资产入表的质量监控机制，以确保数据资产入表工作的规范化和高效化。

第四，企业还需要加强部门之间的沟通和协作。数据资产入表工作涉及企业的多个部门和数据源，因此需要各个部门密切合作和配合。企业可以建立跨部门的数据资产入表工作小组，明确各部门的职责和任务，加强信息共享和沟通。此外，企业还可以通过定期举办培训和交流活动，提高员工对数据资产入表工作的认识和重视程度。通过加强沟通和协作，企业可以确保数据资产入表工作得到充分的支持和配合，形成合力，推动数据资产入表的落地。

第五，企业需要不断完善和优化数据资产入表机制。随着企业数据资产的不断增长和变化，数据资产入表机制也需要不断适应新的需求和挑战。企业可以定期对数据资产入表机制进行评估和调整，优化数据资产入表的流程和方法。同时，还可以引入先进的技术和工具，如人工智能、大数据分析等，提高数据资产入表的效率和质量。通过不断完善和优化数据资产入表机制，企业可以确保数据资产入表工作始终保持领先地位，为企业的发展提供有力支撑。

13.2 数据资产入表的六大误区

误区一：数据资产入表只需参照准则要求或者一般做法即可

不行。数据资产入表没有标准答案，不能按部就班，更不能为了入表而入表。

数据资产入表并没有一套适合各个行业的通用方案，需要结合行业特点、应用场景、价值实现方式等因素进行灵活应对，因为不同行业的数据资源范围、数据类型、数据研发过程、成本分摊方式、对外披露策略等是不同的。

所以，企业必须深入剖析数据资源，灵活应对实际情况，充分考虑外部因素，建立完善的数据资产入表流程和管理机制，以确保数据资产入表的过程规范、高效且安全。

误区二：数据资产入表就是财务部门或数据部门的工作

不是。数据资产入表并非财务部门或数据部门的"独角戏"，而是需要整个企业各个部门的共同努力和协作。

数据资产入表这一任务涉及企业的数据管理、业务运营、技术支持等多个方面，各个部门都需要积极参与进来，比如：业务部门需要深入了解业务场景和需求，为数据资产入表提供明确的业务导向和目标；数据部门则需要负责数据资源的收集、整理、分析和挖掘，确保数据的准确性和完整性；科技部门需要提供技术解决方案，确保数据资产入表的技术实现和操作流程的顺畅性；财务部门需要提供成本核算和财务管理等方面的支持，确保数据资产入表的经济效益和合规性；合规和董办部门也需要对整个数据资产入表过程进行监督和审查，确保整个过程的合规性和规范性；等等。

所以，数据资产入表是考验企业管理层对数字化转型和数据要素的理解深度，考验企业数据资产管理和运营水平的综合性必答题。

误区三：数据资产入表能够全自动化实现

不能。当下没有能够直接复制运用且照搬落地的实现方式。

行业层面数据场景和统一标准尚不清晰，企业层面数据资产管理成熟度普遍不高，还有一些关键问题仍待解决，例如数据产品全链路如何合规授权、数据研发成本和传统IT研发成本如何剥离、数据要素贡献和业务贡献如何区分等。

所以，自动化入表数据资产判断、自动化成本归集等是企业探索和努力的方向，而非当前可直接复制运用且照搬落地的功能。

误区四：2024年之前的数据费用化投入也能重新资本化

不能。前期费用化投入不能重新资本化。

《暂行规定》于2024年1月1日才开始施行，而此规定采用未来适用法（将变更后的会计政策应用于变更日及以后发生的交易或者事项，或者在会计估计变更当期和未来期间确认会计估计变更影响数的方法），且明确指出在其施行前已经费用化计入损益的数据资源相关支出不再调整。

误区五：数据资产入表是根据资产估值和定价进行计量的

不是。既不基于估值，也不基于定价。

《企业会计准则第6号——无形资产》与《企业会计准则第1号——存货》规定，企业内部产生符合入表条件并确认为无形资产或者存货的数据资源，其计量基础仍应基于历史成本。

误区六：第三方登记是数据资产入表的必要前提

不是。第三方登记不是数据资产入表的必要前提，但是可作为佐证材料。

数据资产入表前需要按照《企业会计准则》中规定的资产确认条件对被预选作为资产进行入表的数据资源进行判断和确认。判定和确认完毕后就可以开始制定入表方案和准备数据关系图谱、价值链图谱等相关佐证资料。此时第三方登记可以作为佐证材料，但不是必需的。这实际上与非专利技术等知识产权是类似的，非专利技术并不一定要拿到专利权证书才可以入表。

13.3　数据资产入表的三大关键点

在数据资产入表中，数据资产确认、数据资产计量、数据资产披露是三大关键点，如图13-2所示。

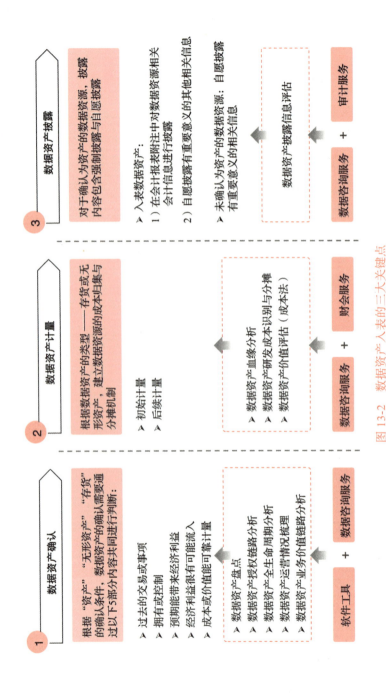

图13-2 数据资产入表的三大关键点

13.3.1 数据资产确认

需借助软件工具和第三方数据咨询服务来帮助企业系统地分析和管理数据资产。盘点与分析过程主要如下：

- 数据资产盘点。通过软件工具，可以自动扫描和识别企业内部的各类数据资源，包括数据库、数据仓库、数据湖等。同时，结合第三方的数据咨询服务，可以对数据进行分类和标签化，形成清晰的数据资产目录。
- 数据资产授权链路分析。通过分析数据的访问、使用和共享情况，可以明确数据的授权路径和权限设置，确保数据安全和合规。
- 数据资产全生命周期分析。分析数据的产生、存储、处理、应用和销毁等整个流程，发现数据管理中的潜在问题和风险，并制定相应的优化措施。
- 数据资产运营情况梳理。通过对数据的访问量、使用频率、价值贡献等指标进行分析，了解数据资产的利用效率和效果。
- 数据资产业务价值链路分析。分析数据如何支持业务决策、提升业务效率和创造价值等。

最终根据"资产""无形资产""存货"的确认条件，综合以下5部分内容判定数据资源是否为数据资产，以及是哪类数据资产。

- 过去的交易或事项；
- 拥有或控制；
- 预期能带来经济利益；
- 经济利益很有可能流入；
- 成本或价值能可靠计量。

13.3.2 数据资产计量

需借助第三方数据咨询服务和财会服务来帮助企业系统地分析和计量数据资产。分析和计量过程主要如下：

- 数据资产血缘分析。分析数据资产的来源、生成过程以及与其他数据资产之间的关系。通过深入剖析数据的血缘关系，企业可以了解数据的产生背景、流动路径等。

- 数据资产研发成本识别与分摊。数据资产的研发成本包括人员工资、设备购置成本、软件开发成本等多个方面。通过准确识别这些成本，并按照合理的方法进行分摊，企业可以确保数据资产的成本得到真实、准确的反映，为后续的价值评估奠定基础。
- 数据资产价值评估（成本法）。成本法是一种常用的评估方法，它主要基于数据资产的研发成本来估算其价值。

最终根据数据资产的类型"存货"或"无形资产"，建立数据资产的成本归集与分摊机制。

13.3.3 数据资产披露

企业需积极利用第三方数据咨询和审计服务来完成数据资产的披露。对于已确认为数据资产的项，披露内容应包括强制性披露和自愿性披露两部分。对于已入表的数据资产，在会计报表的附注中必须披露相关的会计信息，并可以自愿披露其他具有重要意义的信息。对于未确认为资产的数据资源，可以自愿披露具有重要意义的相关信息。

13.4 展望

随着信息化和数字化时代的迅速发展，数据资产将成为企业、组织乃至国家竞争力的核心要素。数据资产入表不仅代表着数据与会计领域的一次创新，也是企业数字化转型的关键一步。

首先，数据资产入表有助于深度挖掘数据价值和广泛应用数据。将数据资产计入财务报表能让企业更清晰地认识到数据的经济价值，激发其对数据资源的深入开发和应用。未来，数据将在产品研发、市场分析、客户管理、决策支持等多个领域发挥更重要的作用，成为推动企业创新和发展的关键力量。

其次，数据资产入表促进了数据治理体系的完善与优化。数据治理对于确保数据质量、安全性和合规性至关重要。随着数据资产入表的推进，企业将更加注重数据治理,加强数据生命周期的管理,提高数据质量,并确保数据的合规使用,从而建立更完善的数据治理体系,为数字化转型提供坚实的支持。

再次,数据资产入表还将推动数据市场的繁荣发展。随着数据资产价值的日益凸显,数据交易和共享将成为重要趋势。数据资产入表为数据交易创造了更透明、更规范的市场环境,推动数据资源的优化配置和高效利用,并促成专业数据服务提供商和中介机构的兴起,推动数据市场的繁荣。

最后,数据资产入表有助于企业在全球竞争中获得优势。在全球经济一体化和信息技术迅速发展的背景下,数据资产已成为企业参与国际竞争所依赖的重要资源。通过数据资产入表,企业能更清晰地展示其数据实力和价值,提升全球市场竞争力和影响力。

可见,数据资产入表的未来充满无限可能与机遇。然而,数据资产入表的发展过程不会是一帆风顺的,企业需要面对诸多挑战,包括统一数据资产价值评估标准、完善数据资产入表的配套制度与方法、促进数据交易市场的融合发展、拓展金融创新应用场景、加速数据资产的流通与应用等。

| 附录 |

为了帮助读者更好地理解本书内容和进行入表实践，我们特意整理了附录。本附录包含附录 A~ 附录 C。附录 A 给出了《企业数据资源相关会计处理暂行规定》全文，以方便读者查阅。该规定是数据资产入表方面极为重要的政策文件，为企业如何识别、计量、记录及报告数据资源提供了具体的操作指引。附录 B 为数据资产入表 36 问，涵盖数据资产入表的方方面面，能够帮助读者快速回顾本书内容、查漏补缺，并指导入表实践。附录 C 为数据要素相关标准清单，分强制性国标（现行）、推荐性国标（部分）、地方标准（部分）、行业标准（部分）四类，供读者在进行入表实践时按需检索。

附录A | APPENDIX

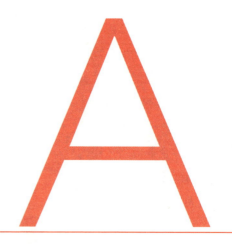

《企业数据资源相关会计处理暂行规定》

为规范企业数据资源相关会计处理,强化相关会计信息披露,根据《中华人民共和国会计法》和企业会计准则等相关规定,现对企业数据资源的相关会计处理规定如下:

一、关于适用范围

本规定适用于企业按照企业会计准则相关规定确认为无形资产或存货等资产类别的数据资源,以及企业合法拥有或控制的、预期会给企业带来经济利益的、但由于不满足企业会计准则相关资产确认条件而未确认为资产的数据资源的相关会计处理。

二、关于数据资源会计处理适用的准则

企业应当按照企业会计准则相关规定,根据数据资源的持有目的、形成方

式、业务模式,以及与数据资源有关的经济利益的预期消耗方式等,对数据资源相关交易和事项进行会计确认、计量和报告。

1. 企业使用的数据资源,符合《企业会计准则第 6 号——无形资产》(财会〔2006〕3 号,以下简称无形资产准则)规定的定义和确认条件的,应当确认为无形资产。

2. 企业应当按照无形资产准则、《〈企业会计准则第 62 号——无形资产〉应用指南》(财会〔2006〕18 号,以下简称无形资产准则应用指南)等规定,对确认为无形资产的数据资源进行初始计量、后续计量、处置和报废等相关会计处理。

其中,企业通过外购方式取得确认为无形资产的数据资源,其成本包括购买价款、相关税费,直接归属于使该项无形资产达到预定用途所发生的数据脱敏、清洗、标注、整合、分析、可视化等加工过程所发生的有关支出,以及数据权属鉴证、质量评估、登记结算、安全管理等费用。企业通过外购方式取得数据采集、脱敏、清洗、标注、整合、分析、可视化等服务所发生的有关支出,不符合无形资产准则规定的无形资产定义和确认条件的,应当根据用途计入当期损益。

企业内部数据资源研究开发项目的支出,应当区分研究阶段支出与开发阶段支出。研究阶段的支出,应当于发生时计入当期损益。开发阶段的支出,满足无形资产准则第九条规定的有关条件的,才能确认为无形资产。

企业在对确认为无形资产的数据资源的使用寿命进行估计时,应当考虑无形资产准则应用指南规定的因素,并重点关注数据资源相关业务模式、权利限制、更新频率和时效性、有关产品或技术迭代、同类竞品等因素。

3. 企业在持有确认为无形资产的数据资源期间,利用数据资源对客户提供服务的,应当按照无形资产准则、无形 3 资产准则应用指南等规定,将无形资产的摊销金额计入当期损益或相关资产成本;同时,企业应当按照《企业会计准则第 14 号——收入》(财会〔2017〕22 号,以下简称收入准则)等规定确认相关收入。

除上述情形外,企业利用数据资源对客户提供服务的,应当按照收入准则等规定确认相关收入,符合有关条件的应当确认合同履约成本。

4. 企业日常活动中持有、最终目的用于出售的数据资源,符合《企业会计准则第 1 号——存货》（财会〔2006〕3 号，以下简称存货准则）规定的定义和确认条件的，应当确认为存货。

5. 企业应当按照存货准则、《〈企业会计准则第 1 号——存货〉应用指南》（财会〔2006〕18 号）等规定，对确认为存货的数据资源进行初始计量、后续计量等相关会计处理。

其中，企业通过外购方式取得确认为存货的数据资源，其采购成本包括购买价款、相关税费、保险费，以及数据权属鉴证、质量评估、登记结算、安全管理等所发生的其他可归属于存货采购成本的费用。企业通过数据加工取得确认为存货的数据资源，其成本包括采购成本，数据采集、脱敏、清洗、标注、整合、分析、可视化等加工成本和使存货达到目前场所和状态所发生的其他支出。

6. 企业出售确认为存货的数据资源，应当按照存货准则将其成本结转为当期损益；同时，企业应当按照收入准则等规定确认相关收入。

7. 企业出售未确认为资产的数据资源，应当按照收入准则等规定确认相关收入。

三、关于列示和披露要求

（一）资产负债表相关列示。

企业在编制资产负债表时，应当根据重要性原则并结合本企业的实际情况，在"存货"项目下增设"其中：数据资源"项目，反映资产负债表日确认为存货的数据资源的期末账面价值；在"无形资产"项目下增设"其中：数据资源"项目，反映资产负债表日确认为无形资产的数据资源的期末账面价值；在"开发支出"项目下增设"其中：数据资源"项目，反映资产负债表日正在进行数据资源研究开发项目满足资本化条件的支出金额。

（二）相关披露。

企业应当按照相关企业会计准则及本规定等，在会计报表附注中对数据资源相关会计信息进行披露。

1. 确认为无形资产的数据资源相关披露。

（1）企业应当按照外购无形资产、自行开发无形资产等类别，对确认为无形资产的数据资源(以下简称数据资源无形资产)相关会计信息进行披露,并可以在此基础上根据 5 实际情况对类别进行拆分。具体披露格式如表 A-1 所示。

表 A-1 数据资源无形资产相关披露格式

项目	外购的数据资源无形资产	自行开发的数据资源无形资产	其他方式取得的数据资源无形资产	合计
一、账面原值				
1. 期初余额				
2. 本期增加金额				
其中:购入				
内部研发				
其他增加				
3. 本期减少金额				
其中:处置				
失效且终止确认				
其他减少				
4. 期末余额				
二、累计摊销				
1. 期初余额				
2. 本期增加金额				
3. 本期减少金额				
其中:处置				
失效且终止确认				
其他减少				
4. 期末余额				
三、减值准备				
1. 期初余额				
2. 本期增加金额				
3. 本期减少金额				
4. 期末余额				
四、账面价值				
1. 期末账面价值				
2. 期初账面价值				

（2）对于使用寿命有限的数据资源无形资产，企业应当披露其使用寿命的估计情况及摊销方法；对于使用寿命不6确定的数据资源无形资产，企业应当披露其账面价值及使用寿命不确定的判断依据。

（3）企业应当按照《企业会计准则第 28 号——会计政策、会计估计变更和差错更正》（财会〔2006〕3 号）的规定，披露对数据资源无形资产的摊销期、摊销方法或残值的变更内容、原因以及对当期和未来期间的影响数。

（4）企业应当单独披露对企业财务报表具有重要影响的单项数据资源无形资产的内容、账面价值和剩余摊销期限。

（5）企业应当披露所有权或使用权受到限制的数据资源无形资产，以及用于担保的数据资源无形资产的账面价值、当期摊销额等情况。

（6）企业应当披露计入当期损益和确认为无形资产的数据资源研究开发支出金额。

（7）企业应当按照《企业会计准则第 8 号——资产减值》（财会〔2006〕3 号）等规定，披露与数据资源无形资产减值有关的信息。

（8）企业应当按照《企业会计准则第 42 号——持有待售的非流动资产、处置组和终止经营》（财会〔2017〕13 号）等规定，披露划分为持有待售类别的数据资源无形资产有关信息。

2.确认为存货的数据资源相关披露。

（1）企业应当按照外购存货、自行加工存货等类别，对确认为存货的数据资源（以下简称数据资源存货）相关会计信息进行披露，并可以在此基础上根据实际情况对类别进行拆分。具体披露格式如表 A-2 所示。

表 A-2　数据资源存货相关披露格式

项目	外购的数据资源存货	自行开发的数据资源存货	其他方式取得的数据资源存货	合计
一、账面原值				
1.期初余额				
2.本期增加金额				
其中：购入				
采集加工				

（续）

项目	外购的数据资源存货	自行开发的数据资源存货	其他方式取得的数据资源存货	合计
其他增加				
3.本期减少金额				
其中：出售				
失效且终止确认				
其他减少				
4.期末余额				
二、存货跌价准备				
1.期初余额				
2.本期增加金额				
3.本期减少金额				
其中：转回				
转销				
4.期末余额				
三、账面价值				
1.期末账面价值				
2.期初账面价值				

（2）企业应当披露确定发出数据资源存货成本所采用的方法。

（3）企业应当披露数据资源存货可变现净值的确定依据、存货跌价准备的计提方法、当期计提的存货跌价准备的金额、当期转回的存货跌价准备的金额，以及计提和转回的有关情况。

（4）企业应当单独披露对企业财务报表具有重要影响的单项数据资源存货的内容、账面价值和可变现净值。

（5）企业应当披露所有权或使用权受到限制的数据资源存货，以及用于担保的数据资源存货的账面价值等情况。

3.其他披露要求。

企业对数据资源进行评估且评估结果对企业财务报表具有重要影响的，应当披露评估依据的信息来源，评估结论成立的假设前提和限制条件，评估方法的选择，各重要参数的来源、分析、比较与测算过程等信息。

企业可以根据实际情况，自愿披露数据资源（含未作为无形资产或存货确认的数据资源）下列相关信息：

（1）数据资源的应用场景或业务模式、对企业创造价值的影响方式，与数据资源应用场景相关的宏观经济和行业领域前景等。

（2）用于形成相关数据资源的原始数据的类型、规模、来源、权属、质量等信息。

（3）企业对数据资源的加工维护和安全保护情况，以及相关人才、关键技术等的持有和投入情况。

（4）数据资源的应用情况，包括数据资源相关产品或9服务等的运营应用、作价出资、流通交易、服务计费方式等情况。

（5）重大交易事项中涉及的数据资源对该交易事项的影响及风险分析，重大交易事项包括但不限于企业的经营活动、投融资活动、质押融资、关联方及关联交易、承诺事项、或有事项、债务重组、资产置换等。

（6）数据资源相关权利的失效情况及失效事由、对企业的影响及风险分析等，如数据资源已确认为资产的，还包括相关资产的账面原值及累计摊销、减值准备或跌价准备、失效部分的会计处理。

（7）数据资源转让、许可或应用所涉及的地域限制、领域限制及法律法规限制等权利限制。

（8）企业认为有必要披露的其他数据资源相关信息。

四、附则

本规定自 2024 年 1 月 1 日起施行。企业应当采用未来适用法执行本规定，本规定施行前已经费用化计入损益的数据资源相关支出不再调整。

附录B | APPENDIX
数据资产入表36问

1）数据资产的确认条件有哪些？

答：企业的数据要入表，需要满足资产的确认条件，根据《会计基本准则》第三章"资产"第二十条和第二十一条的规定，资产的确认条件如下：

- 企业过去的交易或者事项形成的。企业过去的交易或者事项包括购买、生产、建造行为或其他交易或者事项。
- 由企业拥有或者控制的。企业享有某项资源的所有权，或者虽然不享有某项资源的所有权，但能控制该资源。
- 预期会给企业带来经济利益的资源。直接或者间接导致现金和现金等价物流入企业的潜力。
- 与该资源有关的经济利益很可能流入企业。
- 该资源的成本或者价值能够可靠地计量。

2）可入表的数据大致有哪些？

答：可入表的数据可以分为两大类，如表B-1所示。

表 B-1　可入表数据分类

入表数据分类	举例
企业自己使用的数据	企业自己生成的数据 外购自用的数据
企业拥有或持有的、以售卖为最终目的的数据	外购用于销售的数据 自行加工销售的数据

3）数据资产入表后一定要拿去交易吗？数据资产入表必须以产品的形式进行交易之后才能进行吗？

答：不是必需的，交易与否不是数据资产入表的必要条件，二者之间没有必然关联。从上一个问题的答案中可以看到，企业自用的数据也是可以入表的。

4）数据资产入表一定要做第三方登记吗？

答：不是。第三方登记不是数据资产入表的必要前提，但是可作为佐证材料。

数据资产入表的前提是该数据资源由企业拥有或控制，数据资产入表前需要按照会计准则中规定的资产确认条件对被预选作为资产进行入表的数据资源进行判断和确认。判定和确认完毕后就可以开始制定入表方案和准备数据关系图谱、价值链图谱等相关佐证资料。此时第三方登记可以作为佐证材料，但不是必需的。这与非专利技术等知识产权类似，非专利技术并不一定要拿到专利权证书才可以入表。

5）数据资产评估的作用是什么？入表前一定要做数据资产评估吗？

答：数据资产评估主要用于资产转让、抵押质押、公司的设立与增资、财务报告等情况。

按照《企业会计准则第 6 号——无形资产》（财会〔2006〕3 号）与《企业会计准则第 1 号——存货》（财会〔2006〕3 号）的规定，企业内部产生符合入表条件并确认为无形资产或者存货的数据资源，其计量基础应基于历史成本，因此入表前不需要做数据资产评估。

6)什么情况下需要做数据资产评估?

答:在以下 4 种情况下需要做数据资产评估:

- 数据资产入表后,其使用寿命不确定时,出于财务报告目的,需要定期对数据资产进行减值测试,计算可变现净值。
- 数据资产被用来进行金融活动,如数据信贷、数据资产出资入股等。
- 数据资产被用来进行交易活动,如数据资产转让、数据资产收购等。
- 特殊情况,如司法评估、政策评估等。

7)数据资产价值的实现方式是什么样?

答:数据资产入表之后,数据资产价值的实现方式有以下 3 种:

- 数据资产的内部价值。在企业内部,数据资产不仅能独立产生价值(模型算法的迭代、精准决策等),也能赋能其他要素产生价值倍增效应(用数据提高研发、制造、营运效率等)。
- 数据资产对外服务与交易的价值。数据资产作为存货对外交易时,可以在场外、场内进行交易。进而获得销售收入等直接收益。数据作为无形资产对外提供服务时,可以是基于软件产品和服务的服务性产品,也可以是将软件产品、服务与数据资产的权益打包后形成的权益性产品,进而获得数据服务费、数据授权费等间接收益。
- 数据资产的金融价值。数据资产与金融工具相结合时,可以作为担保物参与到数据信贷等企业融资活动中,可以作为出资入股的资产参与到股权融资中,也可以以其未来的收益现金流作为偿付基准发行证券产品等。

这些方式可以为企业带来拓宽融资渠道、优化资产负债结构、降低财务成本等价值。

8)《暂行规定》的出台背景是什么?

答:《暂行规定》的出台背景主要体现在 3 个方面:

首先,旨在积极贯彻与响应中共中央和国务院对于数字经济的战略部署,强化对企业数据资源的有效管理,从而为数字经济的持续、稳健增长提供有力支撑;

其次，致力于深化企业会计准则的实施机制，以适应日益复杂且多元化的企业数据资源环境，满足会计实务精细化、专业化的操作需求；

最后，力求在理论与实践层面同步推进会计创新，通过构建和完善与数字经济治理体系相匹配的会计规则与标准，帮助企业在数字经济时代实现健康发展与治理效能提升。

9）《暂行规定》对企业有什么作用？

答：暂行规定的发布对企业有以下意义：

数据资产入表有助于准确反映和量化企业持有的数据资源价值，提升财务报表的完备性和真实性，赋能投资者对企业的全面估值分析，增强企业资产规模表现和在资本市场上的竞争地位与融资能力。

数据资产入表促使企业将数据纳入统一的资产管理体系中，进行高效且安全的数据资产管理实践，优化资源配置策略，并催化业务创新进程及运营效能的整体跃升。

数据资产入表提供了强大的底层支撑，有助于企业改进内部运营流程，实现管理的精细化升级，强化风险管理力度，确保数据资产的安全稳健运营，最终实现实时、精确的风险量化管理机制。

10）数据资产入表流程是什么？

答：如图 B-1 所示，数据资产入表过程包括数据资源识别、资产类别界定、成本归集与分摊、列报与披露等关键环节。

在数据资源识别阶段，企业需严谨识别数据资源，确保其符合资产定义，评估其合规性、权属清晰度、可量化程度及未来经济利益潜力。

在资产类别界定阶段，企业需根据数据资源的特征和使用方式，准确界定其资产类别，将其准确归类为无形资产或存货。

在成本归集与分摊阶段，对符合条件的数据资源进行精确的初始计量，全面梳理直接和间接成本，并科学分摊。

在列报与披露阶段，企业需遵循会计准则和法规要求，清晰、准确地在财务报表中列报数据资源信息，并自愿披露更多相关信息。

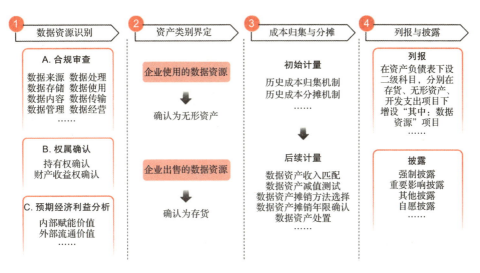

图 B-1 数据资产入表流程

11）成本法与"数据以成本入表"中的历史成本的区别是什么？

答：成本法主要应用于资产评估，旨在确定资产的现行价值，为资产交易和投资决策等提供重要参考。它以重置成本为基础，考虑市场、技术和时间等因素，更能反映资产在现行环境下的真实价值。

历史成本用于会计计量，它关注的是资产在取得时的原始成本，旨在准确记录资产在财务报表中的价值。历史成本以实际支付或负担的金额为基础，侧重于反映资产取得时的经济情况。

简而言之，成本法关注资产的现行价值和市场动态，而历史成本则着重于记录资产的原始成本。

12）数据以历史成本计量的基本要求有哪些？

答：历史成本是对已发生事项的货币化反映，要求数据资源的成本计量必须基于实际发生的交易或事项，且有可核实的原始凭证，如发票、合同、付款凭证等作为支撑，以保障成本信息的可靠性和可追溯性。

13）企业数据资源研发项目支出的资本化与费用化有哪些难点？

答：数据资源资本化与费用化确认的关键难点在于准确判断资本化的时点。从研究阶段过渡到开发阶段，需要有明确的里程碑事件作为标志。这就要求企业内部建立完善的数据资源研究开发管理制度，明确规定开发阶段的立项要求和流程。立项时点是判断资本化开始的重要依据，因此必须严谨确定。

此外，企业在开发立项过程中，应准确、完整地列出开发阶段预计发生的所有支出项。这些支出项必须在立项时明确列出，并在后期实际发生时与立项预算相符合，方可计入无形资产。任何未列入立项预算的支出项，后期不得随意计入无形资产。

14）数据权益的内涵是什么？

答：数据作为新型财产，其权益主要体现在人格权和财产权两个方面。数据的人格权是指在数据相关权利形成之前，数据来源者对数据已经享有的权利，包括名誉权、隐私权等权利。数据的财产权是指数据主体对数据财产享有的占有权、收益权、使用权、处分权等权益。

15）数据权益主张哪些主体的权益？

答：数据权益主要主张数据来源者和数据处理者的权益。

16）"数据二十条"的三权分置中的三权是什么？

答：数据资源持有权、数据加工使用权和数据产品经营权。

数据资源持有权体现的是对数据资源进行控制即企业对其生产或收集的数据进行管控的权益的集合。

数据加工使用权是指数据主体在持有和使用数据时，对数据进行加工处理的权利。设置这种权利的目的是保护数据加工者的合法权益，确保他们能够对其加工的数据享有相应的权益。

数据产品经营权是指对数据产品进行经营和管理的权利。设置这种权利的目的是保护数据产品的合法权益，确保数据产品的正常运营和管理。

17）数据资产入表在企业战略发展中的地位如何？对企业有何意义？

答：数据资产入表作为企业数据资产化贯穿始终的必经之路，不仅作用重大，而且项目持续时间长，参与部门众多，需要组织高层领导的支持和重视，从公司战略高度进行整体的组织和推进。

通过数据资产入表，企业可以将数据资产纳入其财务报表中，不仅能提升数据的透明度和管理效率，更使数据的经济价值得以更加准确的反映。这不仅有助于企业优化资源配置、提高决策效率,还能为企业的长远发展注入新动力。

18)数据资产入表有哪些实施步骤?

答:数据资产入表的详细实施步骤如图 B-2 所示,具体内容参见第 6 章。

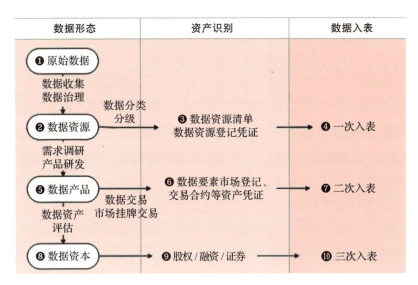

图 B-2　数据资产入表实施步骤

19)实现数据资产入表需要有哪些保障和支撑工作?

答:在数据资产入表之前,需要做好数据资源的梳理,因此需要做好技术资源的保障;同时还需要做好组织结构的保障,确保数据资产入表顺利实施。

20)数据资产入表项目到底该由谁主导?

答:数据资产入表并不是单一部门的工作,它牵扯到企业的各个部门,只有这些部门在统一的协调下共同参与,再加上外部服务商的配合,数据资产入表工作才能真正落地。

大部分企业的数据管理处于起步阶段,因此在发起数据资产入表的项目时,需要先完成数据资源的梳理,而这往往需要由 IT 技术部门牵头。

但财会部门将会扮演重要的角色,从项目开始便需要参与指导,确保数据资源按照既定的标准和流程进行入表操作,使企业能够将海量的数据资源有效地整合和利用起来。

21）在数据资产入表中，企业如何进行数据治理？

答：数据治理是一项系统而庞杂的工作，有时候数据治理已经不仅是治理数据，还是治理企业。因此，数据治理应该从战略的制定开始，建立数据标准，提升数据质量，保障数据安全，搭建数据架构，挖掘数据应用，充分挖掘数据价值。

22）数据资产入表如何分阶段实现价值创造？

答：如图 B-3 所示，在实践中，数据资源入表过程是一个分阶段的价值创造过程。

1）初次入表，即底层资产入表，奠定了企业数据资产的基础，为后续的数据应用和价值挖掘提供了可能。

2）二次入表，即增值资产入表，通过量化数据在加工和应用中的增值价值，深化企业数据的商业价值挖掘。

3）三次入表，即金融资产转化后入表，将数据资源转化为外部金融资产，帮助企业利用数据实现金融价值。

从底层资产的确认到增值资产的计量，再到金融资产的转化，每一个阶段都为企业创造了不同的价值。通过有效地管理和利用这些数据资产，企业能够更好地挖掘数据的商业价值，推动业务创新和发展。

23）数据资产入表前有哪些具体的准备工作？

答：数据资产入表前的准备工作涵盖企业调研、入表目标梳理与选择，以及入表实施计划的制定。

在企业调研阶段，需要深入剖析企业的信息化水平，以及数据资源的布局、权属及权益状况，并全面了解数据人员的能力与配置。

在入表目标梳理与选择阶段，企业需对资源盘点目标、价值链整理目标、会计资料准备目标、核算手册制作目标、数据合规投入目标进行明确的梳理与选择。

在制定入表实施计划阶段。企业需要制定详细的数据原始资源入表工作计划、数据产品入表工作计划，以及其他数据资产的相关工作计划。

24）数据以存货入表会有哪些问题？

答：数据以存货入表面临两大核心问题。

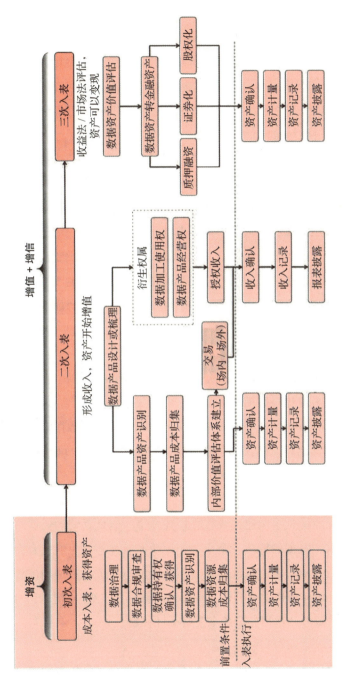

图 B-3 数据资产入表价值创造过程

首先，排他性问题。在《中华人民共和国民法典》中，物权具有排他性，即所有者对特定物享有排他权利。然而，数据具有可复制性，其原始副本在出售或转让后仍可保留，这与排他性要求相冲突。要求企业出售数据后删除原数据以满足排他性既不切实际也不符合数据特性，因此，如何在保持数据可复制性的同时实现排他性权利，是数据以存货入表需解决的关键问题。

其次，生产过程认定复杂问题。《企业会计准则第1号——存货》对存货的定义是"存货是指企业在日常活动中持有以备出售的产成品或商品、处在生产过程中的在产品、在生产过程或提供劳务过程中耗用的材料和物料等"。而在现实中，很多数据产品和服务往往涉及众多的开发阶段，这会带来以下问题：其一，这些开发阶段往往已经被无形资产准则所使用；其二，对于这些开发阶段能否被定义为生产过程缺乏依据；其三，就算这些开发阶段能被认定为生产过程，但由于开发项目往往是一项目一定制的，这会导致对生产过程的认定需要每个项目、每个系统甚至每个数据库重新确认，这会直接增加入表的成本，所以可实操性会非常低。

25）数据以无形资产入表有哪些关注点？

答：要确保资产证据链完备，从而有效规避会计风险并提升数据管理效率。同时，要确保数据资源与数据产品之间的血缘关系清晰明了，这是支撑审计需求以及证明经济利益相关性的重要基础。另外，对于外部数据资源，应确保获取相应的数据用益物权，建议通过签订合同或协议来明确数据加工（使用）的权益，确保双方权益得到妥善保障。

26）数据原始资源为什么要单独计量？

答：在实际的信息系统建设或者软件开发中，信息系统和数据两者往往是主体分离的。由于数据的特性，企业在获得数据后并不是短期持有而更可能是长期持有，且数据随着时间的推移还会不断增加。这进一步增加了将信息系统和数据进行会计操作分离的必要性。具体方法就是在二级会计科目"数据资源"下分设数据原始资源和数据产品两个三级会计科目。

27）数据原始资源包括哪些？

答：数据原始资源主要是指企业持有的数据集合，包括未加工、加工中及加工后的数据集合。

未加工的数据集合，如外部采购、外部交换、外部爬取以及自主采集的数据集合。

加工中的数据集合，如中间态数据集合。中间态数据，是指会被其他系统用作数据原料产生能实现直接经济利益流入或内部使用价值（有用）的服务的数据。

加工后的数据集合，即数据产成品，指那些不再需要进一步加工、可以被终端系统直接使用的数据。

28）通过外购的数据原始资源是计入无形资产还是计入存货？

答：通过外购的数据资源，根据企业会计准则的入表确认相关规定，分为以下两种情形。

- 企业通过外购方式取得、符合无形资产确认条件的数据资源，按无形资产准则摊销金额计入当期损益或相关资产成本。
- 企业通过外购方式取得、符合存货确认条件的数据资源，按照存货准则将其成本结转为当期损益。

29）数据产品包括哪些？

答：数据产品，是指能将数据原始资源转化为对内产生经济价值或对外形成经济利益流入的产品。它可以是基于软件产品和服务的服务性产品，也可以是将软件产品、服务与数据资产的权益打包后形成的权益性产品。也因此，数据产品应以无形资产的形式存在。

表 B-2 所示为数据产品按照形态的分类。关于数据产品的详细介绍参见第 9 章。

表 B-2 数据产品按照形态的分类

一级分类	二级分类
数据软件产品	数据处理软件产品
	数据报告软件产品
	数据交易软件产品
	专业工具软件产品
数据软件服务产品	SaaS
	DaaS

(续)

一级分类	二级分类
数据权益性产品	数据加工使用权产品
	数据产品经营权产品
数据权益组合产品	资产与授权权利相结合的产品

30）数据产品怎么入表？

答：数据产品符合条件的可按照存货或无形资产路径入表，但按照存货入表过程缺乏更加明确的指引，因此此处介绍的是针对无形资产路径下的入表步骤。

基本步骤，分为数据产品确认、数据产品计量和记录、数据产品报告三个阶段。每个阶段还包含不同的细分步骤，具体步骤见图 B-4。详情参见第 9 章。

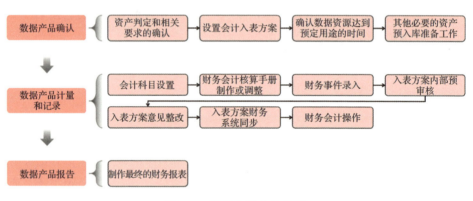

图 B-4　数据产品入表步骤

31）数据资源的初始计量是根据什么计量的？

答：数据资源的初始计量是根据成本法进行计量的。按照成本法，数据资源的计量包括获取、处理、存储等环节中发生的各项成本。这些成本可能涉及数据采集设备的购置费用、人力成本、技术支出、数据存储设备的费用等。在计量过程中，这些原始费用会被合理地分配和计入数据资源的总成本中，从而形成数据资源的初始计量。

32）《暂行规定》提出数据资源入表前后，企业会计报表处理有什么变化？

答：《暂行规定》提出数据资源入表前，企业可能将数据资源的采购成本作为费用直接计入损益表，在当期反映在费用项目中。这种处理方式会导致企业在当期利润表现上受到较大影响，可能导致当期利润水平下降，从而影响财务指标的表现。

《暂行规定》提出数据资源入表后，企业在处理数据资源成本时会选择将其作为长期资产纳入资产负债表，并逐步摊销以反映其对未来经济效益的贡献。数据资源成本资本化后，企业财务报表中的资产规模和净利润水平可能会有所增加，资产负债表结构和利润表的表现会有所变化。

33）数据资源的初始计量和入表对企业的作用是什么？

答：数据资源的初始计量和入表对企业的作用在于将报表中的相关费用转化为无形资产，从而改变企业的资产构成，显性地提升企业的资产规模和内在价值。同时，还可以帮助企业精确量化和全面审视其在数据资源开发领域的投资规模与成效，使企业可以更准确地评估数据资产的价值创造能力，进而优化资源配置，指导未来的投资决策。

34）数据资源的初次入表是否能够充分体现和挖掘数据的价值？为什么？应当如何体现？

答：不能，数据资源的初次入表虽然能够将数据相关费用转化为无形资产，但其作用是有限的，并不能体现数据的稀缺性价值和日益增长的数据价值（详见 10.1.2 节）。

数据价值主要通过内部流通、外部市场的服务和交易、金融市场的收益和回报三个方面来体现（详见 10.2 节和 10.3 节）。

35）数据资产入表和数据金融（发挥数据的金融属性）的关系是怎样的？

答：和传统资产金融方向的创新应用类似，数据资产也是先进行会计入表形成报表资产（成本入表、获得资产），再以报表资产为基础推进数据资产评估和交易（收益法评估、形成收入、资产增值），最后进入交易与流通市场中发挥金融属性（收益法/市场法评估、资产变现）。这三步共同构成一条清晰的数据价值实现路径，前一步为后一步提供确权依据和评估基础等，是后一步的前提，后一步为前一步提供价值实现场景和收益激励，它们相辅相成，缺一不可。

36）数据金融可能的形式有哪些？

答：参照资本、土地等要素金融化的经验，数据金融的形式主要包括数据信贷、数据股权和数据证券三个方面。详情参见第 12 章。

附录C | APPENDIX

数据要素相关标准清单

强制性国标（现行）	GB 42250—2022	《信息安全技术 网络安全专用产品安全技术要求》
	GB 40879—2021	《数据中心能效限定值及能效等级》
	GB 15629.1104—2020	《信息技术系统间远程通信和信息交换局域网和城域网特定要求》
	GB 39732—2020	《汽车事件数据记录系统》
	GB 4943.23—2012	《信息技术设备安全第23部分：大型数据存储设备》
	GB 17378.2—2007	《海洋监测规范第2部分：数据处理与分析质量控制》
	GB 21139—2007	《基础地理信息标准数据基本规定》
推荐性国标（部分）	GB/T 43697—2024	《数据安全技术 数据分类分级规则》
	GB/T 42461—2023	《信息安全技术 网络安全服务成本度量指南》
	GB/T 42460—2023	《信息安全技术 个人信息去标识化效果评估指南》
	GB/T 42570—2023	《信息安全技术 区块链技术安全框架》
	GB/T 43370—2023	《民用无人机地理围栏数据技术规范》
	GB/T 42775—2023	《证券期货业数据安全风险防控 数据分类分级指引》
	GB/T 43245—2023	《智慧城市基础设施 数据交换与共享指南》
	GB/T 35274—2023	《信息安全技术 大数据服务安全能力要求》

附录 C　数据要素相关标准清单

（续）

推荐性国标（部分）	GB/T 42528—2023	《时空大数据技术规范》
	GB/T 42581—2023	《信息技术服务　数据中心业务连续性等级评价准则》
	GB/T 42450—2023	《信息技术　大数据　数据资源规划》
	GB/T 42505—2023	《债券价格指标产品数据采集规范》
	GB/T 42447—2023	《信息安全技术　电信领域数据安全指南》
	GB/T 42129—2022	《数据管理能力成熟度评估方法》
	GB/T 42128—2022	《智能制造　工业数据　分类原则》
	GB/T 42147　2022	《政府网站网页电子文件元数据》
	GB/T 41778—2022	《信息技术　工业大数据　术语》
	GB/T 41795—2022	《质量技术　基础信息资源数据规范》
	GB/T 42013—2022	《信息安全技术　快递物流服务数据安全要求》
	GB/T 41871—2022	《信息安全技术　汽车数据处理安全要求》
	GB/T 41462—2022	《基于文本数据的金融风险防控要求》
	GB/T 42014—2022	《信息安全技术　网上购物服务数据安全要求》
	GB/T 22081—XXXX/ISO/IEC 27002；2022	《信息安全技术　信息安全控制》
	GB/T 40685—2021	《信息技术服务　数据资产　管理要求》
	GB/T 38672—2020	《信息技术　大数据　接口基本要求》
	GB/T 38667—2020	《信息技术　大数据　数据分类指南》
	GB/T 37932—2019	《信息安全技术　数据交易服务安全要求》
	GB/T 37550—2019	《电子商务数据资产评价指标体系》
	GB/T 34960.5—2018	《信息技术服务　治理　第 5 部分：数据治理规范》
	GB/T 36073—2018	《数据管理能力成熟度评估模型》
地方标准（部分）	DB33/T 1329—2023	浙江《数据资产确认工作指南》
	DB3401/T 299—2023	合肥《数据要素流通交易规范》
	DB3301/T 0403—2023	浙江《数据知识产权交易指南》
	DB3310/T 93—2022	浙江《公共数据授权运营指南》
	DB52/T 1557—2021	贵州《大数据开放共享安全管理规范》
	DB15/T 2199—2021	内蒙古《数据交易安全技术要求》
	DB31/T 1240.1—2020	上海《公共数据共享交换工作规范　第 1 部分：平台建设和运行管理要求》
	DB31/T 1240.2—2020	上海《公共数据共享交换工作规范　第 2 部分：平台接入技术要求》

(续)

地方标准（部分）	DB37/T 3523.1—2019	山东《公共数据开放 第1部分：基本要求》
	DB37/T 3523.2—2019	山东《公共数据开放 第2部分：数据脱敏指南》
	DB37/T 3523.3—2019	山东《公共数据开放 第3部分：开放评价指标体系》
	DB52/T 1468—2019	贵州《基于区块链的数据资产交易实施指南》
行业标准（部分）	YD/T 4558—2023	通信《数据安全治理能力通用评估方法》
	YD/T 4562—2023	通信《电信网和互联网云服务数据安全评估指南》
	YD/T 4386—2023	通信《可信数据服务 可信数据流通平台评估要求》
	YD/T 3956—2021	通信《电信网和互联网数据安全评估规范》
	YD/T 3802—2020	通信《电信网和互联网数据安全通用要求》
	YD/T 3801—2020	通信《电信网和互联网数据安全风险评估实施方法》
	JR/T 0197—2020	金融《金融数据安全 数据安全分级指南》
	JR/T 0197—2020	金融《金融数据安全 数据生命周期安全规范》
	JR/T 0033—2015	金融《保险基础数据元目录》
	JR/T 0058—2010	金融《保险信息安全风险评估指标体系规范》
	JR/T 0018—2004	金融《证券登记结算业务数据交换协议》

推荐阅读

数据中台：让数据用起来 第2版

超级畅销书

这是一部系统讲解数据中台建设、管理与运营的著作，旨在帮助企业将数据转化为生产力，顺利实现数字化转型。

本书由国内数据中台领域的领先企业数澜科技官方出品，几位联合创始人亲自执笔，作者都是资深数据人，大部分来自原阿里巴巴数据中台团队。他们结合过去帮助百余家各行业头部企业建设数据中台的经验，系统总结了一套可落地的数据中台建设方法论。本书得到了包括金蝶国际软件集团创始人在内的多位行业专家的高度评价和推荐。

本书第1版累计销量超过10万册，第2版更新和新增的篇幅超过60%。

中台战略：中台建设与数字商业

超级畅销书

这是一本全面讲解企业如何建设各类中台，并利用中台以数字营销为突破口，最终实现数字化转型和商业创新的著作。

云徙科技是国内双中台技术和数字商业云领域领先的服务提供商，在中台领域有雄厚的技术实力，也积累了丰富的行业经验，已经成功通过中台系统和数字商业云服务帮助良品铺子、珠江啤酒、富力地产、美的置业、长安福特、长安汽车等近40家国内外行业龙头企业实现了数字化转型。

云原生数据中台：架构、方法论与实践

超级畅销书

从云原生角度讲解数据中台的业务价值、产品形态、架构设计、技术选型、落地方法论、实施路径和行业案例。

作者曾在硅谷的Twitter等企业从事大数据平台的建设工作多年，随后又成功创办了国内领先的以云原生数据中台为核心技术和产品的企业。他们将在硅谷的大数据平台建设经验与在国内的数据中台建设经验进行深度融合，并系统阐述了云原生架构对数据中台的必要性及其相关实践，本书对国内企业的中台建设和运营具有很高的参考价值。

推荐阅读